Markus Sehlmeyer

Die Antike

Ferdinand Schöningh

Paderborn | München | Wien | Zürich

Der Autor:
Markus Sehlmeyer, Jahrgang 1968, studierte Geschichte und Latein. 1995 Erstes Staatsexamen. 1997 Promotion bei Jochen Bleicken in Göttingen. Postdoktorand an Graduiertenkollegs in Bielefeld und Jena. 2008 Habilitation. 2002-2008 wissenschaftlicher Assistent am Lehrstuhl der Alten Geschichte in Rostock, wo er nun als wissenschaftlicher Mitarbeiter tätig ist.

Zum Titelbild:
Das Titelbild zeigt ein Wandgemälde aus Pompeji, das sich heute in Neapel befindet. Es stellt eine junge Frau aus der Oberschicht dar, die mit dem Griffel im Mund sinniert, was sie auf ihre Wachstafeln schreiben soll. Betitelungen wie „Die Dichterin" oder gar „Sappho" bleiben spekulativ, vielmehr symbolisiert es die große Bedeutung der Schrift für die antike Kultur ebenso wie Bildungsmöglichkeiten für vermögende Frauen.

Bibliografische Information der Deutschen Nationalbibliothek

Die Deutsche Nationalbibliothek verzeichnet diese Publikation in der Deutschen Nationalbibliografie; detaillierte bibliografische Daten sind im Internet über http://dnb.d-nb.de abrufbar.

Gedruckt auf umweltfreundlichem, chlorfrei gebleichtem und alterungsbeständigem Papier ⊗ ISO 9706

© 2009 Ferdinand Schöningh GmbH & Co. KG
(Verlag Ferdinand Schöningh GmbH & Co. KG, Jühenplatz 1, D-33098 Paderborn)
ISBN 978-3-506-76577-2

Das Werk, einschließlich aller seiner Teile, ist urheberrechtlich geschützt. Jede Verwertung außerhalb der engen Grenzen des Urheberrechtsgesetzes ist ohne Zustimmung des Verlages unzulässig und strafbar. Das gilt insbesondere für Vervielfältigungen, Mikroverfilmungen und die Einspeicherung und Verarbeitung in elektronischen Systemen.

Printed in Germany.
Herstellung: Ferdinand Schöningh, Paderborn
Einbandgestaltung: Atelier Reichert, Stuttgart

UTB-Bestellnummer: 978-3-8252-3100-2

Inhaltsverzeichnis

Einführung zur Reihe 7

1. **Alte Geschichte als Epoche und Forschungsgegenstand** 9
   1.1 Antike und Altertum – Zeiten, Räume und Kulturen 9
   1.2 Methodische Grundlagen der Alten Geschichte..... 14
   1.3 Zur Anlage und Benutzung dieses Buches......... 19

2. **Griechische Geschichte** 21
   2.1 Das früheste Griechenland – Von den Mykenern bis in die Dark Ages 21
   2.2 Die archaische Zeit – Ausgestaltung der Polis 34
   2.3 Die klassische Zeit – Demokratisierung und Hegemonien. 59
   2.4 Hellenismus................................. 90

3. **Römische Geschichte** 109
   3.1 Das Alte Italien und das frühe Rom 110
   3.2 Die mittlere und späte römische Republik......... 125
   3.3 Der Prinzipat und die römischen Provinzen........ 152
   3.4 Kulturen der Kaiserzeit – Antike und Christentum... 175

4. **Die Spätantike** 189
   4.1 Vom paganen zum christlichen Imperium (235-395 n.Chr.) 189
   4.2 Die Zeit der Völkerwanderung bis zum Ende Westroms (5. Jhd.) 205
   4.3 Ende der Antike? Die Goten und Byzanz (6.-8. Jhd.) 217

Abbildungsnachweis 225
Allgemeine Literaturhinweise 227

Inhaltsverzeichnis

Danksagung.. 237
Karten 238
Register 243

Einführung zur Reihe

Möchte man wissen, wo es langgeht, konsultiert man üblicherweise geeignete Hilfsmittel. Versucht man, in einem bestimmten Raum seinen Weg zu finden, greift man beispielsweise zu einer Karte. Landkarten waren, anders als heute, im Mittelalter häufig nicht nach Norden, sondern nach Osten ausgerichtet. Schließlich geht dort nicht nur die Sonne auf, sondern dort liegen – von Europa aus gesehen – auch die heiligen Stätten des Christentums. Dieser Ausrichtung gen Osten, zum Orient hin verdanken wir das Wort ‚Orientierung'. Es hat sich inzwischen von seiner ursprünglichen Bedeutung gelöst und bezeichnet ganz allgemein eine bestimmte Ausrichtung oder den Umstand des sich Zurechtfindens.

Auch die Reihe **Orientierung Geschichte** will helfen, sich zurechtzufinden. Sie stellt gewissermaßen eine Landkarte dar, die einen Überblick über das große Feld der Geschichtswissenschaften gewährt. Nun gibt es fraglos eine große Zahl an Einführungen in diverse Teilbereiche und Spezialgebiete des Geschichtsstudiums. Doch Orientierungshilfen, die sich explizit auf die neue Situation der Bachelor-Studiengänge einlassen, sind Mangelware. Dabei sind insbesondere hier angemessene Einführungen vonnöten, denn Ziele und Voraussetzungen des Geschichtsstudiums an deutschen Universitäten haben sich grundlegend verändert. Im 20. Jahrhundert war es – auf den Traditionen des 19. Jahrhunderts ruhend – noch vor allem darauf angelegt, Geschichtsstudierende entweder als zukünftige Lehrer oder als angehende Wissenschaftler auszubilden. In den kürzeren und inhaltlich allgemeiner angelegten Bachelor- und Master-Studiengängen hingegen sollen Studierende nicht nur möglichst früh einen ersten berufsqualifizierenden Abschluss erlangen, sondern auch ein umfangreiches Wissen sowie vielfältige Kompetenzen zur Lösung unterschiedlicher Problemstellungen erwerben. Die neuen gestuften Studiengänge stellen daher andere Anforderungen an Studierende und Lehrende – aber auch an die Einführungsliteratur.

Orientierung Geschichte geht in der Konzeption auf die Bedürfnisse von Bachelor-Studierenden ein und will auf überschaubarem Raum Grundlagen historischen Wissens vermitteln. Die Reihe stellt also mit ihrer Ausrichtung an der – zumeist epochal gegliederten – Modulstruktur von Bachelor-Studiengängen eine Basisbibliothek für das Geschichtsstudium dar. Neben die Alte Geschichte, die Geschichte des Mittelalters, die Geschichte der Frühen Neuzeit sowie die Geschichte des 19. und 20. Jahrhunderts tritt zusätzlich ein Band zu Theorien und Methoden der Geschichtswissenschaft.

Wie im Fall von Landkarten ist der Anspruch des Überblicks auch bei einer solchen Buchreihe ambivalent. Natürlich kann eine Landkarte nicht alle Einzelheiten eines Raums erschließen – und ebenso wenig kann diese Einführungsreihe sämtliche historische Aspekte berücksichtigen. Etwas zu überblicken bedeutet daher zugleich, etwas zu übersehen, ja etwas übersehen zu müssen. Um sich in einem großen Themenfeld orientieren zu können, müssen zunächst einige Details außer Betracht bleiben. Die Reihe **Orientierung Geschichte** zeichnet sich durch ihren Mut zur Lücke aus – und gleichzeitig durch den Mut zur Konzentration. Die Bände der Reihe erfassen die jeweiligen Themenfelder sowohl durch systematische und problemorientierte Zugriffe wie auch durch chronologisch ausgerichtete Zugangsweisen. Abbildungen, Begriffserklärungen, Quellenbeispiele oder Hinweise auf Forschungsdiskussionen vertiefen die Darstellung zudem punktuell. Schließlich weiß sich die Reihe einer europäischen Perspektive verpflichtet. Auch dieser geographische Zuschnitt bedeutet sowohl Überblick als auch Konzentration. Denn fraglos ist die Kenntnis der europäischen Geschichte anspruchsvoll genug, allerdings wäre in bestimmten Zusammenhängen eine globale Perspektive notwendig, die nicht immer in umfassendem Maß berücksichtigt werden kann.

Daher verstehe man **Orientierung Geschichte** als eine Einladung zu einer Erkundungsfahrt in diverse historische Gebiete, die mehr oder weniger bekannt sein mögen. Auf dem einzuschlagenden Weg sollte man sich auf überraschende Entdeckungen gefasst machen und sich auch zu Umwegen hinreißen lassen, die bekanntermaßen immer die Ortskenntnis erweitern. Die Orientierung ist daher nur der erste Schritt in der Beschäftigung mit einem wissenschaftlichen Thema. Ihr folgt die genauere Betrachtung, die kritisch fragende Analyse sowie die vertiefte Auseinandersetzung mit spezielleren Problemen, welche die eigentliche Faszination der Wissenschaft ausmachen. In diesem Sinne: Gute Reise!

Achim Landwehr

Alte Geschichte als Epoche und Forschungsgegenstand   1

Antike und Altertum – Zeiten, Räume und Kulturen   1.1

Wohl kein Teil der Menschheitsgeschichte ist so sehr mit den Bildern verschmolzen, die man sich von ihm gemacht hat, wie die Antike. Schon mit dem bloßen Begriff verbindet sich eine ganze Reihe von Vorstellungen. Bestimmte Umstände haben es mit sich gebracht, dass in Europa seit dem 14. Jahrhundert „Antike" einen besonderen Klang hatte. Zumal die Gebildeten und die Mächtigen sahen in ihr eine Epoche, eher noch eine Kultur, der sie sich nahe fühlten und die sie sich zu vergegenwärtigen suchten, über die Zeit dazwischen hinweg, die man dann einfach als „Mittelalter" bezeichnete. Mit der Antike hingegen wollte man in einen Dialog treten, sich an ihr bilden, sie schließlich auch übertreffen. Man betrachtete die eigene Zeit als „modern", als neu, im Gegensatz zur „alten" Zeit (von lateinisch *antiquus*, alt), und machte damit deutlich, dass die „alte" Zeit, eben die Antike, immer noch den Maßstab bildete.

<small>Antike</small>

Mit dieser Konstruktion war offenkundig eine qualitative Aussage verbunden: Die Antike hatte demnach Leistungen vollbracht, die als vorbildlich, nachahmenswert und vor allem als immer noch lebendig und Impulse gebend angesehen wurden, mithin als „klassisch". Ein anderes Wort für Antike ist daher auch das „klassische Altertum". Das Attribut zeigt eine Spezifizierung an: Aus dem Altertum insgesamt wurde ein Teil herausgehoben, von dem eine besondere Anziehungskraft ausging. Es waren dies die Geschichte, Kultur und Kunst der Griechen und Römer. „Altertum" ohne qualifizierenden Zusatz meint dagegen mehr, meint alle Kulturen des Mittelmeerraumes und Orients bis zum Aufkommen des Islam. Lange Zeit bildete das Altertum auch in der historischen Betrachtung eine selbstverständliche Einheit und die Bibel gehörte zu den Quellen der Historiker. Auch in Texten von Griechen und Römern war etwas über das Alte Ägypten zu lernen, über Babylon und die Reiche der Assyrer und Perser. Erst um 1800 fiel diese Einheit aus verschiedenen Gründen, die hier nicht aufgezählt werden können, auseinander. Danach wurde die „Welt der Bibel" den Theologen überlassen, der Alte Orient den Spezialdisziplinen, die sich mit den rapide wachsenden archäologischen

<small>(Klassisches) Altertum</small>

<small>Aufteilung in einzelne Altertumswissenschaften</small>

Funden in diesen Regionen und vor allem mit der Entschlüsselung ihrer Schriftzeugnisse (Hieroglyphen, Keilschrift) entwickelt hatten, und kümmerten sich Althistoriker und Altphilologen nur noch um die Griechen und Römer. Diese disziplinäre Einteilung prägte das Geschichtsbild und damit auch – obwohl man lange streiten könnte, ob hier nicht Zusammengehöriges getrennt wurde – den Zuschnitt von Studienfächern.

Symbiose der Kaiserzeit

In der Kaiserzeit lebten Griechen und Römer in einer „Symbiose" (Alfred Heuß). Zwei verwandte Kulturen waren hier quasi zusammengewachsen. Diese griechisch-römische Antike soll und kann in einem knapp gehaltenen Studienbuch nicht in allen kulturellen Erscheinungsformen erläutert werden. Dem Konzept der Reihe „Orientierung Geschichte" entsprechend, soll hier ein historischer Überblick über die Zeit der Antike gegeben, also die Alte Geschichte im engeren Sinn behandelt werden. Allerdings ist immer wieder auf die Idee der Antike und ihre Kultur zurückzukommen.

Aus didaktischen Gründen werden die griechische und römische Geschichte zunächst in getrennten Kapiteln behandelt, wobei die Kulturkontakte immer wieder eine Rolle spielen. Die Spätantike wird aus guten Gründen separat behandelt. Schwierig ist die Entscheidung, ab wann man von einer griechischen Geschichte sprechen kann. Die Antwort hängt davon ab, was man

Beginn der Alten Geschichte

als konstitutiv für die Griechen ansieht. Schon in der Bronzezeit sprachen die Bewohner des späteren Hellas mutmaßlich griechisch, und bestimmte religiöse und kulturelle Eigentümlichkeiten sind ansatzweise erkennbar. Deshalb erscheint es am besten, mit der späten Bronzezeit zu beginnen, aus der einige Grundstrukturen erkennbar sind. Zugleich war dies die Zeit (um 1200 v.Chr.), in die nach späteren Berechnungen griechischer Gelehrter der Trojanische Krieg gehörte, den der erste griechische Schriftsteller, Homēr, in einer weit früheren und besseren Zeit als der eigenen spielen ließ. Doch eine intensivere Beschäftigung mit den Griechen ist im Rahmen dieses Buches erst ab der archaischen Zeit (ca. 800 bis 500 v.Chr.) sinnvoll. In diese Zeit fallen auch die Anfänge Roms.

Das Ende der Antike hat man mit vielen symbolträchtigen Daten verbunden, etwa mit dem sogenannten „Fall" Roms (410 n. Chr.) oder der Absetzung des letzten weströmischen Kaisers (476). Doch hat sich die Ansicht durchgesetzt, dass die Antike in eine relativ lange Übergangsphase einmündete, die „Spätantike",

Spätantike

die nicht nur durch Christianisierung und Bildung von Germanenreichen zu charakterisieren ist. Weil manche dieser Germa-

Griechische Geschichte		Römische Geschichte	
ca. 1250-1150 v.Chr	spätmykenische Zeit		
ca. 1150-800 v.Chr.	sog. *Dark Ages*		Das Alte Italien
ca. 800-500 v.Chr.	Archaische Zeit	ca. 750-340 v.Chr.	Das frühe Rom
ca. 500-338 v.Chr.	Klassische Zeit	ca. 340-44/31	Die mittlere und späte Republik
ca. 338-31 v.Chr.	Hellenismus		
ca. 31 v.Chr.-235 n.Chr. Die Kaiserzeit (Prinzipat)			
ca. 235 -395 n.Chr. Die Anfänge der Spätantike			
5.-6. Jhd. Frühbyzantinische Geschichte		ca. 4./5. Jhd.	Völkerwanderung
		ca. 5-8. Jhd.	Die Zeit der Germanenreiche

nenreiche eine hohe Kontinuität zum weströmischen Reich aufweisen, ist ihre Einbindung in die Spätantike legitim. Um 750 war freilich die Dreiteilung der Mittelmeerwelt in einen lateinischen Westen (u.a. das Frankenreich), einen griechischen Osten (das Byzantinische Reich mit Zentrum Konstantinopel) und einen arabisch-islamischen Süden und Osten vollendet. Alle drei dieser Formationen bezogen sich in vielfältiger Weise auf das politische, religiöse, geistige und kulturelle Erbe der Antike.

Der Raum, in dem sich die Alte Geschichte abspielte, ist großen Wandlungen unterworfen gewesen. Nur kurz zählten Teile Zentralasiens dazu, als Alexander († 323 v.Chr.) das Perserreich erobert hatte. Unter Kaiser Trajan (98–117 n.Chr.) erreichte das römische Imperium seine größte Ausdehnung. Wichtig ist: Das Römerreich war nie deckungsgleich mit dem heutigen Europa, denn Nordeuropa und große Teile Mittelosteuropas – auch das freie Germanien – fehlten, dafür beherrschten die Römer damals auch Teile des Nahen Ostens und Nordafrikas. Alte Geschichte ist demnach Geschichte Europas, des Mittelmeerraumes und des Vorderen Orients – Regionen, deren enge Verflechtung gerade aktuell wieder in den Vordergrund tritt.

Der Raum der Alten Geschichte

Die antike Kenntnis des Mittelmeerraumes, aber auch darüber hinaus wurde im Laufe der archaischen Zeit und durch die späteren Entdeckungsfahrten der Griechen immer genauer. Herodot (ca. 484 – nach 430 v.Chr.) besaß eine gute Kenntnis der östlichen Hälfte des Mittelmeerraumes und des Vorderen Orients; inwiefern seine Aussagen über Völker wie Skythen oder Perser auf ei-

Entdeckungsfahrten

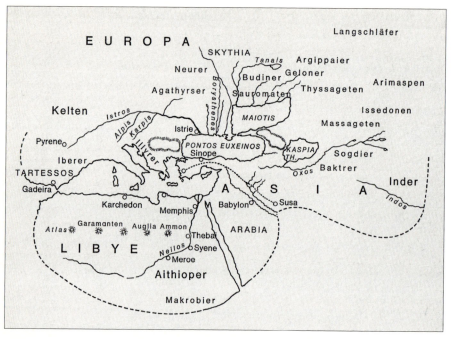

1: Herodots Weltbild. Rekonstruktion aufgrund des Werkes von Herodot

gener Anschauung beruhen, sei dahingestellt. Die Einteilung der Welt in Europa, Afrika und Asien hatte Herodot von einem Vorgänger übernommen. **(Abb. 1)** Die Ausdehnung Europas war ihm nicht bekannt, er war skeptisch, ob der Ōkeanos, das Weltmeer, auch Europa im Norden umfloss. Von Nord- und Ostsee wusste er noch nichts.

Pytheas von Marseille (zweite Hälfte des 4. Jahrhunderts v.Chr.) war hingegen im Norden auf Reisen gewesen, er „entdeckte" die Nordsee, umfuhr offenbar Britannien, hörte vom geheimnisvollen Thule am Polarkreis. Von Marseille aus hatte er sich nach Norden durchgeschlagen und dann per Schiff die Nordsee erkundet. **(Abb. 2)** Bei anderen hellenistischen Geographen war sogar von Taprobane, dem heute Sri Lanka, zu lesen. Pytheas suchte unbekannte Welten, wie es die Kolonisten in der archaischen Zeit getan hatten. Doch die Entdeckungsfahrten verfolgten auch handfeste Interessen. So gab es in Britannien das für die Bronzeherstellung notwendige Zinn, das durch den keltischen Zwischenhandel aber nur teuer zu erwerben war.

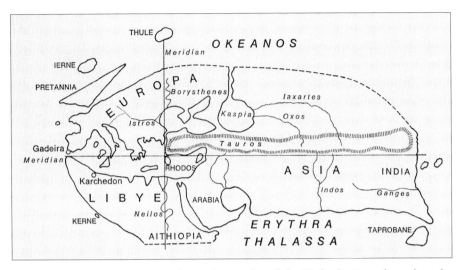

2: Das Weltbild des Hellenismus. Rekonstruktion aufgrund der Werke des Eratosthenes bzw. der Fragmente des Pytheas von Marseille

Die Römer lernten die Nordsee durch Caesars Britannienexpeditionen kennen; die Ostsee berührte als erster der spätere Kaiser Tiberius (5 n.Chr.). Europa in seiner Gänze spielte in der Antike somit erst spät eine Rolle. Nichtsdestotrotz lässt sich Alte Geschichte auch als Teil der europäischen Geschichte begreifen, weil es ja nicht um eine Deckungsgleichheit der Landkarten geht, sondern um eine geistige Annäherung. Antike ist daher weit mehr als Vorgeschichte Europas, es ist ein „erstes Europa" (Wolfgang Schuller). Wenn hier die Antike und nicht das Altertum zum Gegenstand gemacht wird, dann soll das nicht heißen, dass andere Kulturen als die der Griechen und Römer bedeutungslos wären, doch die zahlreichen Kulturen, die früher als Randvölker abgetan wurden, Perser, Etrusker, Karthager und andere, können im Rahmen eines Studienbuchs nicht ausführlich behandelt werden. Das Christentum hingegen wird in Hinblick auf seine Bedeutung für die Spätantike und die weitere Entwicklung etwas ausführlicher betrachtet. Auch die Rezeption der römischen Republik wie der athenischen Demokratie waren wichtig für Europa, das römische Recht ohnehin. Wer sich mit der Antike beschäftigt, wird in die Lage versetzt, die Rezeptionen zu erkennen, die Abendland und Moderne entscheidend prägen.

„Erstes Europa"

Literatur

- Walter, Uwe, Periodisierung, in: *Der Neue Pauly* (DNP) 9 (2000) S. 576-582.
- Maier, Franz Georg, Altertum, in: *Geschichte (Fischer Lexikon)*, hg. von Waldemar Besson, Frankfurt 1961, S. 12-32.
- Cobet, Justus, Europa und Asien – Griechen und Barbaren – Osten und Westen. Zur Begründung Europas aus der Antike, in: *Geschichte in Wissenschaft und Unterricht* (GWU) 47 (1996), S. 405-419.
- Schulz, Raimund, *Die Antike und das Meer*, Darmstadt 2005.
- *Das Mittelmeer – die Wiege der europäischen Kultur*, hg. von Klaus Rosen, Bonn 1998 (antike Belege für Europa als geographischer Begriff; weitere Aufsätze zum Imperium Romanum und zur Romanisierung; auch zur Rolle des Islam).
- *Das römische Reich und seine Nachbarn*, hg. von Fergus Millar, (Fischer Weltgeschichte 8), Frankfurt 1966 u.ö. (zu Dakern, Sarmaten, Germanen, Parthern und Sassaniden).
- Schuller, Wolfgang, *Das Erste Europa 1000 v. Chr.-500 n. Chr.* (Handbuch der Geschichte Europas, Bd. 1), Stuttgart 2004.
- Meier, Christian, *Kultur, um der Freiheit willen: griechische Anfänge – Anfang Europas?* München 2009.
- *Europa. Die Gegenwärtigkeit der antiken Überlieferung*, hg. von Justus Cobet/ Carl Friedrich Gethmann/Dieter Lau, Aachen 2000.
- Nippel, Wilfried, *Antike oder moderne Freiheit. Die Begründung der Demokratie in Athen und in der Neuzeit*, Frankfurt 2008.
- *The Legacy of Rome. A New Appraisal*, hg. von Richard Jenkyns, Oxford 1992 (Beiträge zur Nachwirkung römischer Kultur in Literatur, Kunst, Recht).
- Stein-Hölkeskamp, Elke/ Hölkeskamp, Karl-Joachim (Hgg.), *Erinnerungsorte der Antike: Rom und sein Imperium*, hg. von Elke Stein-Hölkeskamp/Karl-Joachim Hölkeskamp, München 2006 (Der Band über Griechenland erscheint 2009).

1.2 Methodische Grundlagen der Alten Geschichte

In der Reihe „Orientierung Geschichte" ist ein eigener Band zu Theorien und Methoden der Geschichtswissenschaft erschienen.[1] Doch die Alte Geschichte bildet auch einen Teil der Altertumswissenschaft, und für die Beschäftigung mit ihr sind besondere Kompetenzen notwendig, die an Universitäten in Form von Seminaren und Übungen vermittelt werden. Diese Kenntnisse sind je nach

---

[1] Jordan, Stefan, *Theorien und Methoden der Geschichtswissenschaft*, Paderborn 2008.

Thema und Epoche sehr verschieden, für die Interpretation antiker Quellen sind philologische und archäologische Grundkenntnisse in jedem Fall nötig. Obgleich dieses Buch nicht beabsichtigt, eine Einführung in die *Methodik* des Studiums der Alten Geschichte zu sein, sollen die grundlegenden Wissenschaften doch zumindest definiert werden; die genannte Forschungsliteratur ist dabei nur als erster Anstoß zu eigener Beschäftigung gedacht.

Klassische Philologie beschäftigt sich mit griechischer und lateinischer Sprache und Literatur im weitesten Sinne, also mit allen überlieferten Textzeugnissen. Ideale Voraussetzung für ein eindringliches Studium der antiken Geschichte ist die Kenntnis der altgriechischen und der lateinischen Sprache, doch sehen die heutigen universitären Curricula im Allgemeinen nur das Erlernen der Grundkenntnisse des Lateins vor. Für die Alte Geschichte sind Kenntnisse antiker Literaturgattungen und Rhetorik unentbehrlich. Antike Biographien sind beispielsweise eher mit den heutigen historischen Romanen als mit wissenschaftlichen Biographien vergleichbar, denn es ging den antiken Autoren um die Herausarbeitung des Charakters der dargestellten Person. Selektiver Zugriff auf das Faktengerüst konnte in Verbindung mit stereotypen Vorstellungen des Charakters ein Bild geben, das mit der historischen Person nicht mehr viel gemein hat. Kenntnisse narrativer Techniken der Antike sind notwendig. Man würde heutzutage annehmen, dass eine Rede, die in einem Geschichtsbuch zitiert wird, der wirklich gehaltenen Rede entspricht, doch in der Antike diente die vom Historiker gestaltete Rede oft ganz anderen Zwecken, unter anderem der Charakteristik des Redners oder der persönlichen Meinungsäußerung des Schriftstellers, die im Falle der Romkritik gern einem Barbaren in den Mund gelegt wurde. Gute Überblicke über die Philologien geben folgende Bücher:

Einleitung in die Lateinische Philologie, hg. von Fritz Graf, Stuttgart/ Leipzig 1997.

Riemer, Peter/ Weißenberger, Michael/ Zimmermann, Bernhard, *Einführung in das Studium der Latinistik*, München 1998.

Einleitung in die Griechische Philologie, hg. von Heinz-Günther Nesselrath, Stuttgart/ Leipzig 1997.

Riemer, Peter/ Weißenberger, Michael/ Zimmermann Bernhard, *Einführung in das Studium der Gräzistik*, München 2000.

Wer sich mit Sprache und Kultur näher befassen will, findet hier erste Orientierung:

Eisenhut, Werner, *Die lateinische Sprache. Ein Lehrgang für deren Liebhaber*, Düsseldorf 2005.

Klassische Philologie

Res Romanae. Begleitbuch für die lateinische Lektüre. Neue Ausgabe, hg. von Heinrich Krefeld, Berlin 2008.

Fink, Gerhard, *Die griechische Sprache. Eine Einführung und eine kurze Grammatik des Griechischen*, 3. Aufl. Darmstadt 1997.

Hellenika. Einführung in die Kultur der Hellenen. Neue Ausgabe, hg. von Heinrich Krefeld, Berlin 2007.

In den Griechisch- und Lateinkursen der Universitäten werden verschiedenste Lehrbücher, Grammatiken und Wörterbücher empfohlen, weshalb hier auf weitere Titel verzichtet wird. Generell ist auch im Hinblick auf das Mittelalter die Anschaffung eines möglichst umfangreichen lateinisch-deutschen Wörterbuches zu empfehlen.

Klassische Archäologie

Klassische Archäologie ist mehr als die Wissenschaft von der antiken Kunst. Das Fach versteht sich als eine Wissenschaft von allen materiellen Hinterlassenschaften der Griechen und Römer, als Kulturwissenschaft. Die Bildsprache der antiken Monumente erfordert intensive Beschäftigung. Zudem bringen Ausgrabungen und Surveys (großräumige Geländebegehungen) neue Erkenntnisse. Mit den Germanen beschäftigt sich die Prähistorische Archäologie, auch Ur- und Frühgeschichte genannt.

Klassische Archäologie. Grundwissen, hg. von Tonio Hölscher, 2. Aufl. Berlin 2006 (Darstellung der wesentlichen Sachbereiche).

Klassische Archäologie. Eine Einführung, hg. von Adolf Borbein/Tonio Hölscher/Paul Zanker, Berlin 2000 (Essays zu archäologischen Methoden).

Eggert, Manfred, *Prähistorische Archäologie. Konzepte und Methoden*, 3. Aufl. Stuttgart 2008.

Das Alte Griechenland. Kunst und Geschichte der Hellenen, hg. von Adolf Borbein, Gütersloh 1995 (thematisch gegliedert mit hervorragenden Abbildungen).

Das Alte Rom, hg. von Jochen Martin, Gütersloh 1994 (aus derselben Reihe wie Borbein).

Grundwissenschaften

In den Altertumswissenschaften gibt es zahlreiche kleine Disziplinen, die als Hilfs- oder besser Grundwissenschaften bezeichnet werden. Sie beschäftigen sich mit Quellengruppen, die besondere Probleme aufwerfen, oder speziellen Gebieten wie der Chronologie (Lehre von der Zeitrechnung, im wesentlichen Aufstellung des Kalenders und Zählung der Jahre). Von besonderer Wichtigkeit

Epigraphik

ist die Inschriftenkunde (Epigraphik), denn nach wie vor werden antike Inschriften gefunden, während die literarischen Texte kaum noch zunehmen. Inschriften geben zudem über Details des politischen Lebens Auskunft, über die wir ansonsten keine Information hätten, zum Beispiel politische Laufbahnen, Ehrungen, Stadtverwaltung. Sie können sich an Bauwerken befinden, Gräber zieren oder Statuen beschriften. Typischerweise sind Inschriften unvollständig (wenn Teile des Steines weggebrochen sind) oder nicht mehr lesbar (wenn von einer Inschrift aus Bronzebuchstaben nur noch die Dübellöcher vorhanden sind). Zudem wurden in lateinischen Inschriften viele Abkürzungen verwendet, um Platz zu sparen. Mitunter wurden offizielle Texte in Form von gegossenen Platten verbreitet.

Tod, Marcus Niebuhr, *Streiflichter auf die griechische Geschichte*, Darmstadt 1964 (Essays zu Gebieten, für die griechische Inschriften Erkenntnisgewinn versprechen).

Schmidt, Manfred, *Einführung in die lateinische Epigraphik*, Darmstadt 2004 (Vorstellung der Inschriftengattungen mit illustrierten Beispielen).

Sammlungen von Inschriften mit Übersetzung bzw. in Übersetzung:

Pfohl, Gerhard (Hg.), *Griechische Inschriften als Zeugnisse des privaten und öffentlichen Lebens*, 2. Aufl. München 1980.

Historische griechische Inschriften in Übersetzung, hg. von Kai Brodersen/Wolfgang Günther/Hatto H. Schmidt, 3 Bde., Darmstadt 1992-1999 (abgekürzt HGIÜ).

Römische Inschriften. Lateinisch/Deutsch, hg. von Leonhard Schumacher, Stuttgart 1988.

Historische Inschriften zur römischen Kaiserzeit von Augustus bis Konstantin, hg. von Helmut Freis, 2. Aufl. Darmstadt 1994.

Die antike Numismatik befasst sich mit Münzen und Medaillen. Münzen sind Quellen der Geldgeschichte, doch werden sie auch ihrer Motive wegen untersucht, denn staatliche Emissionen verraten immer etwas von dem, was ihre Prägeherren für wichtig hielten. Die Münzmeister der späten römischen Republik prägen häufig Motive aus ihrer Familiengeschichte, also beispielsweise von ihren Ahnen gestiftete Bauwerke. In der Kaiserzeit geben Münzen Hinweise auf Tugenden des Kaisers. Medaillen und ähnliche privat verausgabte Stücke wie die Kontorniaten dienten zwar nicht als Geld, zeigen aber die Interessen ihrer begüterten Auftraggeber.

Numismatik

Christ, Karl, *Antike Numismatik. Einführung und Bibliographie*, 3. unveränd. Aufl. Darmstadt 1991 (ohne Abbildungen, mit ausführlichen Verzeichnissen von Münzkatalogen).

Howgego, Christopher, *Geld in der antiken Welt. Was Münzen über Geschichte verraten*, Stuttgart 2000 (Beispiele für Münzinterpretationen).

Mittag, Peter Franz, *Alte Köpfe in neuen Händen. Urheber und Funktion der Kontorniaten*, Bonn 1999 (Interpretation einer spätantiken Form).

Papyrologie

Die Papyrologie untersucht die Texte auf Papyri, dem gängigsten antiken Schreibmaterial bis in die Kaiserzeit. Papyri sind im Wüstensand Ägyptens erhalten geblieben. Griechische Texte überwiegen, aber es gibt auch lateinische oder koptische Texte. Wie bei den Inschriften sind unvollständige Texte der Normalfall.

Rupprecht, Hans Albert, *Kleine Einführung in die Papyruskunde*, Darmstadt 1994.

Sehlmeyer, Markus, *Lernprogramm der Papyrologie* (http://www.phf.uni-rostock.de/fkw/iaw/papyrologie/index.htm) (Übungen zum Lesen griechischer Papyri).

Griechische Papyri aus Ägypten als Zeugnisse des öffentlichen und privaten Lebens. Griechisch-deutsch, hg. von Jürgen Hengstl, München 1978.

Chronologie, Metrologie, Paläographie

Weitere Spezialdisziplinen können hier und da relevant werden, Chronologie oder Metrologie (Maße und Gewichte) gehören hierher, unter Umständen Paläographie (Handschriftenkunde).

Rüpke, Jörg, *Zeit und Fest. Eine Kulturgeschichte des Kalenders*, München 2006.

Bickermann, Elias, *Chronologie*, 2. Aufl. Leipzig 1963.

Dilke, Oswald A.W., *Mathematik, Maße und Gewichte in der Antike*, Stuttgart 2004.

Bischoff, Bernhard, *Paläographie des römischen Altertums und des abendländischen Mittelalters*, 3. unveränd. Aufl. Berlin 2004.

Die Prosopographie befasst sich mit der Erfassung aller Personen, die in einer bestimmten Epoche und Kultur vorkommen. Ein Problem stellt die Tatsache dar, dass Personennamen auf leicht abweichende Weise geschrieben werden können. Der römische Gegner Mithridates wird in den Inschriften Mithradates genannt. Bei den Römern hat sich die Eigentümlichkeit ergeben, dass die „Prominenten" oft mit ihrem Beinamen angesprochen wurden, in Lexika aber mit dem Familiennamen (Gentilnamen) angeführt werden:

> Ein vollständiger römischer Personenname sieht so aus:
>
> Gaius *Cornelius* Scipio
>
> Vorname, *Gentilname* und Beiname bzw. Familienzweig
> In den großen Lexika wie der RE werden die Personen nach dem Gentilnamen einsortiert, weshalb man diesen ggf. in einem kleineren Lexikon wie dem OCD nachsehen muss. D.h. Cicero findet man in der RE unter Tullius, seinem *nomen gentile*.

Die althistorische Forschung hat wesentliche Impulse durch soziologische und kulturanthropologische Fragestellungen erhalten. Eine systematische Zusammenstellung solcher Ansätze existiert nicht, deshalb im Folgenden einige beispielhafte Studien in chronologischer Folge:

Soziologie und Anthropologie

Nippel, Wilfried, Griechen, *Barbaren und „Wilde". Alte Geschichte und Sozialanthropologie*, Frankfurt 1990.
Bettini, Maurizio, *Familie und Verwandtschaft im antiken Rom*, Frankfurt/Main u.a. 1992.
Schlesier, Renate, *Kulte, Mythen und Gelehrte. Anthropologie der Antike seit 1800*, Frankfurt am Main 1994.
Martin, Jochen, *Bedingungen menschlichen Handelns in der Antike. Gesammelte Beiträge zur Historischen Anthropologie*, Stuttgart 2009.
Wells, Peter, *Die Barbaren sprechen. Kelten, Germanen und das römische Europa*, Stuttgart 2007 (Orig. Princeton 1999).
Nippel, Wilfried, Die antike Stadt in Max Webers Herrschaftssoziologie, in: *Herrschaftssoziologie*, hg. von Edith Hanke/ Wolfgang J. Mommsen, Tübingen 2001, S. 189-201.
Schmitz, Winfried, *Nachbarschaft und Dorfgemeinschaft im archaischen und klassischen Griechenland*, Berlin 2004.

Zur Anlage und Benutzung dieses Buches | 1.3

Dieses Studienbuch kann sowohl eine erste Orientierung über die Antike als auch Repetitorium sein, das heißt zur Auffrischung vorhandener Kenntnisse dienen. Die Unterkapitel umfassen Stoff, der im Zusammenhang gelesen werden sollte. Querverweise sind selten eingefügt. Begriffe, die unbekannt sind, aber unter Umständen schon zuvor eingeführt wurden, lassen sich durch Benut-

Schwerpunkte zung des Registers verstehen. Die Darstellung soll einige Hauptaspekte der Epochen berühren und geht im Allgemeinen von Griechen und Römern aus. Die Bereiche Verfassung, Gesellschaft, Expansion, Städtewesen und Kultur kommen in allen Kapiteln vor. Andere Themenkreise wie Wirtschaft, Mentalität oder Alltagsleben mussten demgegenüber an manchen Stellen zurücktreten. Die angegebene Literatur stellt nur einen kleinen Teil dessen dar, was ausgewertet wurde. Sie ist ausgewählt im Hinblick darauf, was für Anfängerinnen und Anfänger besonders nützlich erscheint; deutschsprachige Titel überwiegen, Aufsätze sind nur in Ausnahmefällen angeführt, beispielsweise, wenn sie zur Interpretation im Text vorgestellter Quellen beitragen.

Abkürzungen Abkürzungen, die im Folgenden an wenigen Stellen verwendet werden, können mit den in den „Allgemeinen Literaturhinweisen" genannten Nachschlagewerken aufgeschlüsselt werden. Eine erweiterte Bibliographie zu diesem Buch ist im Internet abrufbar: **UTB-mehr-wissen.de** im Fachbereich Geschichte (Die Antike). Powerpoint-Dateien mit farbigen Versionen der Karten dieses Buches werden dort im Frühjahr 2009 bereitgestellt.

Aussprache Gelegentlich sind bei griechischen Fachbegriffen Hinweise zur Aussprache gegeben. Homēr weist auf den langen Vokal der zweiten Silbe hin, der im Deutschen betont wird. Das griechische Wort für Stämme, Éthnē, ist zwar am Ende lang, wird aber auf der ersten Silbe betont.

Quellen und Interpretationen Quellen werden im Text nur exemplarisch genannt und gelegentlich skizzenhaft interpretiert. Diese Interpretationen dienen der Veranschaulichung des unter 1.2 Gesagten. Wenn im Text das eine oder andere lateinische Wort ohne Übersetzung stehengeblieben ist, dann handelt es sich im Allgemeinen um Nomina, die man im Zweifelsfall schnell nachschlagen kann. Einige wichtige Grundbegriffe werden in Kästchen erläutert, gerade wenn sie in ihrer Bedeutung vom Gebrauch in der modernen Geschichte abweichen. Wiederholungen lassen sich aufgrund der Anlage des Buches nicht ganz vermeiden, zum Beispiel im Hellenismus (Kap. 2.4/ 3.2) und Christentum (3.4./ 4.1). Die vorgestellten Quellen können nur einen ersten Eindruck von der Vielfalt des zur Verfügung stehenden Materials geben. Forschungspositionen sind nur ganz punktuell erwähnt – die genauen bibliographischen Angaben finden sich im Allgemeinen am Ende unter „Literatur".

Griechische Geschichte 2

Das früheste Griechenland – Von den Mykenern bis in die Dark Ages 2.1

Die Rede von „der" griechischen Geschichte könnte zunächst zu der Annahme verleiten, dass in der Antike Griechenland eine Einheit bildete, vergleichbar dem modernen, 1832 gegründeten Nationalstaat gleichen Namens. Das war aber nicht der Fall. Vielmehr verbirgt sich hinter dem Label „Griechische Geschichte" eine Vielzahl von Geschichten einzelner Stadtstaaten, Bündnisse und Bünde, in denen „große" Akteure wie Athen, Sparta, Korinth und Theben eine herausgehobene Rolle spielten. *Antikes Griechenland – kein Nationalstaat*

Die griechische Geschichte betrifft nicht nur das Territorium des heutigen Griechenland mit den Inseln in der Ägäis, sondern alle Gebiete, in denen in der Antike Griechen siedelten. Ab wann diese Griechen sich selbst als solche ansahen, ist dabei zunächst nicht von Belang. Durch die griechische Kolonisation der archaischen Zeit (800–500 v.Chr.) gelangten Griechen bis an die Küsten des westlichen Mittelmeeres, Nordafrikas und des Schwarzen Meeres (Kap. 2.2 mit Abb. 13, S. 44). An der Westküste der heutigen Türkei gab es schon seit dem 10. Jahrhundert v.Chr. griechische Siedlungen, diese Region hatte bis etwa 500 v.Chr. mit Städten wie Milet und Ephesos sogar eine gewisse Führungsrolle in der griechischen Welt inne. Griechische Geschichte ist also zunächst Geschichte von Griechen im Mittelmeerraum. *Der Raum der Griechischen Geschichte*

In einer weiteren Phase griechischer Expansion wurde der griechische Kulturraum noch einmal stark erweitert und auf das von Alexander eroberte Perserreich ausgedehnt (Kap. 2.4). Somit gehören im Zeitalter des Hellenismus (323–31 v.Chr.) auch Anatolien, Syrien, Ägypten, das Zweistromland oder Afghanistan zur griechischen Geschichte im politischen Sinn. Kontakte zum und vielfacher Austausch mit dem „Orient" pflegten die Griechen freilich schon zu einer Zeit, als sie selbst noch gar nicht wussten, dass sie Griechen waren. *Die Griechen und der Orient*

Den Zeitrahmen der Griechischen Geschichte zu bestimmen erweist sich als schwieriger. Wann beginnt die griechische Geschichte? Jede Setzung – in der Sprache des Historikers: jede Periodisierung – stellt eine Entscheidung darüber dar, was man als konstitutiv für die Griechen ansieht. Man kann etwa in die Bronzezeit zurückgehen, nämlich in die Zeit, in der mutmaßlich *Beginn der Griechischen Geschichte* schon Griechisch gesprochen wurde und in der einige kulturelle Eigentümlichkeiten wie die griechische Religion in Ansätzen erkennbar sind. Doch ist diese frühe Zeit mit den Methoden der Alten Geschichte allein schwer ergründbar. Als Kompromiss bietet sich an, mit der Zeit zu beginnen, die der erste griechische Schriftsteller Homēr vorzustellen vorgibt, nämlich die Zeit des von ihm erdichteten Trojanischen Krieges, die spätmykenische Zeit (ca. 1250-1150 v.Chr).

Epochen der griechischen Geschichte

Frühe Abschnitte von Geschichte, die aufgrund archäologischer Merkmale definiert sind, lassen sich nie auf das Jahr genau eingrenzen. Wir sprechen daher von Epochen oder Phasen, zum Beispiel der mykenischen Zeit (ca. 1600-1150 v.Chr.). Sie ist durch eine Palastkultur gekennzeichnet und wir besitzen Tontafelarchive mit einer Silbenschrift, Linear B. Es folgt eine Phase, die man früher für besonders dunkel und kulturell rückschrittlich gehalten hat, die sog. *Dark ages*, ca. 1150-800 v.Chr. Intensivere Behandlung erfährt die archaische Phase Griechenlands (ca. 800-500 v.Chr.), in der die Polis entstand. Es ist die Zeit der Dichtung Homērs und der ionischen Naturphilosophie, die sich bis zu dem Zeitpunkt erstreckt, als die Perser versuchten, die griechische Staatenwelt in ihr Reich einzugliedern. Die Bezeichnung „archaisch" geht auf archäologische Begriffsbildung zurück, ebenso das „klassische" Griechenland, das mit Alexander „dem Großen" zu Ende geht (ca. 500-338/323 v.Chr.). In der Phase des Hellenismus endet die politische Eigenständigkeit der griechischen Staaten, sie geraten im Laufe der Zeit unter römische Herrschaft, zuletzt Ägypten 30 v.Chr. infolge der Seeschlacht bei Aktium (31 v. Chr.).

Epochenbezeichnungen aus der Archäologie

Die spätmykenische Zeit

ca. 1250-1150 v.Chr. spätmykenische Zeit

Eine erste Staatsbildung können wir bereits in der Bronzezeit um 1800 v.Chr. auf Kreta feststellen, die weiterreichende kulturelle Einflüsse auf das griechische Festland und die Inseln der Ägäis hatte. In mykenischer Zeit war Griechenland an Orten besiedelt, die heute wenig bekannt sind. In Athen gab es eine gewisse Siedlungstätigkeit, bedeutender aber waren Pylos und Mykene auf der Peloponnes, Orchomenos und Gla in Böotien. Die Karte **(Abb. 3)** zeigt einige Orte, an denen es um 1200 v. Chr. städtische Siedlungen gab.

Es ist anzunehmen, dass Einwanderer und ansässige Bevölkerung sich allmählich vermischt haben – es ist also (wie im Falle

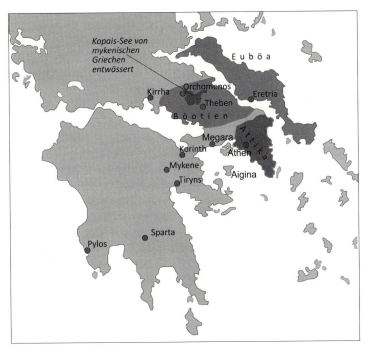

3: Wichtige Orte der spätmykenischen Zeit

der Etrusker, 3.1.) mit einer Ethnogenese zu rechnen, die zur Herausbildung der griechischen Sprache in mehreren Dialekten führte. Eine massive sogenannte „Dorische Wanderung" von Griechen, die diese Dialekte bereits sprachen, ist archäologisch nicht nachweisbar und aufgrund theoretischer Erwägungen auch wenig wahrscheinlich (J.M. Hall).

Keine „Dorische" Wanderung

In Mittelgriechenland stoßen wir auf eine besondere technologische Leistung der mykenischen Griechen: Sie haben den flachen Kopais-See in Böotien entwässert und dadurch eine große Ackerfläche in dieser recht gebirgigen Landschaft gewonnen. Wir befinden uns noch in der Bronzezeit. Die Bezeichnung rührt daher, dass aus diesem Material (und nicht wie später aus Eisen) Waffen und Werkzeuge gefertigt wurden. Dagegen dienten Gold und Silber zur Schmuckherstellung für Lebende und Tote. Heinrich Schliemann (1822–1890) fand die berühmten Goldmasken in den Schachtgräbern von Mykene. Bei seinen Grabungen in Hisarlik (im Nordwesten der heutigen Türkei nahe dem Hellespont), das er mit dem Troja Homērs identifizierte, stieß er auf

Bronzezeit

den sogenannten „Schatz des Priamos", der aber nicht in den zeitlichen Horizont „Trojas" (um 1200 v.Chr.) gehörte, sondern wesentlich älter war.

Die bereits erwähnten Linear-B-Täfelchen geben uns Einblick in Kleinstaaten, in denen die Zentrale, der „Palast", alle produzierten und eingeführten Güter sammelte, verwaltete und sie an bestimmte Empfänger ausgab.

> **Palastkultur**: Organisationsform, in der nicht nur das staatliche und soziale Leben auf den herrscherlichen Palast ausgerichtet ist, sondern in dem auch Wirtschaft, Religion und Kultur im Palast abliefen. Die Verwaltung registrierte und verteilte die im Herrschaftsbereich erwirtschafteten Agrarprodukte und Waren anderer Art (Redistributionssystem).

Linear-B — In mykenischer Zeit sprach man ein frühes Griechisch, das in der Silbenschrift Linear-B notiert wurde. Die meisten Texte stellen Listen von Warenbeständen dar; längere Texte gab es in mykenischer Zeit vermutlich nicht.

Kreta in der minoischen Zeit — Die Insel Kreta wies in der minoischen Zeit, die schon vor der mykenischen einsetzte, eine recht dichte Besiedlung auf. Als Beispiel kann der Palast von Knōssos (**Abb. 4**) dienen, der teilweise erhalten ist beziehungsweise auch rekonstruiert wurde. Neben den Wohnräumen des Herrschers dienten etliche Räume an der Westseite zur Speicherung von Waren, die den Bedarf des dort residierenden Herrschers gewiss überstiegen. Das monumentale Bauwerk war somit auch ökonomisches Zentrum. Die Gesellschaft der frühen Griechen war stark hierarchisch gegliedert:

Mykenische Gesellschaft
- Der König im Palast, bei Homēr *wánax* genannt, stand über dem Befehlshaber der Truppen und anderen Gefolgsleuten.
- Der *Basilëus*, der uns in der homērischen Gesellschaft wiederbegegnet, bekleidete eine hervorgehobene Stellung, da er mit der Bronzeproduktion und religiösen Angelegenheiten zu tun hatte.
- Das Volk (*dāmos*) bestand aus Bauern und Handwerkern.

Thera — Als Ursache für das Ende der minoischen Paläste wird mitunter eine Naturkatastrophe angenommen, die dem Vulkanausbruch auf der Insel Thera folgte, ein Tsunami. Der Vulkanausbruch ließ sich mithilfe von Radiokarbondatierung ins 17. Jahrhundert v.Chr. datieren, durch die genauere Dendrochronologie ins letzte Viertel

2.1 | Das früheste Griechenland

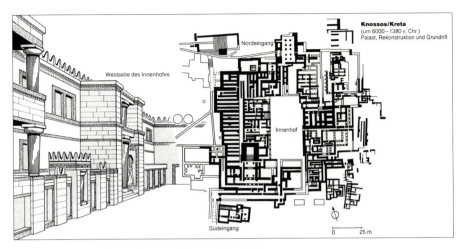

4: Knossos, Kreta: Palast – Rekonstruktion und Grundriss.

(ca. 1625-1600 v.Chr.). Ein kausaler Zusammenhang des Vulkanausbruchs auf Thera mit dem über 100 Jahre späteren Ende der Paläste auf Kreta – das ja prinzipiell im Wirkungskreis einer gewaltigen Naturkatastrophe auf den Kykladen lag – ist jedoch nicht herzustellen.

> **Naturwissenschaftliche Datierungsmethoden**
>
> – *Radiokarbondatierung*, auch C14-Methode genannt: Bestimmung des Gehalts am radioaktiven Kohlenstoff (Isotop) C14 aufgrund der Halbwertszeit.
> – *Dendrochronologie:* Vergleich der Jahresringe des Baumes, von dem ein hinreichend großes Stück aus dem Stamm erhalten ist, mit bereits aus Buchpublikationen bekannten Jahresringen. Gern verwendet für unter Wasser konservierte Hölzer (Schiffswracks) oder verkohlte Holzreste.
> – *Eiskernbohrungen:* Wenn Vulkanausbrüche oder andere signifikante Änderungen der Atmosphäre (Luftverschmutzung) datiert werden sollen, kann die Untersuchung eines Eiskerns aus Grönland bestätigen, dass es in diesem oder jenem Jahr eine atmosphärische Veränderung gegeben hat.

Die Zentren der damaligen Welt lagen im „Fruchtbaren Halbmond", der vom Hethiterreich (heutige Türkei) über die Levante

Der Orient und die Griechen (heute Syrien, Libanon, Jordanien und Israel) und das weiter östliche Zweistromland (u.a. der heutige Irak) bis nach Ägypten reichte. Von dieser „Mitte der Welt" aus lagen die Griechen am Rande. Sie unterhielten Handelsbeziehungen und versuchten, die politischen Strukturen der mächtigen Nachbarn nachzuahmen. Diese Ägäische Koinē, das heißt eine Zone intensiven Austausches, bestand schon länger (Ägäische Bronzezeit, ca. 2700-1200 v.Chr.). Die geographischen Bedingungen – eine Vielzahl benachbarter Inseln, es sind über 2000 – waren ideal für die Anknüpfung ökonomischer wie kultureller Beziehungen. Heutzutage wird der Alte Orient oft allein der Orientalistik als Untersuchungsgegenstand zugewiesen, doch noch zu Zeiten von Eduard Meyer (1855–1930) war es aufgrund altsprachlicher Schulkenntnisse möglich, dass sich Studierende der Alten Geschichte auch mit dem Orient befassten und dazu altorientalische Sprachen erlernten. In seiner monumentalen „Geschichte des Altertums" stellte Meyer, trotz seiner universalgeschichtlichen Auffassung, die Kulturen Ägyptens und des Orients zumeist neben die der Griechen, er erzählte die Geschichten dieser Völker separat. Besondere Aufmerksamkeit widmete Meyer dem Alten Israel, das heute überwiegend von der Alttestamentlichen Wissenschaft, einem Teilgebiet der Theologie, bearbeitet wird.

Ägäische Koinē

Chronologie der minoischen Zeit Die Chronologie dieser frühen Zeit ist – wie bereits angedeutet – recht problematisch. Eine Dreiteilung der minoischen Zeit nahm der Ausgräber von Knōssos, Sir Arthur Evans, vor. Die drei Phasen der minoischen Kultur entsprechen chronologisch ungefähr den Phasen der Ägyptischen Geschichte (Altes, Mittleres und Neues Reich). Die Entwicklung auf dem griechischen Festland wurde analog in die Phasen Früh-, Mittel- und Späthelladikum geteilt, wobei letzteres synonym mit der mykenischen Zeit ist. Neuere Forschungen sprechen gelegentlich von den Palastzeiten Kretas, zum Beispiel von der Altpalastzeit. Diese neue Terminologie hat sich aber noch nicht endgültig durchgesetzt.

Ende des Hethiterreiches Einen wichtigen Einschnitt bildete der Moment, als das Hethiterreich in Zentralanatolien zerbrach und verschiedene Wanderungsbewegungen die politische Landkarte gründlich veränderten. So tauchten noch heute als „Seevölker" bezeichnete Gruppen auf, teils als mobile Plünderer – überliefert ist der erfolgreiche Abwehrkampf des ägyptischen Pharao Ramses III. um das Jahr 1180 v.Chr. –, teils auch neue Wohnsitze suchend; zu letzteren dürften die aus der Bibel bekannten Philister gehört haben. Mitunter werden sie für das Ende der mykenischen Siedlungen verantwortlich gemacht. Die Herkunft der „Seevölker" ist bis heute nicht geklärt.

Bewaffnung und Art der Schiffssegel weisen nach dem westlichen Mittelmeer, doch auch Bewohner des Ägäis-Raumes könnten sich an der Suche nach neuem Siedlungsland beteiligt haben. (ca. 1250–1100 v.Chr.) In den Kontext dieser Wanderungen könnte auch der „Trojanische Krieg" gehören, der viel später als Auseinandersetzung der Griechen mit diesem westanatolischen Herrschersitz konstruiert wurde.

Das Ende des Trojanischen Krieges fiel nach antiker Auffassung ins Jahr 1184 v.Chr. Doch die mit dem heutigen Hisarlik identifizierte Stadt wurde – nach Ausweis archäologischer Quellen – des Öfteren zerstört, und manche moderne Gelehrte sehen als historischen Kern der Trojasage die verstärkte Landnahme und Besiedlung der Westküste der heutigen Türkei (sogenannte Ionische Kolonisation) durch „Griechen" ab dem 11. Jahrhundert v.Chr. an, auch wenn das auf den ersten Blick anachronistisch erscheint.

Trojasage und ionische Kolonisation

In der Kontroverse zwischen dem Althistoriker Frank Kolb und dem Prähistoriker Manfred Korfmann, die sich in den Jahren 2001 bis 2005 abspielte, ging es unter anderem um die Frage, welchen Charakter und Stellenwert Troja in der späten Bronzezeit hatte. Korfmann tendierte dahin, in der Stadt ein bedeutendes Handelszentrum unter hethitischem Einfluss zu sehen, Kolb ordnete die Siedlung hingegen als einen von vielen Handels- und Wehrstützpunkten dieser Zeit ein. Hintergrund dieser Frage ist, inwiefern man davon ausgehen darf, dass auch die Unterstadt Trojas dicht besiedelt war. Die Oberstadt, das heißt die Burg, ist seit Heinrich Schliemann mehrfach Gegenstand von Ausgrabungen gewesen und ihre Interpretation ist konsensfähig.

Kolb-Korfmann-Kontoverse

Die Landwirtschaft war zunächst im Gebiet des „fruchtbaren Halbmonds" intensiviert worden; sie führte zu einer wirtschaftlichen Blüte in Mesopotamien und bewirkte dann das dortige Aufblühen von Stadtstaaten wie Uruk im 4. Jahrtausend v.Chr. Die Landwirtschaft selbst war schon ca. 7000 v. Chr. in den Mittelmeerraum vorgedrungen. Ackerbau und Viehzucht wurden also schon am Ende der Steinzeit betrieben, sie kamen offenbar von der Levante über die ägäischen Inseln nach Mittelgriechenland, jedenfalls in den Bereich, in dem dann später die griechische Ethnogenese stattfand.

Landwirtschaft im Orient

Astronomische Kenntnisse wurden über Babylonien und Ägypten an die frühen Griechen vermittelt. Das geschah spätestens in der Ägäischen Bronzezeit, also vom 3. Jahrtausend v.Chr. bis etwa 1200 v.Chr. Die Griechen übernahmen beispielsweise das Sexagesimalsystem, das noch heute in der Zeitrechnung und Mathe-

Wissenschaft im Orient

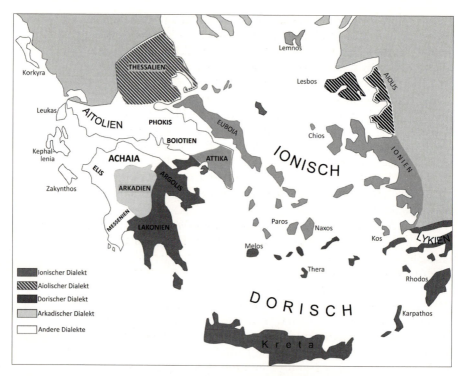

5: Die griechischen Dialekte. Die Differenzierung der Dialekte ist nicht unumstritten – von der Erklärung dieser Verteilung, die man an Inschriften in klassischer Zeit beobachten kann, ganz zu schweigen.

matik eine Rolle spielt (eine Minute hat 60 Sekunden und ein voller Kreis umfasst 360°). Die Astronomie, insbesondere die Kenntnis des Polarsterns, war vor allem für die Schifffahrt bei Nacht wichtig, die zwar prinzipiell gemieden, in Zwangslagen aber durchaus praktiziert wurde. Die Buchstabenschrift haben die Griechen in den *Dark Ages* von den Phöniziern übernommen.

Ioner und Dorer

Wanderungsbewegungen von Griechen sind archäologisch schwer nachzuweisen; wir beobachten jedoch in archaischer Zeit, dass es mehrere Dialekte (**Abb. 5**) der griechischen Sprache gibt, deren Existenz am einfachsten mit der Erschließung eines Raumes durch eine größere zusammengehörige Gruppierung zu erklären ist. Der ionische Dialekt wurde eben nicht nur in Attika, auf Euböa und diversen Inseln gesprochen, sondern auch an der kleinasiatischen Küste in der Landschaft Ionien, zu der Städte wie Ephesos und Milet gehören. In der späteren Geschichte beriefen sich die

Ioner auf ihrer Verwandtschaft mit den Athenern (als es zum Ionischen Aufstand kam). Der dorische Dialekt war auf der Peloponnes verbreitet, aber auch auf Inseln in der südlichen Ägäis und auf Kreta. Achäisch und äolisch sind weitere Dialekte, so dass man vier Dialektgruppen unterscheiden kann: Ioner, Dorer, Achäer und Äoler. Diese haben sich im Verlauf der archaischen Zeit gebildet, endgültig wohl erst im 6. Jahrhundert v.Chr. Man kann darüber streiten, ob diese „Stämme" politische Organisationen wie Stammesstaaten oder Symmachien präfiguriert haben oder ob umgekehrt die politische Situation die Erinnerung an die gemeinsame Vergangenheit geschaffen und verschiedene Gruppen zum Anschluss an besonders angesehene und erfolgreiche ‚Kerne' veranlasst hat.

Griechische Dialekte

Verwirrenderweise bezeichnet das griechische Wort Ethnos sowohl die durch denselben Dialekt zusammengehörenden Griechen als auch eine Staatsform, den Stammesstaat, den Dorer und Ioner in dieser Form freilich eben nicht kannten. Der Untergang der mykenischen Palastkultur machte es jedenfalls möglich, dass die Ägäiswelt von neuen Siedlern bevölkert wurde, die dann im Laufe der Jahrhunderte zu den Griechen wurden, die wir kennen. Warum die Palastkultur überhaupt unterging, ist nicht leicht zu sagen. Als Ursachen kommen infrage:

Ethnos

– Blockierung der Handelswege für Kupfer und Zinn, die für die ökonomische Entwicklung (Bronzeproduktion und -verarbeitung) notwendig waren,
– Missernten durch Auslaugung der Böden oder Überweidung,
– mangelnde Konkurrenzfähigkeit zu Eisenverarbeitern (Eisenpfeilspitzen sind ab ca. 1100 v.Chr. belegt),
– dadurch Ende des Waffenmonopols der Paläste und
– Strapazierung der Ressourcen durch hohen Aufwand für Luxusgüter und unproduktive Wehrausgaben.

Die Dark Ages (ca. 1150-800 v.Chr.)

Nach dem Untergang der mykenischen Palastkultur folgte eine ruhigere Phase, die mit der Bezeichnung Dark Ages aber insgesamt zu negativ charakterisiert wird (**Abb. 6**). Der Begriff hat einen Doppelsinn: Für „dunkel" hielt man die Zeit wegen des Mangels an (literarischen) Quellen, dunkel nannte man sie angesichts einer gewissen Kargheit des Lebens, die man im Kontrast zur folgenden wie auch der vorhergehenden Zeit zu diagnostizieren

Dark Ages als Begriff

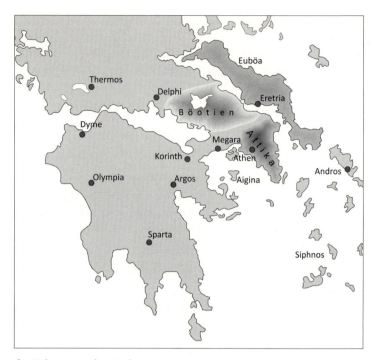

6: Wichtige Orte der „Dark ages"

glaubte. Zwar verschwanden die Palastorganisationen und mit ihnen die Linear-B-Schriftlichkeit, doch ist ungewiss, ob damit überall wirtschaftliche Stagnation und Bevölkerungsschwund einhergingen. Vielmehr waren die *Dark Ages* die Zeit des Übergangs zur Eisenzeit und zur Keramik mit geometrischem Dekor, also wichtiger Innovationen. Siedlungskontinuität bestand nur teilweise, Landschaften wie Böotien oder die Insel Euböa gewannen durch Migration an Bedeutung. Die Verbindungsfäden in den Orient wurden freilich dünner.

> **Migration**: Auf einen längeren Zeitraum angelegte Veränderung des Wohnsitzes eines Einzelnen oder eher einer Gruppe von Menschen. Während man in der Antike den Begriff eng fasste und nur weiträumige, kaum rückgängig zu machende „Völkerwanderungen" darunter verstand, sind heutzutage auch Kolonisationstätigkeiten einbegriffen.

Erste Städte entstanden nun auch im Gebiet der Griechen, beispielsweise Alt-Smyrna in der Nähe des heutigen Izmir. Die Siedlung, deren erste Spuren um das Jahr 1000 v.Chr. zu datieren sind, wird im Zuge der Ionischen Kolonisation entstanden sein. Die ersten Siedler waren Äoler, später dann, um 700 v.Chr., scheint der Siedlungsplatz von den benachbarten Ioniern übernommen worden zu sein. An dieser Stelle soll darauf hingewiesen werden, dass nicht jede – auch größere – Ansiedlung eine Stadt sein muss. Max Weber (1864–1920) hat folgende urbanistische und ökonomische Kriterien aufgestellt:

Max Webers Kriterien für eine Stadt

1. „(mindestens relativ) geschlossene Siedlung, eine *Ortschaft* (...), nicht eine oder mehrere einzeln liegende Behausungen."
2. „eine Ansiedlung, deren Insassen zum überwiegenden Teil von dem Ertrag nicht-landwirtschaftlichen, sondern *gewerblichen oder händlerischen Erwerbs* leben."
3. „*Vielseitigkeit* der betriebenen Gewerbe"
4. „Bestehen eines nicht nur gelegentlichen, sondern regelmäßigen *Güteraustausches* am Ort der Siedelung, als ein wesentlicher Bestandteil des Erwerbs und der Bedarfsdeckung der Siedler: eines *Marktes*." [2]

Diese Kriterien können auch für die Antike Verwendung finden, wobei Punkt 2 nur eingeschränkt gilt. Die Mehrzahl der antiken Menschen war in der Landwirtschaft tätig oder bewirtschaftete zumindest Land für den Eigenbedarf. Insofern kann man in der Antike auch dann von Städten sprechen, wenn Handel und Gewerbe keine so große Rolle spielten, wie es in der modernen Welt der Fall ist. Wichtig erscheint der Hinweis, dass Weber die politische Verfassung nicht in seine Definition einbezieht. Er bestimmt die Stadt also rein formal und funktional; andere Definitionen weisen hingegen der politischen Autonomie, wie sie die griechische und römische, aber auch die mittelalterliche Stadt zumindest dem Ideal nach kennzeichnete, große Bedeutung zu.

Wir sind nicht immer in der Lage, bei den frühen Siedlungen anzugeben, ob wirklich alle Kriterien erfüllt sind. Ebenso schwierig ist es, die gesellschaftliche Struktur der *Dark Ages* anzugeben. Für gesellschaftliche Hierarchien sprechen aufwändige Bestattungen wie im Falle des Heroons von Lefkandi auf Euböa. Dort wurde eine hochgestellte Persönlichkeit mit Frau und Pferden in einem Langhaus bestattet (10. Jahrhundert v.Chr.). Dieses Mega-

Gesellschaftliche Struktur

---

[2] Max Weber, *Wirtschaft und Gesellschaft. Grundriss der verstehenden Soziologie* (1921) 513f. = MWG I/22-5, 59f.)

ron von über 40 Metern Länge wurde mit einem Grabhügel bedeckt, an dem später Kulte abgehalten wurden.

> **Heroon**: Grabbau für einen Heros, womit man eine Person meint, die göttliche Züge trägt; der Heroenkult wurde seit dem Ende der *Dark Ages* betrieben; dabei können aus den Epen bekannte mythische Figuren mit schon älteren Gräbern und Grabhügeln in Verbindung gebracht worden sein.

Griechische Religion

Die Götter der Griechen

Die griechische Religion bestand schon lange vor den *Dark Ages*. Linear-B-Täfelchen aus minoischer und mykenischer Zeit nennen viele der olympischen Götter, die für anthropomorph gehalten wurden; auf den Gipfeln des Berges Olymp, der sich im Grenzgebiet der Landschaften Thessalien und Makedonien befindet, lebten sie fern von den Menschen. Zunächst tauchen die Namen der Götter nur auf den Votivtäfelchen auf, die uns aus Knōssos oder Pylos erhalten sind, das heißt die frühen Griechen weihten ihren Göttern Gegenstände und gaben diesen eine Inschrift, die den Namen der Gottheit in Linear-B nannte: di-we (Zeus), e-ra (Hera) oder po-se-da-o-ne (Poseidon) beispielsweise. Den Göttern konnten auch Opfer in anderer Form gebracht werden: Auf dem Altar wurden die Eingeweide von Opfertieren verbrannt; Wein wurde als Opfergabe auf die Erde geschüttet. Trotz dieser Gemeinsamkeiten konnte die Ausübung der griechischen Religion zunächst von Ort zu Ort stark differieren – nicht überall verehrte man dieselben Götter; auch die Feste für die Götter wichen ab. Später, in archaischer Zeit, kamen Festspiele hinzu, die für alle Griechen offen, also panhellenisch waren.

Charakteristika der griechischen Religion

Es ist nur schwer möglich, die griechische Religion in wenigen Sätzen zu charakterisieren. Ihre Herkunft aus einer Naturreligion ist kaum beweisbar, manche älteren Standardwerke wie Burckhardts Kulturgeschichte sprechen noch davon. Die Religion der Griechen war keine Erlöserreligion, das heißt es gab keine Figur, von der die Gläubigen Erlösung erwarteten; statt dessen hatten viele Götter unterschiedlichste Aufgaben und wurden kultisch verehrt. Griechische Religion war keine Buch- oder Schriftreligion, wenn auch Homēr die Anschauungen von den olympischen Göttern maßgeblich prägte. Das anthropomorphe Bild der Götter war spätestens seit der Epik (Homēr; Hēsióds Theogoníe) gängig, denn die Epen schilderten das Treiben der Götter detailreich. Schon früher hatte es Götterbilder gegeben. Diese Statuen prägen noch heute das Bild von der griechischen Religion. Die Religion verband alle Griechen, wer sie ausübte, war Grieche.

Literatur

Griechische Geschichte allgemein

- Beloch, Karl Julius, *Griechische Geschichte*, 4 Bde. (in 8), 2. Aufl. Straßburg-Berlin u. Leipzig 1912-1927. ND Berlin 1967 (besser zu lesen als Busolts *Griechische Geschichte*, aber oft polemisch).
- Bengtson, Hermann, *Griechische Geschichte von den Anfängen bis in die Kaiserzeit* (Handbuch der Altertumswissenschaften 3.4), 5. Aufl. München 1977 (Handbuch, als Darstellung veraltet, aber nützlich für die Quellenlage).
- Gehrke, Hans-Joachim, *Jenseits von Athen und Sparta. Das Dritte Griechenland und seine Staatenwelt*, München 1986.
- Meyer, Eduard, *Geschichte des Altertums*, hg. Hans-Erich Stier, 5 Bde. (in 8), Stuttgart 1952-58 (ausführliche Darstellung mit vielen Quellenangaben von den anthropologischen Grundlagen, Ägypten und dem Orient bis zur Mitte des 4. Jhds. v.Chr.).
- Rosen, Klaus, *Griechische Geschichte erzählt. Von den Anfängen bis 338 v. Chr.* Darmstadt 2000 (anregend geschrieben und gut zu lesen).
- Schuller, Wolfgang, *Griechische Geschichte* (Oldenbourg Grundriss der Geschichte 1), 6. Aufl. München 2008 (lang erprobtes Lehrbuch mit aktuellem Forschungsteil).
- Walter, Uwe, Griechenland vom Ende der Bronzezeit bis 500 v.Chr. Die klassische Zeit (499-322 v.Chr.), in: *Der Große Ploetz*, 35. Aufl. Göttingen 2008, S. 131-182.
- Weiler, Ingomar, *Griechische Geschichte. Einführung, Quellenkunde, Bibliographie*, 2. Aufl. Darmstadt 1989 (gute Darlegung des Forschungsstandes unter stärkerer Einbeziehung von Wirtschafts- und Religionsgeschichte).

Das Alte Griechenland – Von den Mykenern bis in die *Dark Ages*

- *Ägäische Bronzezeit*, hg. von Hans-Günter Buchholz, Darmstadt 1987 (tiefschürfender Überblick über die ägäische Welt von ca. 2700-1200 v.Chr., auch Mykene).
- Burkert, Walter, *Griechische Religion der archaischen und klassischen Epoche*, Stuttgart 1977 (umfassend).
- Chadwick, John, *Linear B. Die Entzifferung der Mykenischen Schrift*, Göttingen 1958 (spannende Einführung in die von Michael Ventris entzifferte Silbenschrift).

- Doumas, Christos G., *Thera, Santorin. Das Pompeji der alten Ägäis*, Berlin 1991 (Bildband).
- Friedrich, Walter L., *Feuer im Meer – Der Santorin-Vulkan, seine Naturgeschichte und die Atlantis-Legende*. 2. Aufl. Heidelberg 2004 (gut wegen vulkanologischer Bemerkungen, fragwürdig in der Atlantis-These).
- Hägg, Robin/ Auffarth, Christoph, *Religion VI-VIII*, Der Neue Pauly 10 (2001) Sp. 901-910 (Artikel über minoische, mykenische und griechische Religion).
- Hölkeskamp, Karl-Joachim, Vom Palast zur Polis, in: *Geschichte der Antike*, hg. von Hans-Joachim Gerke/Helmuth Schneider, 2. Aufl. Stuttgart/ Weimar 2006, 50-77
- Lesley Fitton, J., *Die Minoer*, Stuttgart 2004 (bebilderte Kurzdarstellung).
- Preziosi, Donald/ Hitchcock, Louise A., *Aegean art and architecture*. Oxford [u.a.] 1999 (knappere, reich bebilderte Darstellung der Oxford History of Art).
- Snodgrass, Anthony M., *The dark age of Greece. An archaeological survey of the eleventh to the eighth centuries BC*, New York 2001 (Nachdruck des Klassikers von 1971).
- *Troia. Traum und Wirklichkeit* [Begleitband zur Ausstellung 17. März bis 17. Juni 2001, Stuttgart, u.ö.], 2. Aufl. Stuttgart 2001 (ganz im Geiste der stark umstrittenen These Manfred Korfmanns, Troja sei in mykenischer Zeit ein bedeutsames Zentrum gewesen).
- *Der neue Streit um Troia. Eine Bilanz,* hg. von Christoph Ulf, 2. Aufl. München 2004 (Aufsätze, die überwiegend eine Gegenposition zu Korfmann vertreten).
- Welwei, Karl-Wilhelm, *Athen. Vom neolithischen Siedlungsplatz zur archaischen Großpolis*, Darmstadt 1992 (handbuchartige Darstellung für Fortgeschrittene).

2.2 Die Archaische Zeit – Ausgestaltung der Polis

Homēr als Quelle: Ilias und Odyssee

Mit den Dichtungen Homērs (**Abb. 7**) liegt erstmalig eine schriftliche Quelle vor, die trotz ihres poetischen Charakters wichtige Informationen über die Verhältnisse der frūharchaischen Zeit gibt. Bereits erwähnt wurde Homērs Rolle als Erzähler über den Trojanischen Krieg. Sein Épos *Ilias* schildert 51 Tage am Ende dieses Krieges, der insgesamt zehn Jahre geführt worden sein soll. Homēr erzählt den Krieg aus der Sicht der Griechen, die bei ihm Achäer heißen. Es ist im Allgemeinen aber so, dass auch in fiktionaler Literatur Beschreibungen aus dem Alltagsleben den realen Verhältnissen entlehnt sind; dabei hält Homēr sich offenbar an die Gesellschaft, die er aus seiner Gegenwart, dem Ionien des späten 8. Jahrhunderts kennt. Zwangsläufig behandelt Homēr auch das Kriegshandwerk und viele andere Bereiche des Alltagslebens sehr detailliert; somit erschafft der Dichter eine „Homerische Welt".

Homērs zweites Werk, die *Odyssee*, ist ein Heimkehrerepos, das heißt es erzählt von der Rückkehr des Odysseus in seine Heimat Ithaka, die mit vielen Hindernissen verbunden ist. Seine Irrfahrten verraten uns einiges von der Seefahrt der homerischen Zeit, aber auch von der Landwirtschaft, denn Odysseus kehrt auf sein Landgut, seinen Oikos zurück. Die Antike sah im Dichter Homēr den ersten Historiker, was aber damit zu tun hatte, dass er den Trojanischen Krieg beschrieb, den man landläufig für historische Realität hielt. So verrät uns Homēr wenig über die große Kolonisationstätigkeit der archaischen Zeit und das ist auch konsequent – er behauptete schließlich, über die heroische Frühzeit zu schreiben. Immerhin erzählt er zu Beginn des 6. Buches der *Odyssee*, wie die Insel Scheria von den Phäaken besiedelt wurde. Diese Siedlung ist letzte Station der Irrfahrten des Odysseus; obwohl die Phäaken ebenso wie diese Insel mythisch sind, wird man die Schilderung der Schritte der Gründung – Bau von Häusern, Bau eines Tempels, Aufteilung des Landes – als authentisch auch für die historischen Stadtgründungen ansehen müssen.

7: Römische Marmorkopie einer griechischen Homer-Büste aus dem 5. Jahrhundert v. Chr. – das älteste bekannte Homer-Bildnis. München, Glyptothek

Die „Homerische Welt"

Homerische Gesellschaft

Die Gesellschaft, die Homēr in seinen Epen beschreibt, wird gern als „homerische" bezeichnet, was den Vorteil hat, dass die genaue Datierung der von ihm beschriebenen Verhältnisse unterbleiben kann. In der Tat sind die von Homer beschriebenen Lebensverhältnisse von der älteren Forschung der mykenischen Gesellschaft oder den *Dark Ages* zugeordnet worden. Etliche namhafte Forscher haben jüngst dafür plädiert, hier doch eher die gesellschaftlichen Verhältnisse der früharchaischen Zeit zu sehen, wie sie Homēr selbst im Ionien seiner Zeit erlebt hat. In den Kämpfen um Troja ist eine gesellschaftliche Oberschicht zu erkennen. Die Anführer werden zumeist als *basileis*, Könige, bezeichnet, mitunter aber auch mit dem mykenischen Titel *wanax* oder besser gesagt *anax*, denn der W-Laut, das Digamma, ist nur in den Linear-B-Texten bezeugt. Ein Basiléus steht als Heerkönig dem Truppenaufgebot der Region, über die er herrscht, vor. Es gibt aber eine Mehrzahl solcher Könige, so dass man von Monarchie kaum sprechen kann, vielmehr von hochgestellten Anführern ausgehen muss. Diese sind Grundbesitzer, aber ökonomisch abkömmlich, das heißt ihr Land wird auch in ihrer Abwesenheit von Landarbeitern oder Hörigen beziehungsweise Sklaven bewirtschaftet. Den Basileis folgten schwerbewaffnete Krieger – offenbar Personen, die sich eine teure Rüstung aus Bronze mit Waffen wie Lanze und Schwert leisten konnten. Auch diese Hopliten haben von Einkünften der Landwirtschaft gelebt.

Eine gesellschaftliche Mittelschicht ist schwer aus Homērs Text herauszulesen. Mittelschicht ist überhaupt ein moderner soziologischer Terminus. Der Mensch der archaischen Zeit unterschied nur zwischen Reicheren und Ärmeren. Neben wohlhabenden Bauern dürfte es auch vermögende Handwerker wie Waffen- oder Goldschmiede gegeben haben, die zusammen mit Sängern, Ärzten und Sehern als Demiourgoi bezeichnet werden. Krieg führen die Basileis genannten Personen mit ihrem Gefolge, wobei die von Homēr geschilderten Einzelkämpfe eher der Archaisierung und Heroisierung dienen, als dass sie militärische Realität waren. Der Kampf in einer Schlachtreihe, der Phalanx, war schon bei Homēr üblich.

Es gab aber auch noch andere Freie, die verschiedene Handwerksberufe ausübten oder Kleinbauern waren. Der Anteil der Unfreien ist schwer abzuschätzen; diese Sklavinnen und Sklaven konnten im Krieg erbeutet werden, aber sie waren auch Handelsware, das heißt man konnte Sklaven zumeist „barbarischer" Herkunft von fremden Händlern erwerben.

> **Oikos**: Griechischer Haushalt, zu dem nicht nur Haus und Grundbesitz gehörten, sondern auch die Familie und die Abhängigen (Hörige, Sklaven). Der Hausherr war Familienoberhaupt und zugleich Leiter eines Wirtschaftsbetriebes, der auch in seiner Abwesenheit weiterfunktionieren konnte beziehungsweise dann von seiner Frau geleitet wurde, wie in Sparta.

Als Odysseus aus dem Krieg zurückkehrt, beobachtet er zunächst die Geschehnisse in seinem Oikos. Er verschweigt zunächst seine Identität. Homēr lässt ihn dort die Vorgänge der Landwirtschaft beobachten, aber auch das Treiben der „Freier" seiner Gemahlin, die in den Oikos einer reichen Witwe einheiraten wollen. Odysseus gibt sich zu erkennen und tötet die Freier.

Homer als Quelle für die frül̦archaische Zeit

Die bei Homēr beschriebene Welt entspricht am ehesten der früharchaischen, wenn auch gewisse künstliche Archaisierungen zu beobachten sind, beispielsweise die nicht mehr gebräuchliche Bezeichnung (W)*anax* für König oder der spätmykenische Eberzahnhelm, eine Kopfbedeckung aus Tierzähnen. Im Verlauf der archaischen Zeit war die Gesellschaft vielen Wandlungen unterworfen. Der luxuriöse Lebensstil und die Liebe zur Jagd blieben indes bestehen. Die Adligen suchten in sportlichen Wettkämpfen Ehre durch den Sieg zu erwerben. Im Kriege konnte der Adlige sich in der Schlachtreihe (Phalanx) hervortun, auch andere, uns heute merkwürdig erscheinende Sitten, wie die Fehde, dienten der Aufrechterhaltung des Status. Als Odysseus auf Ithaka eingetroffen war, gab er sich als Kreter aus, der von dort geflohen war, weil er einen Adligen in einer Fehde ermordet und dann bestohlen hatte (Od. 13, 256-270). Andere Adlige dienten als Söldner in der Fremde oder lebten von Seeraub.

Die gesellschaftliche Differenzierung lässt sich auch urbanistisch zeigen. Bereits erwähnt wurde die äolische Gründung Alt-Smyrna. (**Abb. 8**) Diese Stadt wurde um 700 v.Chr. von Ioniern aus Kolophon

Alt-Smyrna

8: Alt Smyrna. Rekonstruktion der Stadtansicht im 7. Jahrhundert v. Chr. Nach J. M. Cook

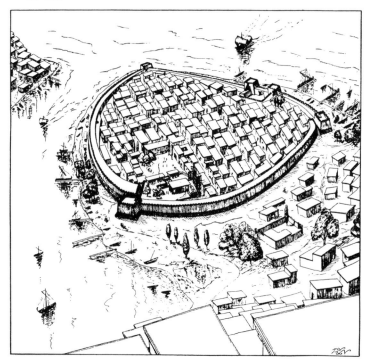

in Besitz genommen, welche die Stadt erweiterten. Manche Wohngebäude waren zweigeteilt: Ein Raum mit Herd, ein weiterer unverbundener mit separatem Eingang. Dieser zweite Raum wurde als Ándrōn (Männerraum) gedeutet, der für das Sympósion bestimmt war. Dieses Gastmahl blieb eine Institution, die das Leben der Aristokraten bestimmte und in späterer Zeit auch von vornehmen nichtadligen Bürgern weitergepflegt wurde.

Die Polis: Entstehung, Versorgung, Alternativen

Die Erfindung der Agora

Ausgestaltung der Polis seit dem 8. Jahrhundert v.Chr.

In den sogenannten *Dark Ages* waren politische Einheiten um das Mégaron eines *big man* entstanden (beispielsweise in Lefkandi). Zwischen Mégaron und Wohnhäusern bildete sich ein politischer Raum, die Agorá. Diese Agorá war nicht nur ein Platz für den Markt, sondern eben auch für Versammlungen. So bildete sich allmählich die Pólis, die im 8. Jahrhundert in Mittelgriechenland, der Peloponnes, den ägäischen Inseln und dem griechischen Teil Kleinasiens in entwickelter Form vorliegt. Es war eine kleinere, auf einen Zentralort bezogene Staatsform, die man oft (allzu ver-

9: Attika in klassischer Zeit

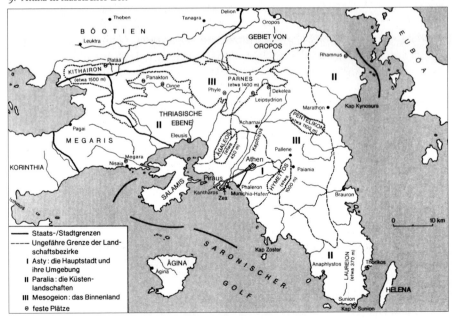

einfachend) als „Stadtstaat" bezeichnet, doch kann es in einer solchen Pólis ein relativ großes Territorium mit anderen städtischen Siedlungen geben wie in Attika, wo außer dem Zentralort Athen noch Bráuron, Thórikos oder Eleúsis zu nennen wären, Siedlungen, die schon vor bzw. in der mykenischen Zeit bestanden haben. (**Abb. 9**) Im Begriff Pólis schwingen mehrere Bedeutungen mit.

> **Polis**: „Bürgergemeinschaft", ein „organisierter Verband von Bürgern mit gleichen oder abgestuften Rechten, der auf dem Nómos – der durch Herkommen und Gesetz garantierten Ordnung des Gemeinwesens – basierte" (Welwei 1998); ein „Bürgerstaat" (Heuß 1962).

Die Bürger haben sich auf allgemein verbindliche Gesetze (Nómoi) geeinigt. Aus diesem Beginn politischer Tätigkeit entstanden Regeln des politischen Ablaufs; in den sich verdichtenden Polisstaaten gab es unterschiedliche Grade an Partizipation, wobei die Amtsfunktionen zunächst regelmäßig von Adligen wahrgenommen wurden. Der Bezug auf denselben Nomos schafft Abgrenzung von anderen Gemeinwesen. Die Polis wird autonom.

Autonomie der Polis

In Attika und auf der Peloponnes gab es einige wenige Póleis und ein Restgebiet, über das unten gesondert gehandelt wird. Die Póleis sind Athen, Megara, Korinth, Argos, Lakedaimōn (Sparta) und einige kleinere wie Epidauros, Troizen oder Hermione. (**Abb. 10**) Selbstverwaltung schuf auch Verantwortung für die Bürger; die Versorgung der Pólis musste in einem großen Maße agrarische Selbstversorgung sein, Autarkie wurde zum Stichwort in der archaischen Dichtung Hesióds („Werke und Tage"), der die Beschreibung der Arbeit auf dem Lande in epische Form brachte (ein Textbeispiel folgt unten S. 56-58).

Das zur Versorgung der Polis nötige Landgebiet wurde begrifflich unterschieden. Es hieß Chōra. Athens Chōra heißt noch heute Attika, die Chōra Spartas ist Lakōnien, später kam Messēnien zum Gebiet der Polis hinzu. Streng genommen meint Sparta nur die Siedlung, die Polis hieß Lakedaimōn. Je nach Polis wohnte ein größerer oder kleinerer Anteil der Bürger auf dem Lande. In Athen und Sparta war der Anteil der landsässigen Bevölkerung groß. Attika maß 2250 km², Lakōnien und Messēnien umfassten zusammen über 8000 km². Die ländliche Bevölkerung musste zur Ausübung ihrer politischen Rechte in das städtische Zentrum kommen, in Attika nach Stadt-Athen, in die Ásty. Die große Be-

Das Land der Polis, die Chōra

10: Die Bereiche von Pólis (schraffiert) und Éthnos (Großbuchstaben) im archaischen Griechenland

deutung der Pólis liegt nicht in ihrem städtischen Charakter begründet, sondern im staatlich-politischen Bereich. Was in der Moderne mit Begriffen wie Verfassung(sordnung) und Bürgerschaft bezeichnet wird, nannten die Griechen *politeia*; der Begriff Staat war in dieser Abstraktion unbekannt. Vielmehr bezeichnete Pólis immer ganz konkret den Ort mit seinen typischen Merkmalen (Mauern, Agora, Akropolis) sowie die Bürger mitsamt ihrer Ordnung, ihren Traditionen und ihrer Religion.

Politeia

Gleichwohl gab es in der archaischen Zeit noch Gebiete, in denen es zwar auch Orte dichterer Besiedlung gab, die aber nicht den Fokus des gemeinschaftlichen Denkens und Handelns bildeten. Dort war Zugehörigkeit zu einem Stamm (Éthnos, Plural Éthnē) das Hauptmoment politischer Integration. Auf der Peloponnes gab es beispielsweise die Achaier, Arkadier und Elier. In solchen Gebieten konnten Póleis entstehen, aber auch zunächst noch fehlen, wie bei den Thessalern oder den Makedonen. In

Der Stamm
(Éthnos)

diesen Éthnē, früher meist als Stammesstaaten bezeichnet, erstreckten sich die politischen und militärischen Institutionen (Versammlung, Amtsträger, Aufgebot) auf eine ganze Region, deren Bewohner sich durch eine (angebliche) gemeinsame Abstammung, durch Identität stiftende Mythenerzählungen und zentrale Heiligtümer zusammengehörig fühlten (was Konflikte um den Vorrang nicht ausschloss). Die anfangs noch wenig profilierten Institutionen konnten sich später zu bundesstaatlichen Organisationen verdichten. Als Beispiel mögen die Phōker dienen. Sie siedelten um das Heiligtum von Delphi, auf dessen Schutzgemeinschaft (Amphiktyonie) später zurückzukommen ist (s. S. 87). Die Orakelstätte und die Bedrohung der Landschaft Phokis durch die nordöstlich wohnenden Thessaler führten dazu, dass sich die phokischen Städte zu einem Bund vereinigten. Diese Städte waren auch in einem gewissen Sinn Póleis, doch gaben die Bürger einen Teil ihrer Zuständigkeiten an die Versammlung aller Bundesmitglieder ab. Wir haben es hier also mit einem sehr frühen Beispiel für Föderalismus zu tun, denn die geschilderte Entwicklung setzte um 600 v.Chr. ein. Im 6. Jahrhundert verausgabte der phokische Bund Münzen, die unsere früheste Quelle für seine Existenz sind (**Abb. 11**).

Beispiel: Phōker

Zahlungsmittel

11: Triobol des Phokischen Bundes mit dem typischen Stierkopf-Motiv

Die ägäische Wirtschaft hatte lange Zeit auf dem Tausch von Naturalien basiert. Allmählich kam es dann in Gebrauch, mit Metallbarren oder Spießen zu bezahlen, wobei aber niemand den Wert der Metallstücke prüfte, das heißt man musste dem Käufer vertrauen, dass der Barren, mit dem er zahlte, wirklich aus massiver Bronze war. Um diesem Problem zu entgehen, erfanden die ionischen Griechen Metallbarren mit Prägung. Als Metall wurde Elektron verwendet, also Flussgold, das einen gewissen Silberanteil hatte. Solche geprägten Barren gab es bereits im späten 7. Jahrhundert v.Chr.; in Kleinasien wurden sie bis ins 4. Jahrhundert v.Chr. verwendet. Viel praktischer als Barren waren Münzen, die in der uns bekannten runden Gestalt ab der Mitte des 6. Jahrhunderts verwendet wurden; die Prägung von Metallrohlingen des gleichen Gewichts vereinfachte den Austausch; man erfand den Münzfuß. Der milesische

12: Tetradrachme, Athen, mit dem Motiv der Eule und Olivenzweig; Inschrift AΘE = Athenaiōn (=Prägung der Athener)

Erfindung der Münze

Münzfuß hatte ein Drachmengewicht von ca. 7 g Silber, verbreiteter war aber der euböisch-attische Münzfuß von 4,37 g Silber pro Drachme (**Abb. 12**).

Eine Drachme entsprach generell sechs Obolen; ein Talent bestand aus 6000 Drachmen. Nun wurden von verschiedenen Póleis Münzen dieses Gewichtes beziehungsweise eines Vielfachen davon geprägt, zum Beispiel Tetradrachmen. Im Hellenismus zeigten die Tetradrachmen (in der Größe eines Zwei-Euro-Stückes) auf ihrer Vorderseite gewöhnlich das Porträt eines hellenistischen Herrschers, anfangs das Alexanders. Die Dekadrachmen hingegen waren eher Kunstwerke, die gesammelt wurden. Manche weisen an versteckter Stelle die Signatur des Künstlers auf. Die zum Handel verwendeten Münzen mussten in jedem Fall den Herkunftsort erkennen lassen, da der Münzherr auch für die Massivität der Münze garantierte. Die Münzen der Athener zeigten die Eule (s.o. Abb. 12), Ägina verwendete eine Schildkröte, Korinth das geflügelte Pferd Pegasos, der phōkische Bund den Stierkopf (s.o. Abb. 11).

Migration und Kolonisation

Problematik des Begriffs ‚Kolonisation' für das archaische Griechenland

Im Verlauf der archaischen Zeit sind hunderte Städte von Griechen an den Mittelmeerküsten gegründet worden. Der große zeitliche Rahmen und die verschiedenen Ausgangsbedingungen lassen es aber nur bedingt angeraten erscheinen, den hierfür oft benutzten Begriff einer „großen Kolonisation" zu verwenden. Die Motive der Städtegründungen sind nicht genau anzugeben, weil die zeitgenössische Dichtung auf das Thema kaum zu sprechen kam. Die sog. Kolonisation der archaischen Zeit ist verwandt mit anderen Kolonisationsschüben wie der „ionischen" Kolonisation oder der etwas früher einsetzenden phönizischen Kolonisation.

> **Kolonisation**: Gründung von Städten außerhalb des unmittelbaren Territoriums (Bürgergebietes); im Gegensatz zur Neuzeit keine planmäßige Eroberung und Ausbeutung fremder Territorien, sondern der Versuch, andernorts eine „Tochterstadt" (*apoikía, colonia*) zu gründen.

Mögliche Ursachen der Gründung von Apoikien

Es handelt sich also weder um eine Migration, bei der große Teile einer Region „auswandern", noch um Imperialismus. Die Ursachen lassen sich nur vermuten. Überbevölkerung dürfte eine untergeordnete Rolle gespielt haben, wahrscheinlicher sind innergemeindliche Konflikte und eine alte Tradition von Seefahrt. Die neu gegründete Stadt wurde von den Griechen als *Apoikía* bezeichnet, was soviel wie „Stadt fern der Heimat" bedeutet. Der prinzipielle Ablauf einer Apoikie-Gründung ist bekannt. Man befragte zunächst das Orakel von Delphi, bat um göttliche Zustimmung zum Kolonisationsplan. Für die Kosten des Unternehmens könnte die Heimatstadt (Mētrópolis) oder ein Privatmann aufgekommen sein. Andere Modelle sind denkbar, z.B. Koloniegründungen durch zwei Póleis oder unter Beteiligung von Bürgern mehrerer griechischer Städte. Ausrüstung für die Stadtgründung und Verpflegung wird mitgeführt worden sein, einige Spezialisten waren auch nötig, wenn man denn einen geeigneten Ort für die Kolonie gefunden hatte: Landvermesser, die das Land unter den Kolonisten gerecht verteilen konnten, aber auch kampferprobte Männer, wenn die Kolonie durch „Ureinwohner" bedrängt wurde. Die frühesten Kolonien wurden auf Inseln oder Halbinseln angelegt, um besseren Schutz gegen feindliche Übergriffe zu bieten. Ziel war es, Ackerland zu gewinnen und eine neue Polis zu gründen.

Ablauf der Apoikie-Gründung

Wenn Männer aus verschiedenen Regionen sich an einem neuen Ort zusammenfanden, was oft der Fall gewesen sein dürfte, wurden sie von außen als eine zusammengehörige Gruppe mit besonderen Gebräuchen, Göttern und Geschichten wahrgenommen und sie bildeten oft erst auf diesem Wege so etwas wie eine gemeinsame Identität aus. Es gab allgemeingriechische Bezugspunkte, die gerade an der Peripherie gepflegt wurden: Delphi, die Heiligtümer und Kultpraktiken, das Symposion, die Homērrezitation. Der Dichter Archilochos bietet nicht nur einen frühen Beleg für das Wort „All-Hellenen", *Panhellenes*, sondern auch für die offenbar stark ausgeprägte Militanz der frühen Kleingruppenmigranten. In verschiedenen nahöstlichen Zeugnissen werden *Ia(w)ones* erwähnt. Das müssen keineswegs Ioner im späteren Verständnis gewesen sein, aber die Texte deuten auf eine klare identifizierende Vorstellung, die man von diesen Leuten hatte: Es waren aggressive Seefahrer.

Identitätsstiftung durch Erweiterung des Siedlungsraums 750-550 v. Chr.

Selten lassen sich die Gründungsdaten einzelner Kolonien archäologisch beweisen. Das ist im Grunde genommen auch unnötig, da eine Stadt nicht an einem Tag gegründet wird. Gerade die Archäologie legt es nahe, von mehrstufigen Prozessen auszugehen: „Präkolonisation" durch Einzelne oder sehr kleine Gruppen, die sich mit den Autochthonen ins Benehmen setzen müssen, dann in mehreren Schüben Nachzug von echten Siedlern. Umso

Gründungsdaten unklar

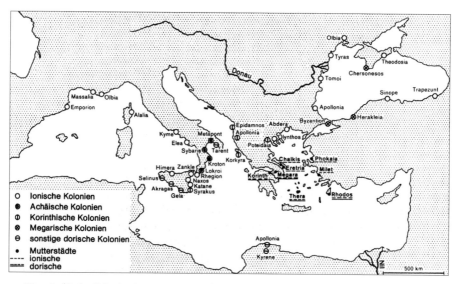

13: Die griechische Kolonisation 750 – 550 v. Chr.

Kolonien von Chalkis

eindrucksvoller sind dann die bereits im 7. Jahrhundert v.Chr. anzutreffenden großen Gesamtanlagen, die mit planender Hand auf ein künftiges Ganzes zielten. Einige Beispiele können die große Bedeutung der Kolonisationstätigkeit zeigen. (**Abb. 13**) Die Stadt Chalkis auf Euböa war die Mutterstadt (Mētrópolis) vieler Kolonien im westlichen Mittelmeer. Rhegion und Naxos an der sizilischen Ostküste lagen nahe der Straße von Messina. Auf der Insel Pithekussai (Ischia) vor der Küste Kampaniens wurde ebenfalls eine Kolonie gegründet, später folgte an der Küste Kyme. Alle diese Städte nahmen eine große Zahl von Siedlern auf, die nicht zwangsläufig alle aus Chalkis stammen mussten. Im Allgemeinen erhielt der neue Siedler ein Stück Land, von dessen Bewirtschaftung er sich ernähren konnte. Die Kolonie Kyme gründete ihrerseits eine Kolonie: Neapólis, das heutige Neapel, was als Sekundärgründung bezeichnet wird.

Kolonien Phokaias

Eher ökonomische Ziele verfolgte die Kolonisation der ionischen Stadt Phokaia. Mehrere Kolonien umschlossen das tyrrhenische Meer, dazu zählt Ampurias (Emporion) im nördlichen Katalonien, Marseille (Massalia) in der Provence und Velia in Süditalien. Marseille übernahm später (nach dem Untergang der Mētrópolis) die leitende Stellung und gründete weitere Kolonien am Seeweg von Nizza nach Agde, also an der Côte d'Azur und am

Golf von Lyon. Andere kleinasiatische Griechenstädte wie Milet konzentrierten ihre Kolonisationstätigkeit auf das Schwarze Meer; Histria wurde im Donaudelta gegründet, Sinope an der Südseite des Schwarzen Meeres. Auch die Krim war als Gebiet für Städtegründungen interessant, die Umschlagplätze für Waren aus dem gesamten Schwarzmeerraum wurden, zum Beispiel Getreide, Holz, Metalle, Pferde und Sklaven.

Warum war es überhaupt möglich, auf fremden Territorien Städte zu gründen, und mit welchen Hindernissen hatte man zu rechnen? An der Ostküste Siziliens und an der Küste Unteritaliens sind viele Städte nicht nur gegründet worden, sondern sie überlebten auch – teilweise bis heute. Aber nicht jede Gründung war ein Erfolg. Mangel an Lebensmitteln oder Autochthone konnten zum Problem werden. Aber die genannten Regionen waren in archaischer Zeit viel dünner besiedelt als Mittelgriechenland oder Ionien. Nur die Etrusker leisteten Widerstand – deshalb gab es an der Küste Italiens nördlich von Kyme keine griechischen Kolonien.

Kulturkontakte

In der Zeit der griechischen Kolonisation lebten Kulturkontakte wieder auf, die in den *Dark Ages* teilweise zum Erliegen gekommen waren. Intensivierung des Handels bedeutete auch Austausch von Luxusgegenständen und Aufnahme praktischer neuer Errungenschaften wie der Buchstabenschrift. Diese übernahmen die Griechen von den Phönikern. Im Verlauf des 8. Jahrhunderts verbreitete sich dieses „Alphabet" rasch. Sein Erfolg gründete sich auf die geringe Zahl von nur 24 Buchstaben. Ihre Bezeichnung lehnte sich eng an die phönizische an: Aus Alef wurde Alpha, aus Bet Beta usw. Ursprünglich hatte es sicher ökonomische oder andere pragmatische Gründe gegeben wie die Möglichkeit, Gegenstände mit Namen zu versehen. In der Tat sind die ersten Zeugnisse der griechischen Schrift inschriftlich überliefert. Der Nestorbecher, ein Trinkgefäß für das Gelage von Adligen, wurde auf Ischia gefunden, einem „Kolonialgebiet", und er parodierte einen Homērvers – ein Beleg für die erwähnte Bedeutung kultureller Identitätsmarker. Ohne die Schrift hätte es auch keine Verschriftlichung der epischen Dichtung (Homēr) gegeben, die in mündlicher Form schon länger praktiziert wurde. Im 7. Jahrhundert v.Chr. setzt dann die Dichtung mit Hesiod und den frühgriechischen Lyrikern an vielen Orten der griechischen Welt fast zeitgleich ein.

Kontakte der Griechen zum Orient: Die Schrift

Kunstwerke sind ebenfalls oft Zeugnisse von Kulturkontakt. Pharaonenstatuen der archaischen Zeit und die griechischen Kouroi, Statuen junger Männer, ähneln sich auffällig. Die Statue des Pharaos Psammetich aus dem 7. Jahrhundert v.Chr. zeigt gewisse stilistische Merkmale, die man auch bei etwas späteren griechischen Statuen vorfindet. Da Pharaonenstatuen nicht exportiert wurden, werden die Griechen solche im Nildelta gesehen haben, wo ihnen im 7. Jahrhundert v.Chr. die Gründung eines Emporion, des Handelsstützpunktes Naukratis zugebilligt wurde. Am kanopischen Nilarm konnten nun griechische und ägyptische Waren umgeschlagen werden. (vgl. Abb. 26, S. 100) Diverse griechische Kultstätten sprechen dafür, dass die Siedlung das ganze Jahr besiedelt war und auch von Griechen verschiedenster Herkunft genutzt wurde. Der Handelsplatz, den man im Sinne Karl Polanyis als *Port of Trade* bezeichnet, wurde nach der persischen Eroberung 525 v.Chr. weitergenutzt, bis dann im frühen Hellenismus der Hafen versandete beziehungsweise Alexandria eine größere Bedeutung erhielt. Durch Grafitti bezeugt sind ferner griechische Söldner in Ägypten um 600 v.Chr.; ihre Nachkommen waren später (um 450 v.Chr.) dem Geschichtsschreiber Herodot bei dessen Ägyptenreise als Reiseführer und Dolmetscher behilflich.

Auch im Nordosten kam es zu Kulturkontakten. Nordwestlich der Krim gibt es Kunstwerke, die Stilelemente der griechischen wie der skythischen Kulturen vereinen und deshalb als skythogriechisch bezeichnet werden. Solche Stücke können von einem Griechen hergestellt worden sein, der skythische Vorbilder heranzog, oder von einem Skythen, der griechische Kunst durch die Kolonisation am Schwarzen Meer kennengelernt hatte. Die Skythen bewohnten den Teil des Pontus (Schwarzen Meeres), der zwischen Donau und Don lag, also im wesentlichen die Nordküste und die Krim.

Sparta

Sparta gilt als ein Staatswesen, das schon den Griechen in klassischer Zeit als besonders streng und altmodisch vorkam. Im engeren Sinn bezeichnet Sparta nur den Hauptort des Staatswesens, das Lakedaimōn genannt wird. Die Spartaner trugen auf ihren Schilden den griechischen Buchstaben Lambda (Λ) für *Lakedaimonioi* (Λαχεδαιμόνιοι), Bürger der Polis Lakedaímōn. Im 10. Jahrhundert v.Chr. waren dorische Personengruppen in die Nähe der späteren Stadt Sparta eingewandert. Sie vermischten sich mit Teilen der ansässigen Bevölkerung und begründeten vier Dörfer am Fluss Eurotas, übten später aber auch die Herrschaft über andere Bevölkerungsgruppen aus. Die Bewohner von Amyklai, das 5 km südlich lag und in mykenischer Zeit bedeutend war, wurden in den Status von Vollbürgern, also Spartiaten, erhoben und bildeten das fünfte Siedlungszentrum der Polis, die lange Zeit so gut wie keine urbane Gestalt erhielt.

Staats- und Gesellschaftsordnung wurden einem gewissen Lykurg zugeschrieben, der in der 1. Hälfte des 7. Jahrhunderts v.Chr. gelebt haben soll. Die Quellen über Sparta/Lakedaimōn sind nicht immer von großem historischen Wert, da die Spartaner selbst keinerlei Prosaschriften hinterlassen haben, wir vielmehr aus Xenophon, Aristoteles und dem viel späteren Plutarch ihr Staatswesen rekonstruieren müssen. Plutarch ist es auch, der aus der „Großen Rhetra" zitiert, einem lakonischen (das heißt sehr knappen, da die Spartaner wenig sprechen) Verfassungstext, der auf ein Orakel aus Delphi zurückgehen soll. Ob der spartanische Dichter Tyrtaios diesen Text bereits kannte, ist umstritten.

Lykurg

Besser Bescheid wissen wir über die militärischen Erfolge der Spartaner, die Herodot, Thukydides, Xenophon und die anderen griechischen Historiker immer wieder gerühmt haben. Die Lakedaimonier herrschten über die Landschaft Lakonien, also den Südosten der Halbinsel Peloponnes. Das Kerngebiet dieser Landschaft, das Eurotas-Tal besiedelten die spartanischen Bürger. Der Großteil des lakonischen Landes war aber von Periöken bewohnt, Personen verminderten Bürgerrechts. Sie waren wehrpflichtig, hatten aber keine politischen Rechte – man könnte sie als Halbbürger bezeichnen, ähnlich den Latinern im Verhältnis zu den Römern. Im 7. Jahrhundert v.Chr. wurden dorische Siedlungen in Messenien im Südwesten der Peloponnes von den Spartaten unterjocht, die Bevölkerung erhielt den Status von Heloten. Aufstände dieser Messenier bedrohten mehrfach die Ordnung Spartas. Deshalb mussten die Spartiaten einen lebenslänglichen Wehrdienst ausüben. Die Heloten waren also die „an die Scholle gebundenen" Landbewohner, die einen Sklaven-ähnlichen Status hatten und unter öffentlicher Kontrolle standen, wenn sie nicht sogar öffentlicher Besitz waren, was teilweise angenommen wird.

Spartanische Expansion

Spartiaten, Periöken, Heloten

Seit den oben bereits erwähnten Migrationen des 10. Jahrhunderts v.Chr. bildeten sich die vier Siedlungen Pitane, Limnai, Mesoa und Kynosura, die dann im Laufe der Zeit zu einer Stadt zusammenwuchsen; die politischen Einrichtungen erhielten Gebäude nahe der Agorá. Es gab zwei Könige, die zusammen mit

Gerousie und Volksversammlung

28 weiteren Personen den Ältestenrat, die Gerousie bildeten, der den Beraterkreis der Könige darstellte. Daneben stand die Volksversammlung, in der – wie in der Antike überhaupt – nur Vollbürger vertreten waren, eben die Spartiaten. Frauen waren ausgeschlossen, die Periöken berieten nur Angelegenheiten ihrer Heimatgemeinde.

Könige und Ephoren

Die Antike war uneins, ob man dem legendären Lykurg auch die Einrichtung des Ephorats zuschreiben sollte. Diese fünf hohen Beamten wurden für ein Jahr gewählt und sind auch aus anderen dorischen Póleis bekannt. Ihre Hauptaufgabe war die Aufsicht über die eben geschilderte Ordnung. Sie traten in Konkurrenz zur Gerousie und überflügelten im Laufe des 6. Jahrhunderts v.Chr. diese sogar an Einfluss. Es waren vor allem ehemalige Ephoren, die in die Gerousie kooptiert wurden, wenn ein Mitglied verstarb. Die Könige – meist nur einer von ihnen – übten im Krieg den Oberbefehl aus; ihr politisches Agieren daheim ist schwer zu durchschauen. Offenbar hing es stark von der Persönlichkeit, dem Ansehen und der Größe der Anhängerschaft ab, ob ein König eine dominierende Stellung entwickeln konnte oder nicht. Starke Könige waren zum Beispiel um 500 v.Chr. Kleoménēs, nach 400 Agēsílaos.

Spartanische Erziehung (Agōgē)

Wir haben nur über die *Ober*schicht der spartanischen Gesellschaft genauere Quellen. Die Spartiaten lebten nach strengen Regeln, die ebenfalls von Lykurg eingeführt worden sein sollen. Gemeinsame Erziehung der Kinder und Jugendlichen, die Agōgē, war vorgeschrieben. Militärische Übungen standen ganz im Vordergrund; die Bedeutung der Krypteia ist nicht völlig klar; spätere Quellen stellen sie als eine Wehrpflicht dar, bei der sich die Jugendlichen selbst verpflegen mussten und auch Heloten töten durften. Es mag sich aber eher um einen Initiationsritus gehandelt haben, bei dem die Tötung nur noch symbolisch vollzogen wurde. Die Ephoren sollen jedenfalls jährlich den Heloten den Krieg erklärt haben.

Syssítiën

Wer in die Bürgergemeinschaft aufgenommen worden war, hatte an den Syssítiën, gemeinsamen Mahlzeiten, teilzunehmen. Die Lebensmittel hatten die Spartiaten zu stellen – die Überschüsse aus ihren Gutshöfen. Sie verbrachten die meiste Zeit zusammen und standen als Soldaten auf Abruf bereit, um der latenten Gefahr eines Helotenaufstandes begegnen zu können. Das Familienleben kam zu kurz, die Frauen hatten die Bewirtschaftung des Hofes (mit der Arbeitskraft der Heloten) und die Versorgung der Säuglinge und Kleinkinder zu leisten.

In der Mitte des 6. Jahrhunderts v.Chr. schloss Sparta mit anderen Gemeinden auf der Peloponnes zweiseitige Verträge, die zunächst verhindern sollten, dass geflohene Heloten außerhalb Spartas Asyl erhielten. Das erste Mitglied dieses sogenannten Peloponnesischen Bundes war Tegéa. Der Bund umfasste aber niemals die gesamte Halbinsel. Insgesamt herrschte kein allzu hoher Grad an Organisation, und es ist überliefert, dass die Verbündeten den Spartanern in Einzelfällen die Gefolgschaft verweigerten – das war beim Bundesgenossensystem der Athener ganz anders. Dieser Seebund gehört aber einer späteren Epoche an (478/77 v. Chr. begründet).

Peloponnesischer Bund

Athen von den späten Dark Ages bis zu Solōn

Wenn wir in der Antike von Athen sprechen, so meinen wir den Stadtstaat, der neben der eigentlichen Stadt Athen noch ein beträchtliches Territorium umfasste, die Chōra Attika. Man muss sich freilich im Klaren sein, dass das Territorium eine singuläre Größe hatte, die nur mit Sparta zu vergleichen ist.

Polis	Territorium	Vergleichsgrößen	
Sparta/Lakedaimōn (Lakonien, ohne Messenien)	5000 km²	Grand Canyon National Park (USA)	4.900 km²
Athen (Attika ohne Oropos)	2250 km²	Saarland	2.569 km²
Korinth	880 km²	Insel Rügen	926 km²
durchschnittliche Polis	ca. 100 km²	Insel Sylt	99 km²

Auf dem Territorium Athens befanden sich noch weitere städtische Zentren wie Marathon, Brauron oder Sounion. Diese besaßen eigene Tempel oder Theater – solche Gebäude zeugen vom Zentralcharakter dieser größeren Siedlungen. Typisch für Attika waren hingegen kleinere ländliche Siedlungen, Dörfer oder einzelne Bauernhöfe. Wenn mehrere Siedlungen sich zu einer Polis zusammenschlossen, so sprach man in der Antike von Synoikismós. Es ist jedoch unwahrscheinlich, dass die größeren Siedlungen Attikas vor der nicht genau datierbaren Polisbildung als eigenständige politische Einheiten anzusehen waren. Sparta entstand aus vier Siedlungen, später kam eine entferntere fünfte dazu (Amyklai). In klassischer Zeit beruhten künstliche politische Machtbildungen manchmal auf einem Synoikismós, so bei der Gründung von Megalopolis (Arkadien/Peloponnes) 368/67 v.Chr.

Synoikismós

Seit mykenischer Zeit war Athen das ökonomische Zentrum Attikas. In den *Dark Ages* begann man aber offenbar damit, dort zusammenzukommen, um Entscheidungen zu treffen, die für alle Bürger des Territoriums verbindlich waren. Es entstand ein Gebilde, das wir heute Polis nennen, ein Stadtstaat mit einem städtischen Zentrum und einer aktiven Bürgergemeinschaft. Die Polis hatte nicht von Anfang an eine demokratische Ordnung; es ist vielmehr anzunehmen, dass einige mächtige Familien großen Einfluss hatten, so dass man von einer Aristokratie sprechen sollte. Es entstanden Konflikte zwischen Adligen und Nichtadligen, vor allem aber auch zwischen den Adligen, sogenannte Stáseis (Parteiungen, manchmal gewaltsame Kämpfe). Drakōn hatte um 620 v.Chr. den Gerichtszwang für Tötungsdelikte eingeführt, das heißt ungeregelte Blutrache sollte unterbunden werden. Die Realteilung des Erbes bedeutete bei mehreren Kindern, dass die Landstellen immer kleiner wurden, ihren Besitzer nicht mehr ernährten. Wohlhabendere unter den Bauern und Handwerkern versuchten, gleichen politischen Einfluss wie die Adligen zu erlangen. Die Furcht vor einer Eskalation oder einer Alleinherrschaft (Tyrannis) haben dazu geführt, dass die Athener im Jahr 594 v.Chr. Sólōn damit beauftragten, zwischen den Konfliktparteien zu schlichten. Die Konflikte beruhten offenbar zu einem guten Teil darauf, dass sich der Landbesitz immer mehr in den Händen weniger konzentrierte.

Sólōn begann mit einer Seisáchtheia, was wörtlich Lastabschüttelung bedeutet. Manche Athener hatten ihre Arbeitskraft für eine gewisse Zeit verpfändet, um ihre Schuld (aus dem Kauf von Saatgetreide oder Vieh) abzuarbeiten. Diese Schuld wurde ihnen nun erlassen. Schuldknechtschaft war bereits in den Staaten des Vorderen Orients zum Problem geworden, das man mit gelegentlichen Schulderlassen zu regeln suchte. Sólōn ging hier konsequenter vor. Ins Ausland versklavte Athener wurden freigekauft. Beide Maßnahmen führten dazu, dass die zahlenmäßige Stärke der freien Athener beibehalten werden konnte und persönliche Freiheit zum Wesensmerkmal des Bürgers wurden – eine wichtige Voraussetzung für die spätere Demokratie.

Auch mit der Gesetzgebung befasste sich Sólōn. Familien- und Erbrecht wurden reformiert. Man konnte nun auch vor dem Volk Klage erheben. Das neue Volksgericht hieß Heliaia. Die politischen Rechte richteten sich aber nach dem Vermögen einer Person. Eine neue Verfassung dürfte Sólōn nicht eingerichtet haben, auch wenn eine wichtige Quelle dieses behauptet. Diese Verfassungsgeschichte Athens wurde erst im späten 19. Jahrhundert auf Papyrus entdeckt, es ist die dem Aristóteles zugeschriebene Abhandlung *Athenaíōn Politeía*. Der Anfang der Schrift ist verloren. Genauer nimmt der Verfasser dann die Verfassungsänderungen seit Sólōn in den Blick, wobei man sagen muss, dass bald 250 Jahre zwischen Sólōn und Aristoteles liegen, so dass die Schrift nur dann wertvoll ist, wenn es ihre Quellen auch waren. Die Entwicklung wird bis in die Zeit des Peloponnesischen Krieges geschildert, dann folgt eine sehr detaillierte Beschreibung der politischen Institutionen des 4. Jahrhunderts. Herausgegriffen sei eine Passage über Sólōns verfassungspolitische Maßnahmen (AP 7-8, üb. M. Chambers):

(7,1) Er schuf eine Verfassung und erließ andere Gesetze, und man hörte auf, Drakons Gesetze anzuwenden, mit Ausnahme der Blutgesetze. Sie schrieben die Gesetze auf die Kyrbeis auf, stellten sie in der Königshalle auf und schworen alle, sie zu befolgen. Die neun Archonten verpflichteten sich, indem sie am Stein schworen, eine goldene Statue zu weihen, falls sie eines der Gesetze überträten; deshalb schwören sie auch heute noch so. (2) Er legte die Gesetze für hundert Jahre fest und ordnete die Verfassung auf folgende Weise. (3) Nach ihrem Einkommen teilte er die Bürger, genau wie sie auch früher schon eingeteilt worden waren, in Pentakosiomedimnen, Hippeis, Zeugiten und Theten.
Und die Verwaltung der wichtigen Ämter, das sind die Ämter der neun Archonten, (...), übertrug er (den Männern) aus den (Klassen der) Pentakosiomedimnen, Hippeis und Zeugiten, wobei er jedem sein Amt gemäß der Größe seines Einkommens übergab. Denjenigen aber, die zu den Theten zählten, ließ er nur die Volksversammlung und die Gerichte offen.
(4) Ein Mann musste als Pentakosiomedimne gelten, wenn er aus seinem eigenen Boden insgesamt 500 Maß (Scheffel) trockenes und flüssiges Erntegut einbrachte (...)
(8,4) Einen Rat gründete er aus 400 Männern, 100 aus jeder Phyle; (...)

Diese detailreiche Beschreibung ist in vielen Punkten fragwürdig. Die Bezeichnung der Maßnahmen Sólōns als Verfassung ist umstritten, denn im Grunde wird nur über seine Reformvorhaben und Gesetze etwas gesagt. Die Außerkraftsetzung Drakōnischer Gesetze ist nicht aus anderen Quellen bekannt, besser gesagt: Wir hören überhaupt nur von Drakons Blutgesetzen, das heißt Gesetzen für Kapitalverbrechen wie Mord. Kyrbeis waren eine alte Form, um Gesetze inschriftlich festzuhalten, indem man sie auf die Seitenfläche einer Holzpyramide schrieb. Die königliche Stoá, ein Bauwerk an der Agorá, hat zur Zeit Sólōns noch gar nicht existiert. Man könnte noch andere Punkte finden, die zur Vorsicht im Umgang mit der *Athenaíōn Politeía* für die frühe Verfassungs-

Sólōns Reformen – eine Verfassung?

geschichte Athens mahnen. Nichtsdestotrotz bleibt sie für das 4. Jahrhundert v.Chr. die wichtigste Quelle für Athens Verfassungspraxis.

Timokratie — Richtig ist die Einteilung der Bürgerschaft in die vier Vermögensklassen; in Ämter durften nur Angehörige der ersten drei Klassen gewählt werden, Pentakosiomedimnen (Großgrundbesitzer mit mehr als 500 Scheffel Ertrag), Hippeis (Ritter, das heißt Besitzer eines Pferdes) und Zeugiten (Bauern mit eigenem Gespann); die Theten (4. Klasse) waren aber berechtigt, an der Volksversammlung (Ekklēsía) teilzunehmen und dort über Gesetzesvorhaben und die athenische Politik überhaupt mitzubestimmen. Die Theten durften ebenfalls als Richter im Volksgericht (Heliaia) eingesetzt werden – wobei hier die Rechtsprechung des Areopag konkurrierte, der mit Adligen, also in der Regel Pentakosiomedimnen besetzt war. Man erkennt, dass es zu diesem Zeitpunkt erst Ansätze zu einer demokratischen Ordnung gab.

Das Leben der griechischen Aristokraten und die griechische Identität

Panhellenische Heiligtümer — Mehrere Heiligtümer gewannen im Verlauf der archaischen Zeit überregionale Bedeutung und wurden zu panhellenischen Kultstätten. Im Mittelpunkt stand das Opfer für die Götter, aber man hielt auch Wettkämpfe für sie ab. Am bekanntesten sind heute die Olympischen Spiele, die dem Zeus gewidmet waren. Sportliche und kulturelle Wettkämpfe fanden dort alle vier Jahre statt. Die Orakelstätte Delphi war auch Austragungsort verschiedenster Agōne.

> **Agōn**: Wettbewerb sportlicher oder künstlerischer Art, der sich vermutlich aus dem aristokratischen Zweikampf im Krieg gründet (s. Homēr); ein „agonales Prinzip" (J. Burckhardt), das nur den Griechen eigen ist, lässt sich nicht erweisen, da auch andere Völker der alten Welt den Wettkampf schätzten.

Feste am Isthmus und in Nemea, beides auf der nördlichen Peloponnes, kamen später zu den Agōnen in Olympia und Delphi hinzu. Wir können also beobachten, dass trotz des Fehlens eines Nationalstaates die Griechen zu polis-übergreifenden kulturellen Institutionen gelangt sind, weshalb nun ein kurzer Rückblick auf die Schritte der Entwicklung zu einer gemeingriechischen Identität vonnöten ist.

In Olympia hatte es bereits in den *Dark Ages* kultische Aktivitäten gegeben. Diese sind aber eher von regionaler Bedeutung gewesen. Seit dem 8. Jahrhundert v.Chr. sind Weihgeschenke von weiter entfernten Städten zu finden – das Gründungsdatum eines überregionalen Festes, das Hippias von Elis rekonstruiert hat (776 v.Chr.), wird dadurch aber nicht erhärtet. Olympia gewann jedenfalls im Verlauf der archaischen Zeit eine überregionale kulturelle Bedeutung. Sie lag nicht nur in religiösen Gemeinsamkeiten begründet – die Tempel der panhellenischen Heiligtümer entstanden auch erst im 7./6. Jahrhundert v.Chr. Die Wettkämpfe sind es anscheinend gewesen, die den Griechen wichtig waren. Olympia war für die Griechen nicht einer von vielen Sportwettbewerben, es bot dem Vermögenden die Gelegenheit, sich mit anderen zu messen, es war ein aristokratischer Agōn:

Olympia

Die Berufung auf kriegerische und sportliche Bewährung ist nur ein Charakteristikum, das den Adel der archaischen Zeit ausmacht. Reichtum war notwendig, um den vielfältigen Pflichten und Statusrepräsentationen nahezukommen. Befreundete Aristokraten trafen sich zum Gastmahl (Sympósion), das neben Bewirtung und Unterhaltung auch die Anwesenheit von Hetären gebot.

Die Aristokratie der archaischen Zeit; das Sympósion

Hetäre: Begleiterin eines Aristokraten oder eher Edelprostituierte, das heißt Anbieterin musischer Unterhaltung wie auch sexueller Dienste beim Sympósion; vom Status höher als eine gewöhnliche Prostituierte, doch niemals im gesellschaftlichen Rang der Ehefrau.

Der Aristokrat musste, um sich vom Dēmos abzusetzen, gebildet und redegewandt sein. Darüber hinaus trug er vornehme Kleidung und achtete auf ein gepflegtes Äußeres. Daraus erklärt sich auch die Nacktheit beim Sport – nicht nur in Olympia, sondern auch in den Gymnasien der Poleis, in denen die Jünglinge unbekleidet Sport trieben.

Gymnasion: Öffentliche Anlage für sportliche und musische Betätigung, benannt nach dem griechischen Wort für nackt (gýmnos); üblicherweise mit einer Laufbahn, einem quadratischen Platz und verschiedenen Nebengebäuden ausgestattet; im Hellenismus auch Ort militärischer Übungen (Ephebie) und des Schulunterrichts.

Nacktheit

Die Nacktheit mag sich erst im Verlaufe der archaischen Zeit als typisch für den griechischen Sport herausgebildet haben – Anreger könnten die olympischen Spiele oder auch die Spartaner gewesen sein, die Jünglinge nackt trainieren ließen. Idealisierende Nacktheit zeigen zunächst die Bilder von Gottheiten, dann auch Weihstatuen von Siegern, später im 4. Jahrhundert v.Chr. dann Ehrenstatuen von Politikern oder siegreichen Feldherren. Den römischen Adligen, den *nobiles*, war diese Darstellungsweise zunächst fremd, sie wurde erst in der beginnenden Krise der Republik adaptiert.

Der griechische Adel definierte sich, wie gesehen, nicht nur durch den Agōn. Aristokrat zu sein war vor allem vom Verhalten der Person abhängig, nicht so sehr von ihrer Herkunft. Ab dem 7. Jahrhundert v.Chr. entwickelte sich eine breiter fundierte Aristokratie. Der Dichter Theognis behauptet im 6. Jahrhundert v.Chr. die Existenz einer Gruppe von *kaloi* („Schöngestalteten") oder *agathoi* („Rechtschaffenen"), die die Ämter der Polis für sich beanspruchten und überhaupt einen gesellschaftlichen Führungsanspruch durch einen herausgehobenen Lebensstil zeigten. Der Vermögende konnte, wenn er sich dem Verhalten der Adligen anpasste, durchaus in die Gruppe der Aristokraten aufrücken – wogegen sich angestammte Adlige dann zu wehren suchten, indem sie jene diffamierten, zugleich der erste, aber nicht letzte Streit in der europäischen Geschichte darüber, was echten Adel ausmacht. Der griechische Adel bildete in jedem Fall keinen abgeschlossenen Stand; rechtlich fixierte Kriterien der Zugehörigkeit bildeten sich nur punktuell – beispielsweise in Athen durch die Einführung einer timokratischen Ordnung durch Sólōn, in der die erste Vermögensklasse (der ökonomisch abkömmlichen 500-Scheffler) auch zu großen Teilen deckungsgleich mit der Aristokratie war, da die Zugehörigkeit zu dieser Klasse Voraussetzung für die Bekleidung der höchsten Ämter war.

Aufstieg in die Aristokratie

Wenn man sich fragt, was die Griechen eigentlich ausmacht, dann sind die Agōne und das Körperbild, die Idealisierung der Nacktheit, wichtige Ausgangspunkte. Herodot (8,144) spricht von gemeinsamer Religion, Sprache und von gemeinsamem Blut, was uns heute rassistisch vorkommt und in der Tat auch erst ein Phänomen der klassischen Zeit zu sein scheint – man denke an das Bürgerrechtsgesetz des Perikles. Wichtige Impulse der Entwicklung eines „Hellenentums" gingen von Ionien aus. Dort waren die „barbarischen" Völker präsent und mahnten die Griechen, ihre eigene Identität zu betonen. Barbaren waren nach griechischem Verständnis zunächst nur die Personen fremder Spra-

Zur Identität der Griechen

che. Negative Züge gewann der Begriff, als er auf die Perser angewandt wurde, die nach dem Sieg über den Lyderkönig Kroisos 547 v.Chr. zu unmittelbaren Nachbarn der ionischen Griechen wurden und sie tributpflichtig machten.

Hellenen waren ursprünglich, in homērischer Zeit, nur die Bewohner eines kleinen Gebietes in Südthessalien. Bereits Hesiod benutzt das Wort Hellas für Griechenland insgesamt (op. 653), hat aber doch die ganz mythische Vorstellung, Hellēn sei der Stammvater griechischer Stämme (frg. 9), das heißt er betreibt etymologische Spekulation. Die Entstehung eines gemeinsamen Hellenennamens wurde auch durch die Gründung von Apoikien beschleunigt, denn den Fremden standen nun „Griechen" gegenüber – und die unterschiedliche Herkunft fiel nicht mehr so ins Gewicht.

Die Stadt Milet, die schon als wichtiger Ausgangspunkt der Gründung von Apoikien im Schwarzmeergebiet genannt wurde, gelangte im Verlauf des 7. und vor allem des 6. Jahrhunderts v.Chr. immer mehr in die Rolle eines kulturellen Zentrums. Die Kenntnis neuer Räume infolge der sogenannten Kolonisation führte zur historisch-geographischen Prosa-Schriftstellerei des Hekataios von Milet. Schon etwas früher hatte sich in Ionien und auf dem griechischen Festland eine Dichtung entwickelt, die den Menschen stärker in den Mittelpunkt rückte und die persönlicher war als die Homērs. Archilochos aus Paros, Sappho aus Lesbos oder der Spartaner Tyrtaios sind Beispiele dafür, dass in der Ich-Form persönliche Meinungen und Gefühle hervortreten, was der Erzähler Homēr in dieser Form nicht leisten wollte und konnte. Bruno Snell sprach von der „Entdeckung des Geistes" durch die archaischen Griechen. Damit meinte er nicht nur die Lyrik, sondern auch die Naturwissenschaften. Dank der Nähe zu den orientalischen Staaten waren früh Kenntnisse der Astronomie und Mathematik nach Ionien gekommen. Exponenten dieses wachen Geistes waren die ionischen Naturphilosophen wie Heraklit oder Thales. Doch die archaische Lyrik beziehungsweise Naturphilosophie konnte zur Weiterentwicklung politischen Denkens nur in begrenztem Maße beitragen. Sólōns Poliselegie wäre hier etwa zu nennen. Wichtiger war die Kritik der gesellschaftlichen Umstände und des Adels, wofür beispielsweise Archilochos zu nennen wäre. Alkaios gibt uns Einblicke in adlige Rivalitäten auf der Insel Lesbos um das Jahr 600 v.Chr. Die frühgriechischen Lyriker erwähnen gelegentlich Auseinandersetzungen in griechischen Städten, die in klassischer Zeit dann als Stáseis bezeichnet werden.

Archaische Dichtung als Quelle

Die Tyrannis

Týrannos ist kein griechisches Wort, es konnte beispielsweise auch für den lydischen König verwendet werden. Wenn sich eine einzelne Familie die Vorherrschaft sichern konnte, so wurde deren Oberhaupt von den konkurrierenden Familien als Tyrann bezeichnet. Die Tyrannis war also im Grunde genommen eine monarchische Herrschaft, die aber immer prekär blieb, weil sie in der Regel aus Konflikten zwischen Adelsgruppierungen hervorgegangen war und kaum je dauerhafte Akzeptanz fand. Die ältere Form der Tyrannis war jedoch nicht so einheitlich, wie es zunächst scheint. Deutlich ist, dass Tyrannen, um ihre Herrschaft zu festigen und sich nach außen hin darzustellen, vielfach die Polisstaatlichkeit weiterentwickelt haben, etwa durch Bauten, die Förderung des Handels und die Aufnahme neuer Bürger. In Korinth, Sikyon und Megara war die Tyrannis in der Mitte des 7. Jahrhunderts v.Chr. die vorherrschende Regierungsart. Auch in Ionien war die Tyrannis verbreitet, teilweise waren die Tyrannen zuvor Magistrate gewesen, hatten dann aber ihre Herrschaft nicht niedergelegt, sondern mit Hilfe ihrer Anhänger widerrechtlich perpetuiert.

Tyrannis als prekäre Herrschaft

In Athen zeigte sich die Tyrannis erst spät in der Herrschaft der Peisistratíden 560-510 v.Chr. Die Tyrannen gaben für gewöhnlich die Herrschaft nicht mehr freiwillig ab. Als 514 v.Chr. Harmodios und Aristogeiton den Peisistratiden Hipparchos ermordeten, spielten sicher private Motive eine Rolle, aber es ging auch gegen die herrschende Familie. Hippias blieb noch für kurze Zeit Tyrann (bis 510 v.Chr.) und floh dann zu den Persern. Während es in der Antike also schon früh verschiedene politische Ordnungsmodelle gab, zeigte die Wirtschaft ein einheitlicheres Bild.

Die Peisistratíden

Griechische Landwirtschaft

Die antike Welt wurde in einem weitaus höheren Grade von der Landwirtschaft bestimmt, als man es sich im Allgemeinen vorstellt. Der vergleichsweise niedrige technische Entwicklungsstand hatte zur Folge, dass der größte Teil der Bevölkerung für die Lebensmittelversorgung arbeitete und auf dem Land lebte. Die Stadtbewohner hatten zudem häufig ein Landstück in der Nähe. Aufgrund der geographischen Bedingungen der Mittelmeerwelt waren neben den gut zu bewirtschaftenden Ebenen vielfach auch gebirgige Räume zu nutzen. Ziegen waren die geeigneten Nutz-

Landwirtschaft in der Antike

tiere. Der Ackerbau erfolgte in den Ebenen und Flusstälern, in gebirgigen Bereichen wurde Wein angebaut und die Olive kultiviert. Das aus ihr gepresste Öl wurde in der Antike nicht nur als Speiseöl verwendet, sondern auch zu kosmetischen, medizinischen und religiösen Zwecken. Auch als Brennmittel hatte es Bedeutung.

Unsere Quellen tragen wenig zu einer dichten Beschreibung des ländlichen Lebens der archaischen Zeit bei. Die Forschungsliteratur hat zu wichtigen Grundfragen bislang keinen Konsens erzielt: Gab es generell Überbevölkerung? Welche Rolle spielten Sklaven in der Bewirtschaftung des Landes? Hesiod hat den Erbstreit um das väterliche Landgut zum Anlass genommen, zu Beginn des 7. Jahrhunderts v. Chr. ein Lehrgedicht mit dem Titel „Werke und Tage" zu schreiben. Ausgehend von der Auseinandersetzung mit dem Bruder Perses, von dem er sich übervorteilt fühlt, verbindet er poetische Anweisungen für den Landbau mit gesellschaftskritischen Bemerkungen. Im Folgenden sind einige Anweisungen für die Erntezeit zusammengestellt (Verse 597-608, übersetzt von L. und K. Hallof):

Hesiod als Quelle für die griechische Landwirtschaft

597-99   Gib an die Knechte Befehl, das heilige Korn der Deméter | auszudreschen, wenn erstmals sich zeigt die Kraft des Oríon, | auf einem Platz, wo der Wind gut hinkommt, auf kreisrunder Tenne.

600-3   Dann ist genau nach Maß in Fässer zu füllen; doch wenn du | allen Vorrat drinnen im Haus unter Aufsicht verwahrt hast, | stell einen Taglöhner ein, ohne Haus, und als Dienstmagd, so rat ich, | eine, die kinderlos; wenn sie stillt, ist sie kaum eine Hilfe.

604-7   Halte dir auch einen bissigen Hund und spar nicht am Fressen, | dass nicht ein Mann, der tagsüber schläft, dich beraubt deiner Habe.

606-8   Ferner ist Heu im Speicher zu bergen und Spreu, dass es ausreicht | über das Jahr für die Rinder und Maultiere. Endlich vergönne | nun den Knechten, die Glieder zu strecken, und löse die Rinder.

Die technischen Anweisungen für das Dreschen des Getreides sind hier weniger relevant, eher interessiert die Darstellung der sozialen Verhältnisse. Der Adressat – gewiss jemand mit einem ähnlichen Hof wie Hesiod – hat offenbar Mitarbeiter, wobei zwischen Knecht (Vers 597, gr. δμώς [dmōs]) und Tagelöhner (Vers 602, gr. θής [thēs]) unterschieden wird. Der Knecht könnte auch ein Sklave sein, das griechische Wort lässt es offen. Der Tagelöhner wird als jemand ohne Haus definiert, ein Besitzloser, ein Thēte. In den solonischen Reformen, die rund 100 Jahre später sind (ca. 594 v.Chr.), werden die Besitzlosen in Athen als Theten

Sklaverei ?

bezeichnet. In der ländlichen Ökonomie dienten sie dazu, den im Laufe des Jahres stark schwankenden Bedarf an Arbeitskräften zu befriedigen. Ein Sklave musste dagegen die ganze Zeit über kontinuierlich ernährt werden. Viele Theten besaßen eigene Kleinstwirtschaften, mussten aber durch Arbeit für andere ihren Lebensunterhalt sichern; man spricht daher von einer unterbäuerlichen Schicht.

Terminologie unfreier Arbeitsverhältnisse

Die gesellschaftliche Stellung des Knechts bleibt offen. Die ältere Forschungsliteratur hatte gemutmaßt, dass ein Großteil der Athener einen oder mehrere Sklaven besaß. Das lässt sich nach neueren Erkenntnissen so nicht verallgemeinern. Athen hatte Staatssklaven, die in klassischer Zeit beispielsweise in den Bergwerken arbeiteten. Ihre Bedeutung in der Landwirtschaft ist hingegen nicht so sicher zu belegen – auch aufgrund der terminologischen Schwierigkeiten. Ein unfreier Arbeiter kann auch als δοῦλος [doulos] bezeichnet werden, wobei nicht klar ist, ob die Unfreiheit lebenslang war, so dass man von Sklaverei sprechen könnte. Eindeutig ist das nur beim Wort ἀνδράποδον [andrapodon], das „Menschfüßiger" bedeutet und den Charakter des Menschen als eine Ware betont, von der nur der Sachwert interessiert. Hesiods Lehrgedicht „Werke und Tage" gibt insgesamt gesehen einen guten Einblick in das Leben böotischer Bauern und ihrer Bediensteten in der Zeit um 700 v.Chr.

Literatur

- Bleicken, Jochen, *Die athenische Demokratie*, 2. Aufl. Paderborn 1994 (Handbuch zu allen Aspekten athenischer Politik – Verfassungsgeschichte, Gesellschaft, Religion etc.).
- *Das Wissen der Griechen. Eine Enzyklopädie*, hg. von Jacques Brunschwig/Geoffrey Lloyd, München 2000 (Essays zu Philosophie, Politik, Wissenschaft und lexikalische Beiträge zu Autoren und geistigen Strömungen).
- Burckhardt, Jacob, *Griechische Kulturgeschichte* (Das Geschichtswerk II), Frankfurt 2007 (einer von vielen Nachdrucken der postum 1898 bis 1902 erschienenen Ausgabe).
- *Kulturgeschichte Griechenlands*, hg. von Paul Cartledge, Stuttgart 2000 (sehr nützliche Synthese).
- Heuß, Alfred, Hellas, in: *Propyläen Weltgeschichte*, hg. von Golo Mann, Bd. 3, Berlin/ Frankfurt/ Wien 1962, S. 69-400 (ein Klassiker).
- *Der Alte Orient*, hg. von Barthel Hrouda, Gütersloh 1991 (Bildband auf hohem Niveau; gut zur Landwirtschaft).
- Finley, Moses, *Die Welt des Odysseus*, Darmstadt 1968 (ND Frankfurt 2005; gute Einführung in die sozio-ökonomischen Verhältnisse der homerischen Zeit).

- Fritz, Kurt von, Jacob Burckhardt. Griechische Kulturgeschichte, in: *Kindlers Neues Literaturlexikon 3 (1989) S. 380f.*
- Hall, Jonathan M., *A History of the Archaic Greek World*, Malden (Mass.) 2007 (aktuelle Darstellung des Spezialisten für griechische Ethnogenese).
- *A new companion to Homer*, hg. von Ian Morris/Barry Powell, Leiden [u.a.] 1997 (Handbuch zu Homer, das besonders gut auf die historische Verortung des Epos eingeht).
- *Griechische Archaik. Interne Entwicklungen – externe Impulse*, hg. von Robert Rollinger/Christoph Ulf, Berlin 2004 (Aufsätze).
- Schneider, Helmuth, Das archaische und klassische Griechenland, in: *Propyläen-Technikgeschichte 1*, Berlin 1991, S. 61-160.
- Stahl, Michael, *Gesellschaft und Staat bei den Griechen: Archaische Zeit*, Paderborn 2003 (Studienbuch mit vielen Quellen).
- Welwei, Karl-Wilhelm, *Sparta. Aufstieg und Niedergang einer antiken Großmacht*, Stuttgart 2004 (Monographie bis in die klassische Zeit Spartas; reiche Anmerkungen).
- ders., *Die griechische Polis. Verfassung und Gesellschaft in archaischer und klassischer Zeit*, 2. Aufl. Stuttgart 1998.

Die klassische Zeit – Demokratisierung und Kampf um die Hegemonie 2.3

Die Epochenbezeichnung „klassische Zeit" geht ebenso wie die „archaische" Zeit auf einen archäologischen Sprachgebrauch zurück. Doch lassen sich auch historische Kriterien finden, die einen Einschnitt um das Jahr 500 v.Chr. sinnvoll erscheinen lassen. Auf welthistorischer Ebene wurden die griechischen Stadtstaaten durch den Konflikt mit dem persischen Großkönig dazu veranlasst, sich in Abgrenzung zu den „Barbaren" nunmehr auch politisch als Hellenen zu sehen. Versuche, Hellas oder größere Teile davon auch politisch zu einigen, zielten allerdings immer auf die Hegemonie (Vorherrschaft) einer Pólis und führten zu verlustreichen Kriegen. Gleichwohl bleibt gültig, wie Alfred Heuß die klassische Zeit historisch definiert hat: die Epoche, „in der Griechenland auf der Grundlage des Stadtstaates »große Politik« machte" (Heuß 1960, 24). Unter verfassungshistorischen Aspekten gehen Aristokratie und Tyrannis in ihrer Bedeutung zurück, die Demokratie hält Einzug, nicht nur in Athen, auch andernorts unter dessen Führung. Es ist aber zu betonen, dass die Geschichte einzelner Póleis unterschiedliche Epocheneinschnitte haben kann

Die klassische Zeit als Epoche

– hier könnte man für Athen das Jahr 508/7 v.Chr. der Kleisthenischen Reformen erwägen, für Sparta die Stärkung des Ephorats in der zweiten Hälfte des 6. Jahrhunderts v.Chr., für Korinth die Beseitigung der Tyrannis nach 540 v.Chr.

Hegemonien in klassischer Zeit

War Sparta in spätarchaischer Zeit die militärisch stärkste Macht in Griechenland mit hegemonialer Stellung über große Teile der Peloponnes gewesen, so traten nun andere Mächte wie Athen auf, das mit dem attisch-delischen Seebund (477-404 v.Chr.) eine Hegemonialstellung im ganzen Ägäis-Raum erlangen konnte. Theben wurde im 4. Jahrhundert zum Konkurrenten, schließlich zum Nachfolger Spartas (thebanische Hegemonie, 371-362 v.Chr.); bald folgte die makedonische Hegemonie.

Enddaten der klassischen Zeit; 338, 330, 322 v. Chr.?

Das Ende der „klassischen" griechischen Geschichte ist ebenso wenig auf ein Jahr festzulegen. Weltpolitisch gesehen wird man entweder die Eroberung des Perserreichs durch Alexander (334–330 v.Chr.) als Einschnitt ansehen oder aber die Etablierung mehrerer selbständiger Königreiche (Diadochenreiche) aus der Erbmasse des Alexanderreiches, die 305 (sogenanntes Jahr der Könige) beziehungsweise 301 v.Chr. (Schlacht von Ipsos) zu einem gewissen Ende kam. Aus innergriechischer Sicht war 322 v.Chr. wichtig: In diesem Jahr endete der sogenannte Lamische Krieg und damit der letzte große Versuch griechischer Póleis, ihre außenpolitische Handlungsfreiheit, die sie 338 v.Chr. gegen Alexanders Vater Philipp II. in der Schlacht von Chaironeia verloren hatten, wieder zurückzugewinnen. Athen musste auf makedonischen Befehl die Demokratie abschaffen.

Athens neue Phylenordnung (Kleisthenes)

Isagoras und Kleisthenes in Athen

Die Tyrannis in Athen war im Jahre 510 v.Chr. mit der Vertreibung des Hippias zu Ende gegangen. Isagoras und Kleisthenes, bereits 525/4 v.Chr. Archon, rangen zunächst in traditioneller aristokratischer Manier mit ihren Anhängerschaften um den Vorrang. Kleisthenes aus der Familie der Alkmäoniden konnte sich gegen Isagoras durchsetzen, nachdem er eine Stärkung der Bürgerschaft und ihrer Institutionen, vor allem des Rates (Boulé) versprochen und überdies einen Kurs eingeschlagen hatte, der den Athenern Unabhängigkeit von Sparta versprach.

Kleisthenes konnte auf Erfahrungen aus der athenischen Vergangenheit aufbauen; die Aristokratie war damals (um das Jahr 560 v.Chr.) gescheitert, weil sich Peisistratos auf eine große Anhängerschaft aus seiner Heimat (Brauron an der Ostküste Attikas) stützen konnte. Diese regionalen Machtbildungen versuchte Kleisthenes zu eliminieren, indem er zehn neue Phylen schuf, die aus mehreren Landschaften zusammengesetzt waren und die Basis der bürgerstaatlichen Gremien sowie der Armee werden sollten. Die alten vier Phylen wurden nicht aufgelöst, behielten aber lediglich im Bereich der Kulte eine Bedeutung.

Phylenordnung des Kleisthenes

> **Phyle**: Untergliederung einer Pólis, die religiöse, militärische und politische Funktionen haben kann. „Dorische" Póleis hatten oft drei Phylen, „ionische" hingegen vier. Die Entstehung der Phylen ist umstritten, vermutlich erfolgte sie erst mit der Entstehung der Pólis; ihre Struktur konnte unter Umständen – wie in Athen – später noch modifiziert werden oder es wurden Phylen ergänzt.

Um territoriale Sonderinteressen zu beseitigen, setzte Kleisthenes jede neue Phyle aus drei Gebieten zusammen, die im Allgemeinen nicht aneinander grenzten: ein Teil Stadtgebiet, ein Teil Küstengebiet und ein Teil Binnenland. Diese Teile nannte man Trittyen. Das Stadtgebiet, griechisch Ásty, bestand aus Athen und dem unmittelbaren Umland. Die Küstenebene hieß Paralía, dort lagen Städte wie Eleusis, Sunion, Brauron oder Marathon. Das Binnenland, zu dem auch das weniger fruchtbare Bergland gehörte, hieß Mesógeia.

Die Phylen stellten einen Strategen und 50 Ratsherren. Letztere bildeten den Rat der 500. Jede Trittys bestand aus meist mehreren Dēmen, die wiederum einer gewachsenen Siedlungseinheit entsprachen: einem Dorf oder einem Konglomerat von Dörfern oder einem Stadtteil der Ásty; deshalb waren die Dēmen unterschiedlich groß, die kleinsten umfassten nur wenige Dutzend Bürger und stellten einen Ratsherren, der größte (Acharnai) hatte weit über 1000 Bürger und entsandte 22 Ratsherren. Für die geopolitischen Verhältnisse nehmen wir eine Phyle als Beispiel, die Antiochis (**Abb. 14**). Die Stadttrittys der Phyle Antiochis hieß Alopeke und entsandte 10 Ratsherren. Die Küstentrittys umfasste eine große Fläche an der Südwestecke Attikas. Dort waren mehrere kleine Dēmen, die zusammen 27 Ratsherren stellten. Unter den Dēmen dieser Region befand sich Atēne, ein ländliches Gebiet aus ca. 50 Bauernhöfen. Die Bürger auf diesen Höfen hatten jedes Jahr 3 Ratsherren zu entsenden. Die Trittys des Binnenlandteiles der Antiochis war sehr zersplittert und stellte 13 Ratsherren.

Die Struktur der Phylen

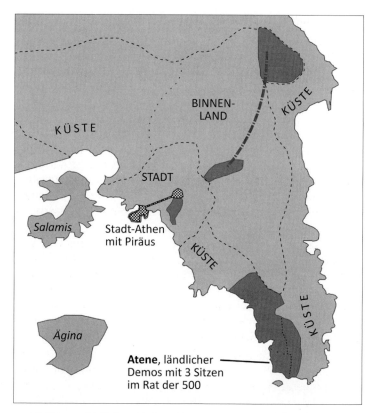

14: Die Trittyen der Phyle Antiochis. Die Trittyen sind nicht territorial zusammenhängend, die Trittys des Binnenlandes vereint zudem weit auseinanderliegende Dēmen. Atene im Süden der Küstentrittys ist über 40 km vom Stadtzentrum entfernt.

Aufgaben der Phylen

Die Angehörigen jeder Phyle hatten im Krieg ein gemeinsames Aufgebot zu stellen, das (etwas später) unter dem Kommando eines Strategen aus dieser Phyle stand. Zu Jahresbeginn wählten die Phylen ihre 50 Ratsherren, damit diese im Rat der 500 unter anderem die Volksversammlungen vorbereiteten und die laufenden Geschäfte versahen. Das neue Grundprinzip hieß Isonomie, das heißt prinzipiell hatten die Athener nun die gleichen Rechte. Die timokratische Ordnung Sólōns wurde zwar nicht abgeschafft, aber der neue Rat der 500 gab den Athenern ungeachtet ihres Vermögens politischen Einfluss. Die Angehörigen des neuen Rats der 500 hatten Präsenzpflicht in Athen. Jede Phyle führte

Isonomie

für ein Zehntel des Jahres, also 36 beziehungsweise 37 Tage, die Geschäfte. Diese 50 Ratsherren nannte man dann die Prytanen. Sie waren in der Thólos, dem runden Versammlungsort des Rates auf der Agorá, ständig präsent und konnten schnell auf etwaige Vorkommnisse reagieren. Der Rat führte Vorberatungen durch und empfing Gesandtschaften. Über neue Gesetze entschied aber letztendlich die Volksversammlung.

Das Archontat blieb in der bekannten Form bestehen: Neben dem Árchōn epónymos, der dem Jahr den Namen gab, war der Basiléus für die Ausübung der Kulte zuständig. Der Polémarchos hatte die oberste Führung im Krieg, die er in der Folgezeit allerdings an die Strategen abgab. Zudem gab es sechs Thesmotheten, die an der Gesetzgebung mitwirkten, also neun Archonten insgesamt. Im Laufe der klassischen Zeit nahm die Zahl der Amtsträger gewaltig zu, am Ende waren es hunderte. Der Areopag als Versammlung ehemaliger Archonten wurde zwar von Kleisthenes nicht angetastet, aber er hatte im Rat der 500 nun einen neuen, mächtigen Konkurrenten. Er war für die Aburteilung von Kapitaldelikten zuständig, muss aber auch noch andere Funktionen gehabt haben, weshalb spätere Zeiten den Areopag auch als Instanz des Verfassungsschutzes sahen. Die neun Archonten

Zu Beginn des 5. Jahrhunderts verfügte Athen mithin über eine rudimentäre Form von Demokratie. Von rudimentär kann man vor allem deshalb sprechen, weil das politische Leben noch nicht so intensiv war wie später: Es wurde vergleichsweise selten beraten und entschieden, die Amtsträger agierten weitgehend selbständig und sie entstammten allesamt der Aristokratie. Aber die politisch aktiven Aristokraten mussten in wichtigen Fragen immer wieder um Zustimmung werben und sich jährlich zur Wahl stellen. Alle Ämter und Funktionen waren noch unbesoldet und konnten daher de facto nur von Bürgern wahrgenommen werden, die nicht von täglicher Arbeit lebten. Weg zur Demokratie

Militärisch gesehen war Athen zwar gut gerüstet, aber die Spartaner waren weitaus mächtiger und galten als die stärkste Macht in Griechenland, da sie über ein stehendes Heer verfügten. Die Athener pflegten zu den Griechen in Ionien intensive wirtschaftliche Beziehungen; die Bevölkerungszunahme in Attika erforderte den Import von Getreide, während ein Überschuss an Olivenöl produziert wurde. Die Beziehungen Athens zu den ionischen Städten wie Milet sowie die neu gewonnene politische und militärische Stärke zogen Athen in den Konflikt zwischen den ionischen Griechen und den Persern hinein. Athen und Ionien

Perserreich und Perserkriege

Das Perserreich

Um die Perserkriege verstehen zu können, ist ein kurzer Blick auf das Perserreich vorauszuschicken. Kyros, der medische Vasall in der Landschaft Persis, unterwarf den König Mediens und begründete dadurch im 6. Jahrhundert v.Chr. das Perserreich im heutigen Iran. Er wird heute allgemein als Kyros II. bezeichnet, wodurch sein Großvater Kyros (I.) quasi zum Stifter der Dynastie wurde, die dann erst Jahrzehnte später begründet wurde. Kyros II. (559-529 v.Chr.) unterwarf auch das babylonische Reich, das sich bis nach Syrien erstreckte, und die weiten Flächen des lydischen Königreichs in Westanatolien (vgl. Karte 1, S. 238f.). Etwa im Jahre 545 v.Chr. gerieten die griechischen Städte in Ionien unter persische Tributpflicht – und damit trat das Perserreich in die griechische Geschichte. Zuvor mag es einzelne Handelskontakte gegeben haben. Jetzt wurden die ionischen Städte in die persische Satrapie Sparda (Hauptstadt Sardeis) gezwungen.

Ionische Aufstand 500-494 v.Chr.

Der Ionische Aufstand (500-494 v.Chr.) ist von Herodot detailreich beschrieben worden. Möglicherweise führte die zur Grenzsicherung fortgesetzte Expansion der Perser Richtung Thrakien

15: Die Perserkriege

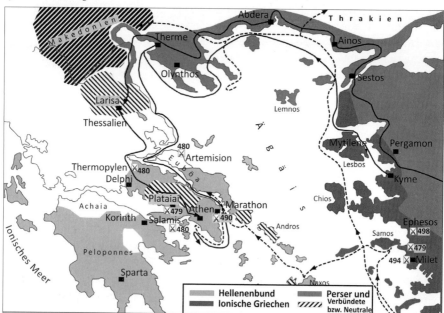

dazu, dass die ionischen Griechen mit höheren Abgaben und Militärkontingenten belastet wurden, auch die ökonomischen Interessen (Schwarzmeerhandel) wurden tangiert; Aristagoras von Milet, der die Tyrannis ebendort beseitigt hatte, gewann etliche weitere ionische Städte für den Aufstand und zudem Eretria und Athen, die auch zur Dialektgruppe der Ioner gehörten. (**Abb.** 15) Zeitweise sah man Athen sogar als Mutterstadt der ionischen Siedlungen an. Die Truppen der Aufständischen konnten 498 v. Chr. den Sitz des persischen Satrapen in Sardeis zerstören und weitere Anhänger gewinnen. Doch der Großkönig entsandte seinerseits Truppen, besiegte die Griechen in einer Seeschlacht vor Milet und zerstörte dann 494 v.Chr. die Stadt. Die Griechen in Ionien kamen somit erneut unter persische Herrschaft, die persische Westexpansion wurde verstärkt fortgesetzt, da man in Athen und Eretria nunmehr Feinde sah.

In Athen war man sich der Bedrohung bewusst; 492 v.Chr. war eine erste persische Flotte vor der Chalkídikē gesunken. 490 v. Chr. stand dann das persische Heer in Attika. Miltiades konnte bei Marathon den athenischen Sieg zu Lande erringen. Offenbar war es gelungen, die zahlenmäßig überlegenen Gegner zu überwältigen und zum Rückzug zu zwingen. Die Verfassung des Kleisthenes, die mit der neuen Phylenordnung ja auch eine schnellere Mobilisierung gewährleistete, hatte sich bewährt.

1. Perserkrieg 490 v.Chr.: Marathon

Themistokles konnte 483/2 v.Chr. ein Flottenbauprogramm durchsetzen; der Bau von 200 Schiffen war geplant, je hundert Athener wurden zunächst für den Bau eines Schiffes verantwortlich gemacht. Die Dreiruderer oder Trieren, wie man die Ruderboote mit drei versetzten Ruderreihen nannte, sollten dann mit ca. 190 Mann Besatzung auslaufen; die Taktik bestand darin, den Gegner mit dem Rammsporn am Bug so zu treffen, dass er manövrierunfähig wurde. Athen, Sparta und etliche weitere Póleis Mittelgriechenlands und der Peloponnes begründeten 481 v.Chr. den Hellenenbund, der die gemeinsame Verteidigung gegen die Perser zum Inhalt hatte.

Flottenbauprogramm des Themistokles

Der persische Großkönig Xerxes bereitete den zweiten Angriff, der sich nunmehr gegen ganz Griechenland richtete, besser vor und sammelte ca. 100.000 Mann und etwa 600 Schiffe. Das Landheer überschritt auf einer Schiffsbrücke den Hellespont und zog dann durch Thrakien, Makedonien und Thessalien nach Mittelgriechenland. Die Spartiaten brachten das Heer an den Thermopylen zum Stehen. Doch das kleine Aufgebot unter dem König Leonidas wurde von den Persern umgangen und aufgerieben. Daraufhin fielen die Perser in Attika ein und zerstörten nach kurzer

2. Perserkrieg 480/479 v.Chr.; Thermopylen

Belagerung die Akropolis in Athen. Die Athener selbst hatten sich nach Troizen und auf die Insel Salamis zurückgezogen.

Seeschlacht vor Salamis und Landschlacht bei Plataiai

Die persische Flotte war inzwischen im saronischen Golf angelangt. Im September 480 v.Chr. kam es zur Entscheidungsschlacht vor Salamis, bei der sich auf beiden Seiten mehrere hundert Schiffe gegenüberstanden. Die Griechen trugen den Sieg davon. Doch das persische Landheer marodierte weiterhin in Attika und bezog dann Winterlager in Böotien. 479 v.Chr. trafen sich die Truppen bei Plataiai, im Grenzgebiet zwischen Böotien und Attika. Die Koalitionsarmee unter dem Spartanerkönig Pausanias konnte die Perser besiegen; auch zur See gelang der Erfolg, das war bei der Mykale unweit von Milet. Nach Kriegsende bauten die Athener eine stärkere Stadtmauer (ca. 479/8 v.Chr.).

Folgen der Perserkriege

Viele griechische Póleis hatten sich dem persischen Eroberungskrieg widersetzt, die Koalition bestand aus 30 Staaten. Die Athener beabsichtigten, die ionischen Griechen möglichst zu befreien und langfristig zu schützen. Sparta hingegen tendierte zur Beendigung des Krieges. Als man sich nicht einig wurde, scharte Athen einige Póleis der Ägäis und Ioniens um sich und gründete den Attischen Seebund (477 v.Chr.), der später dann der Garant des Attischen Reiches wurde.

Der Weg zur athenischen Demokratie

In der Zeit der Perserkriege hatte es einige Weiterentwicklungen im Bereich der athenischen Demokratie gegeben. Im Jahre 487 v.Chr. ist das Scherbengericht (Ostrakismos) zum ersten Mal bezeugt.

> **Ostrakismos**: Verfahren zur Verbannung eines athenischen Politikers. Die athenische Volksversammlung konnte einmal im Jahr mit einer bestimmten Zahl von Stimmen beschließen, dass das Verfahren durchgeführt wurde. Dann durfte jeder Athener eine Scherbe, griechisch Ostrakon, mit dem Namen des zu Verbannenden beschriften. Kam die erforderliche Zahl an Ostraka (vermutlich 6000) zusammen, so musste die Person mit den meisten Stimmen für zehn Jahre in die Verbannung gehen, verlor aber weder Ehre noch Vermögen.

Aristoteles meinte später, dieses Verfahren habe bereits Kleisthenes eingeführt, was wir aber nicht schlüssig beweisen können. Die Erklärung des Ostrakismos fällt nicht leicht. Früher glaubte man, das Verfahren sollte eine Tyrannis verhindern, das heißt das Volk hätte einen potentiellen Tyrannen verbannen können. Doch dafür wurde das Verfahren erst recht spät – 20 Jahre nach Kleisthenes, soweit wir wissen – praktiziert. Seine Bedeutung mag eher darin gelegen haben, bei konkurrierenden Aristokraten eine Richtungsentscheidung herbeizuführen oder überhaupt den Aristokraten die Macht des Volkes zu zeigen. Man wird wohl davon ausgehen müssen, dass im Athen der ersten Hälfte des 5. Jahrhunderts v.Chr. Männer aus alten aristokratischen Familien den Ton in der Politik angaben, wenn auch die Demokratie immer stärker wurde. Kimon, der Sohn des Miltiades, wurde ostrakisiert, weil er gegen die Reformen des Ephiáltēs von 463 v.Chr. vorgehen wollte. Später nahmen Manipulationen beim Ostrakismos zu. Das wurde deutlich, als sich 415 v.Chr. zwei konkurrierende Politiker, Alkibiades und Nikías, darauf verständigten, einen dritten, Hyperbolos, durch ihre Anhänger ostrakisieren zu lassen. Danach wurde der Ostrakismos nicht mehr praktiziert.

Bedeutung des Ostrakismos

Im Amtsjahr 487/486 v.Chr. wurde die Losung der Archonten eingeführt, die die Wahl ablöste. Das Losverfahren galt als besonders demokratisch, da anders als bei einer Wahl Prestige, Anhängerschaften und Absprachen keine Rolle spielen konnten. Auch wenn die Eignung eines Bewerbers im Vorfeld geprüft werden konnte, wurde ein Amt durch die Losung doch tendenziell entwertet. Dadurch gewannen die Strategen größeren Einfluss, denn sie wurden nach wie vor gewählt und konnten das Amt sogar mehrere Jahre in Folge bekleiden. Das Schaubild **(Abb. 16)** zeigt schematisch den Aufbau der demokratischen Institutionen Athens. Die geringe Bedeutung der neun Archonten ist daran sichtbar, dass sie zu den rund 700 Beamten gezählt werden, die jedes Jahr bestimmt wurden. Richter aus dem Volke gab es seit Sólōn, ihre Bedeutung stieg gegenüber dem Areopág.

Losung der Archonten 487/486 v.Chr.

In der Zeit zwischen den Perserkriegen und dem Peloponnesischen Krieg, die man gewöhnlich als Pentekontaëtie, die fünfzig Jahre, bezeichnet, machte die Demokratie dadurch Fortschritte, dass die Theten, also die 4. Klasse nach Vermögen und somit die fast Besitzlosen, größeren politischen Einfluss erreichten. Bisher waren die Bürger, die sich eine Hoplitenrüstung leisten konnten, tonangebend gewesen, da sie den wichtigsten Beitrag für die Polis im Krieg leisteten. Aber seit Salamis lag die Macht Athens auf dem Meer – und die Ruderer der Triëren bildeten die Grundlage dieser Macht. Sie waren nicht weniger als Fußsoldaten der Lebensgefahr ausgesetzt, wenn sich die Kriegsschiffe in voller Fahrt rammten. Die Schiffbrüchigen konnten nicht immer gerettet werden, viele

Pentekontaëtie 479-431 v.Chr.

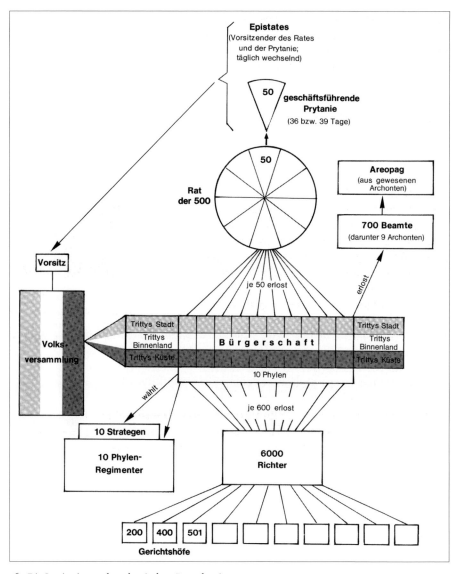

16: Die Institutionen der athenischen Demokratie

ertranken. Man benötigte rund 170 Ruderer pro Triëre, wobei in Kriegszeiten auch Metöken (Fremde in Athen) und Bündner für die Bemannung verwendet wurden.

Ephiáltēs Seit den 460er Jahren v.Chr. entwickelten Ephiáltēs und später Perikles die Demokratie weiter. Der militärisch erfahrene Ephiáltēs sorgte zunächst dafür, dass der Areopág juristische Kompetenzen an den Rat der 500 und die Volksversammlung verlor. Als sein politischer Gegner Kimon zurückkehrte, konnte letzterer diese Maßnahmen nicht mehr rückgängig machen und wurde sogar durch das Scherbengericht verbannt. Ephiáltēs wurde ermordet. Im Jahre 458/7 v.Chr. wurden dann auch Angehörige der dritten sólōnischen Klasse, der Zeugiten, zur Losung ins Archontat zugelassen.

Heutzutage ist Perikles (**Abb. 17**) viel bekannter als Ephiáltēs, doch muss man sagen, dass die Darstellung, er sei 30 oder gar 40 Jahre der führende Mann in Athen gewesen, seine politische Rolle überbetont, was auf die viel spätere Perikles-Biographie des Plutarch zurückzuführen ist. Vielleicht hat Perikles zu den Unterstützern des Ephialtēs gezählt. Eigenständige Politik betrieb er nachweislich erst ab 451/50 mit dem Bürgerrechtsgesetz, das er selbst einbrachte. Nunmehr hatte jeder Athener nachzuweisen, dass seine beiden Elternteile Athener waren, andernfalls verlor er seine politischen Rechte.

17: Bildnis des Perikles. Marmor, römische Kopie der 1. Hälfte des 1. Jhds. Nach einer athenischen Bronzestatue aus der Zeit um 430 v. Chr. Berlin, Staatliche Antikensammlung

Perikles

Viel wichtiger war aber die Einführung der Diäten (Tagegelder) für die Tätigkeit als Richter; so konnte es sich jeder Athener leisten, Richter zu sein, auch wenn er aufgrund seiner finanziellen Umstände dazu eigentlich nicht in der Lage war. Wer zu den 6000 vorgewählten Richtern zählte, konnte dann bei Bedarf einem Gerichtshof zugeordnet werden, wo er zu den 201, 401 oder mehr Richtern zählte. Wir würden heute wohl eher von Geschworenen sprechen, die für die einzelne Verhandlung Diäten erhielten. Sie entsprachen knapp dem, was ein Athener an einem Tag zum Leben brauchte, waren also nur eine Aufwandsentschädigung.

Diäten für Richter

Diäten für den Besuch der Volksversammlung führte man erst nach dem Ende des Peloponnesischen Krieges (403 v.Chr.) ein – offenbar, um angesichts der Bevölkerungsverluste nun auch Schichten zu mobilisieren, die auf Tagegeld für den Besuch der Volksversammlung angewiesen waren, das zuerst in den „Ekklesiazusen" des Komödiendichters Aristophanes aus dem Jahre 392 v.Chr., erwähnt wird, aber schon ein paar Jahre älter sein kann.

Diäten für den Besuch der Volksversammlung

Da die Volksversammlung aber rund 40 Mal im Jahr tagte, war es nicht möglich, nur von den Versammlungsdiäten zu leben. Unter Umständen kamen aber Diäten für die Tätigkeit als Richter oder der Thetensold hinzu.

Angesichts der weitreichenden Wirkung der Maßnahmen des Perikles wurde bereits in der Antike behauptet, es habe sich in Wirklichkeit um die Regierung durch einen ersten Mann gehandelt (Thuk. 2,65,9), nicht um eine wirkliche Demokratie. Andere Gelehrte verstehen den Text so, dass sich Athen auf dem Wege zur Herrschaft dieses einen Mannes befunden habe. In den Jahren von 451 bis zu seinem Tode 429 v.Chr. hat Perikles in der Tat die athenische Innen- wie Außenpolitik maßgeblich gestaltet, obwohl er stets nur einer der zehn Strategen war. Das kann man nur damit erklären, dass das Volk seinen Ratschlägen folgte; er muss eine charismatische Persönlichkeit gewesen sein. 6000 Menschen, die eng zusammengedrängt auf der Pnyx über Stunden politische Themen diskutierten und abstimmten, waren durchaus empfänglich auch für unkonventionelle Vorschläge, wenn sie entschieden und überzeugend genug vorgetragen wurden („Demagogie") beziehungsweise finanzielle Vorteile versprachen. Dafür ist die sizilische Expedition von 415-413 v.Chr. ein Beispiel.

Herrschaft eines Mannes?

Die politische Entwicklung in Griechenland nach den Perserkriegen

In der Entwicklung der griechischen Geschichte insgesamt ist die Zeit nach dem Ende der Perserkriege (479 v.Chr.) dadurch gekennzeichnet, dass Athen und Sparta sich immer mehr auseinanderentwickelten und nun getrennte Bündnissysteme aufbauten beziehungsweise ausbauten. Diese Blockbildung könnte man als Dualismus bezeichnen. Athen und Sparta gaben den Ton an, die Staaten des dritten Griechenlands hatten sich ihnen anzuschließen oder mussten neutral bleiben.

> **Drittes Griechenland** nennt man analog zum „dritten Deutschland" (im 19. Jahrhundert) solche Staaten, die neben den beiden Großmächten Athen und Sparta (im 19. Jahrhundert Preußen und Österreich) existierten und in der Forschung deshalb mitunter etwas stiefmütterlich behandelt wurden.

Nur wenige Staaten des dritten Griechenlands blieben von Athen oder Sparta unabhängig (Epirus, Aitolia, Achaia, Argos, Kreta), d.h. waren nicht Mitglieder eines der beiden Bündnissysteme. Die

2.3 | Die klassische Zeit

knapp 50 Jahre bis zum Beginn des Peloponnesischen Krieges (431 v.Chr.) stellen eine Epoche der Geschichte des klassischen Griechenland dar, wie schon der Historiker dieses Krieges, Thukydides, erkannt hat, obwohl er den Begriff „Pentekontaëtie" noch nicht verwendet.

Die Pentekontaëtie

Weil Sparta nach dem Ende des Perserkrieges nicht mehr bereit war, weiter gegen die Perser vorzugehen, wandten sich schutzbedürftige Städte – es waren vor allem die Inseln vor der westkleinasiatischen Küste – an Athen. Es kam zur Gründung des Delisch-Attischen Seebundes. Die Bundesgenossen hatten entweder Schiffe zu stellen oder, was später der Regelfall wurde, Tribute zu entrichten. Die Insel Delos war Sitz des Bundes und Ort der Bundeskasse. Ziel war zunächst der Schutz der ägäischen und kleinasiatischen Griechen vor Übergriffen der Perser. Aber im Laufe der Zeit wurde der Bund zum Instrument hegemonialer Politik Athens, das heißt Athen setzte den Bund für seine Interessen ein und versuchte, möglichst viele Staaten zu gewinnen und notfalls mit Gewalt im Bund zu halten. Die Finanzierung lag hauptsächlich bei den Bündnern, die Schiffe zu stellen oder Tribute zu entrichten hatten. Athen baute dann aus diesen Geldern neue Kriegsschiffe, die die Ägäis gegen persische Übergriffe und Piraten sicherten.

Delisch-Attischer Seebund 478/477 v.Chr.

Die Pentekontaëtie ist auch nach der Auffassung der modernen Wissenschaft eine Epoche und nicht nur eine beliebige Zeit zwischen zwei Kriegen. Diese 50 Jahre sind ganz entscheidend aus den Folgen der Perserkriege zu erklären und dem sich entwickelnden Dualismus zweier Großmächte in Griechenland, die auch ideologisch konkurrierten. Athen stand für die Demokratie, Sparta für die Aristokratie. Die Athener sorgten in Einzelfällen dafür, dass in den Städten der Bündner die Demokratie eingeführt wurde, wenn es dort zum Konflikt um die Verfassung kam. Sparta hatte mit dem anders strukturierten Peloponnesischen Bund kein so schlagkräftiges Herrschaftsinstrument, trat jedoch nach Kräften für die Unterstützung und den Erhalt aristokratischer Póleis ein beziehungsweise versuchte, diese für sein Bündnissystem zu gewinnen. Analogien zur Entwicklung im 20. Jahrhundert liegen auf der Hand, Blockbildung und Kalter Krieg scheinen zunächst auch auf die Entwicklung in der Pentekontaëtie zu passen, wobei man den historischen Vergleich hier aber nicht zu weit treiben sollte.

Blockbildung und Kalter Krieg?

Der Delisch-Attische Seebund hatte die Küsten fast des gesamten Ägäis-Raums in Besitz (vgl. unten Abb. 21). Dank der großen Flotte Athens sahen die Bündner diese Symmachie als geeignete

Defensivmaßnahme gegen das Weltreich der Perser an. Nur die Küsten der Peloponnes, Böotiens und eines kleines Teiles Makedoniens wurden vom Peloponnesischen Bund kontrolliert. Traditionell war Sparta die stärkere Landmacht. Neutral waren in dieser Zeit nur Argos, der achäische Bund und wenige Staaten Nordwestgriechenlands. Athen war geopolitisch und strategisch gesehen in der günstigeren Ausgangslage. Zudem übte es einen strafferen Zugriff auf die Bündner aus, als es Sparta im Peloponnesischen Bund vermochte. Gerade in der älteren Literatur liest man des Öfteren von einem Attischen Reich oder vom *Athenian Empire* – eine solche Redeweise spiegelt die politische Realität wider, wenn auch die Bündner Athens formell autonom blieben; sie konnten kaum etwas gegen die Entscheidungen der Hegemonialmacht Athen unternehmen. Die Kasse des Seebundes wurde 454 v.Chr. nach Athen verlegt. Als Grund wurde vorgeschoben, dass die großen Geldmittel auf der Kykladeninsel Delos nicht mehr sicher seien.

Unsere Quellenlage ist im Gegensatz zur Zeit der Perserkriege schlecht. Herodot hat in seinem Werk das Perserreich, seine Gegner und die Auseinandersetzungen mit den Griechen bis 479 v.Chr. geschildert. Für die folgenden 50 Jahre fehlt eine ähnlich detaillierte Quelle, man muss sich die Abläufe aus einem Exkurs des Thukydides und manchen Einzelbemerkungen bei Aristoteles, Diodor und Plutarch rekonstruieren – viel späteren Autoren, die nicht beabsichtigten, die Geschichte der Griechen zu erzählen, wenn man von Diodor absieht. Die ersten Jahre sind durch den Aufbau des Seebundes und den Rückzug Spartas gekennzeichnet. 464 v.Chr. kam es zu einem Aufstand in Messenien, mit dem die Spartaner mit Müh und Not fertig wurden. In dieser Zeit sah man in Athen bereits die Notwendigkeit, die Stadt mit dem Kriegshafen Piräus durch Mauern zu verbinden, um die Schiffe auch bei einer etwaigen Belagerung bemannen zu können. Zudem erwies es sich als nützlich, dass dieser Korridor recht weiträumig bemessen war, so dass sich die Landbevölkerung bei Angriffen ebenfalls dorthin zurückziehen konnte (und nicht nach Troizen und Salamis ausweichen musste, wie im 2. Perserkrieg).

In den Jahren 461-451 v.Chr. kam es zu Auseinandersetzungen zwischen Athen und Sparta in Mittelgriechenland, die mitunter als „Erster Peloponnesischer Krieg" bezeichnet werden. Beide versuchten, neue Bündnispartner zu finden; mehrere militärische Auseinandersetzungen fanden in Böotien statt. Bis 454 v.Chr. hatte Athen viele Erfolge erzielt, dann kam es zu einem herben Rückschlag, als die Perser in Ägypten Griechen eingeschlossen hatten, deren Befreiung den Athenern misslang. Im Jahre 449 v.Chr. könnte es zum Frieden mit Persien gekommen sein, wenn denn dieser Kalliasfrieden historisch ist. Der Frieden wird so selten erwähnt, dass einige Gelehrte ihn für eine Fälschung des 4. Jahrhunderts halten. Im Jahre 446 v.Chr. schlossen Athen und Sparta einen dreißigjährigen Frieden, der freilich nur 15 Jahre hielt. Doch zunächst zu den kulturellen Entwicklungen in perikleischer Zeit.

Zur Kulturgeschichte des klassischen Athen

Wir reden von „griechischer Klassik" und meinen damit das künstlerische Schaffen seit der ersten Hälfte des 5. Jahrhunderts. Kunst ist dabei im weitesten Sinne zu verstehen: Die Skulpturen weichen in ihrer Gestalt deutlich von denen im „Perserschutt" ab, das heißt von den Fragmenten von archaischen Statuen, die aus der Zeit vor der Zerstörung der Akropolis durch die Perser stammen und bei den neuzeitlichen Grabungen wiederaufgefunden wurden. Die Architektur erfuhr ebenso eine Neubestimmung, die sich in der Zeit der Perserkriege schon andeutete. In den Jahren des Perikles hatte diese stilistische Neuorientierung mit der „Hochklassik" ihren Höhepunkt erreicht, um einen archäologischen Begriff zu verwenden. Für die Monumentalisierung dieser klassischen Kunst in Athen waren die finanziellen Möglichkeiten ausschlaggebend, neben dem südattischen Silberabbau auch die Tribute der Bundesgenossen seit 477 v.Chr. Ein Sechzigstel der Tribute stand der Göttin Athena zu, wodurch man die Neubebauung der Akropolis finanzierte. Der bereits in Bau befindliche Parthenon wurde abgerissen, seit 448/447 v.Chr. realisierten die Athener nun ein ganz neues Konzept, das in vielen Gestaltungsmerkmalen stilprägend wurde, eben „klassisch". Die Kultstatue der Athena im Inneren, ein Werk des Phidias, hatte eine Höhe von 12 Metern. Reliefs waren am Giebel und oberhalb der Säulen zu sehen beziehungsweise dort angebracht, denn oberhalb der gut 10 Meter langen Säulen konnte der unten stehende Betrachter die Details des Reliefs nicht immer erkennen. Die Athener wussten freilich ganz genau, was abgebildet war. Heutzutage ist die Bedeutung der Reliefs hingegen umstritten, im Folgenden ist nur eine mögliche Interpretation wiedergegeben. (Abb. 18)

Anscheinend ist der Umzug bei den Panathenäen dargestellt, des wohl bedeutendsten attischen Festes, das in klassischer Zeit

Die „griechische Klassik"

Akropolis

Der Fries: Die Panathenäen?

18: Platten vom Fries des Parthenon, um 440 v. Chr. Dargestellt ist die Heranführung eines Rindes, das offenbar als Opfertier dienen soll. London, British Museum

auch mit musischen und sportlichen Wettkämpfen gefeiert wurde. Der Fries zeigt, wie Initiantinnen (Arrhephoren) einen Mantel herantragen, den sie der alten hölzernen Kultstatue anlegen. Es folgen Bilder der Götter, der zehn Phylenheroen, von Frauen, Kindern, Opfertieren, Musikanten und etlichen weiteren Personen zu Fuß sowie Reitern. Dieser Zug führte vom Norden Athens, dem Kerameikos-Gebiet, auf die Akropolis, wo die heiligen Handlungen für die Stadtgöttin Athena ausgeführt wurden. Umstritten ist auch, wie genau die bildliche Darstellung den Panathenäen-Zug wiedergibt, wenn denn diese Prämisse stimmt. Die uns vorliegenden Schriftquellen stammen aus nachklassischer Zeit, und gewisse Abweichungen könnten auf etwaige Änderungen bei der Gestaltung des Festes zurückgeführt werden. Das heißt der Zug stellt vermutlich auch bei kleineren Abweichungen von den Schriftquellen die Panathenäen dar.

Der Fries und die athenische Gesellschaft

Singulär ist an dieser Prozession, dass sie in das Stadtzentrum führt und nicht vom Zentrum an die Polisgrenze. Welche Inszenierungen hier – über die Verehrung der Gottheit hinaus – angestrebt waren, ist eine offene Frage. Die Arrhephoren, die Kultgeräte im Korb mitführten, hatten in den Koren des Erechtheion eine bildliche Darstellung; die Phylenheroen hatten ein Monument auf der Agora. Sollte der Zug an die Urzeit Athens erinnern? (Erichthonios hat die Panathenäen eingerichtet.) Oder vielleicht sogar an seine demokratischen Institutionen? Immerhin sind einige der Figuren als Phylenheroen gedeutet worden. Die athenische Gesellschaft wird aber nicht in Gänze dargestellt, Hopliten und Theten scheinen zu fehlen. Dafür sind Metöken dargestellt. Wie auch immer man den Fries deuten mag, die Abbildung von Metöken kann doch nur so zu verstehen sein, dass man ihnen bei der Ausübung des Athena-Kultes große Bedeutung beimaß. Und die meisten Metöken sind Angehörige eines Seebundstaates gewesen, das heißt sie nahmen als Bündner an den Panathenäen teil.

Werke bildender Kunst aus dem Griechenland des 5. Jahrhunderts v.Chr. wurden stilbildend für viele Epochen, die Künstler waren nicht nur in Athen tätig, in ganz Griechenland und den Apoikien löste die klassische die archaische Kunst ab. In der Keramik gewann die schwarzfigurige Bemalung attischer Künstler hohe Anerkennung, die Vasen wurden bis nach Etrurien

Schwarzfigurige Vasen

19: Dionysos in einem Schiff, segelnd unter Delphinen. Attischer schwarzfiguriger Kylix des Exekias, um 530 v. Chr. Gefunden in Vulci. München, Staatliche Antikensammlung

exportiert. Die Namen der Künstler sind heutzutage nur noch Experten geläufig, doch haben die mythologischen Darstellungen ebenso wie die des Alltagslebens große Anschaulichkeit (**Abb. 19**).

Darstellende Kunst

Das Theaterspiel erhielt neue Aktualität. Im Drama, in Komödie und Tragödie wurde in Athen Neues geschaffen, was in späteren Zeiten als Ideal angesehen wurde. Die Stoffe des attischen Theaters wirken auf uns mitunter etwas fremd, spiegeln jedoch die alltäglichen Ereignisse beziehungsweise Themen einer griechischen Pólis wider. Die griechische Religion und der Mythos waren der Stoff, der auch auf politische Fragen transponiert werden konnte. Es ging um das Zusammenleben von Menschen in einer Pólis, die Verführung durch Macht, den Gehorsam gegenüber einer Ordnung, das Verhältnis von Menschen und Göttern oder das Durchspielen von Krisensituationen. Die Tragödien und Komödien wurden für Agōne verfasst, die bei bestimmten attischen Festen stattfanden, etwa den großen Dionysien. Als Theaterbau diente beispielsweise das Dionysos-Theater unterhalb der Akropolis (**Abb. 20**).

Aischylos' Orestie

Aischylos, Sophokles und Euripides wurden bereits im 4. Jahrhundert v.Chr. als die namhaftesten griechischen Dramatiker angesehen. Die einzige komplett erhaltene Tragödien-Trilogie stammt von Aischylos. Die Orestie handelt von der Rückkehr des

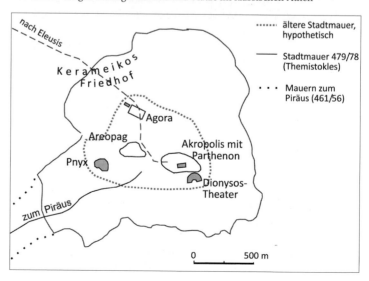

20: Skizze einiger wichtiger Bauten und Plätze im klassischen Athen

Agamemnon aus dem Trojanischen Krieg, seiner Ermordung und der Rache seines Sohnes Orestes. Den Schlüssel zum Verständnis liefert der dritte Teil, betitelt „Eumeniden". Dort obsiegen nicht diese Rachegöttinnen, sondern die Richter Athens, offenbar eine Reminiszenz an den Areopag, dessen Aufgaben 462/61 v.Chr. von Ephiáltēs reduziert worden waren. Auch in den alten Mythen herrschte nun Gerichtszwang statt Blutrache; die Rachegöttinnen werden durch ihre Integration in die Polis versöhnt.

Die Komödie hingegen war unblutig. In den „Ekklesiazusen" des Aristophanes übernehmen Frauen, die sich als Männer verkleidet haben, die Kontrolle über die Volksversammlung und beschließen, dass die politische Macht den Frauen zustehe. Die skurrilen Konsequenzen sind Polyandrie und eine Art von Kommunismus. Komödien des Aristophanes sind unsere einzige, wenn auch vielfach verzeichnende Quelle für das Atmosphärische einer Volksversammlung, also zum Beispiel das Eintreffen der Teilnehmer, ihr Verhalten oder die Redeweise der Demagogen (die auch Plutarch behandelt). Sie sind somit, obwohl fiktional, auch Zeugnis für Details aus dem politischen Alltagsleben in der Zeit des peloponnesischen Krieges. Die erhaltenen Volksbeschlüsse sind eher für die Verfahrensschritte interessant.

Aristophanes' Ekklesiazusen

Der Peloponnesische Krieg

Die Entwicklung zweier gegensätzlicher Bündnissysteme, die schon des Öfteren seit 461 v.Chr. aneinandergeraten waren, bedingte dann 431 v.Chr. den Ausbruch eines weltumspannenden Krieges, den man nach dem Peloponnesischen Bund später den Peloponnesischen Krieg nannte. Neben der tieferen Ursache, dass Sparta einen noch größeren Machtzuwachs Athens befürchtete (Thuk. 1,23,6), kann man drei unmittelbare Anlässe des Krieges unterscheiden:

- Den Konflikt um **Korkyra**, eine Insel mit strategisch wichtiger Lage, heute bekannt als Korfu. Dort trafen Interessen von Athen und Korinth aufeinander.
- **Potideia**, eine korinthische Kolonie auf der Chalkydike, wollte mit spartanischer Hilfe aus dem attischen Seebund austreten.
- Das **megarische Psephisma**, das heißt ein athenischer Handelsboykott gegen die Stadt Megara, die Mitglied im Peloponnesischen Bund war.

Ursache und Anlässe

Der Krieg wurde von Korinth und Megara gefordert, Sparta zögerte zunächst. Er entbrannte dann mit dem thebanischen Überfall auf Plataiai. Diese zunächst lokal begrenzten Konflikte wuchsen sich dann zu einem Krieg im ganzen Ägäisraum und im ionischen Meer (bis Sizilien) aus.

Der Archidamische Krieg 431-421 v.Chr.

Die erste Kriegsphase wird als Archidamischer Krieg bezeichnet. Sie ist benannt nach dem spartanischen Feldherrn Archidamos, der mehrmals im Sommer für kurze Zeit in Attika einfiel, aber bereits 427 v.Chr. verstarb. Die Initiative zur Eröffnung des Krieges war nicht vom ihm ausgegangen, sondern vom Ephor Sthenelaidas. Der Krieg fand dann auch in Thrakien und rund um die Peloponnes statt.

sogenannte Pest in Athen: Typhus?

Im ersten Kriegsjahr brach eine schlimme Seuche, die sogenannte Pest in Athen aus; heute wissen wir aufgrund dentalanthropologischer Untersuchungen, dass es sich um Typhus gehandelt haben könnte, es gibt jedenfalls mehrere befallene Skelettfunde vom Kerameikos, die zeitlich passen. Auch Perikles fiel der Seuche zum Opfer. Nach ihm waren der Demagoge Kléōn und Nikías von Einfluss. Letzterer vermittelte den nach ihm benannten Nikíasfrieden im Jahre 421; Sparta hatte eingelenkt, da auf der Insel Sphaktēría 292 Spartiaten gefangengenommen worden waren, deren Auslösung man durch den Friedensschluss beabsichtigte. Sparta hatte nämlich nur wenige Tausend Vollbürger (die genaue Zahl ist nicht bekannt), so dass der Verlust von knapp 300 die Polis empfindlich getroffen hätte.

Nikías-Frieden

Der Peloponnesische Krieg war der Dreißigjährige Krieg der Antike; wie bei seinem Gegenstück des 17. Jahrhunderts gab es auch im Peloponnesischen Krieg ruhigere Phasen. Der Antagonismus Athen-Sparta blieb bestehen, denn im Nikías-Frieden wurde Spartas Forderung nach Autonomie der griechischen Póleis nicht berücksichtigt. Der Seebund blieb bestehen. 416 v. Chr. erzwang Athen den Anschluss der Insel Melos an den Seebund. Da die Melier sich weigerten, wurden alle Männer getötet, Frauen und Kinder in die Sklaverei verkauft. Thukydides hat ihnen im „Melier-Dialog" (5,85-113) ein Denkmal gesetzt.

Sizilische Expedition 415-413 v.Chr.

Das Jahr 415 v.Chr. zeigte wieder einmal die verhängnisvolle Rolle der Demagogie in Athen. Es war der Beginn der Sizilischen Expedition. Athen wollte das reiche Syrakus erobern, das aber insgeheim von Sparta unterstützt wurde. Es kam zum Verlust der Flotte und der Landtruppen; die gefangenen Athener mussten ihr Dasein in den Bergwerken Siziliens fristen. Der Feldherr Nikías wurde von den Syrakusanern hingerichtet, Alkibiades war schon vorher die Flucht gelungen, da ihm eine Verurteilung wegen Gotteslästerung im Zuge des Hermokopidenfrevels drohte.

> **Hermokopidenfrevel:** Beschädigung der Hermesstatuen. Unbekannte schlugen diesen Pfeilern, die dem Hermes geweiht waren, Kopf und Phallus ab. Was man heute als bösen Streich ansehen kann, galt in dieser Zeit als Delikt, das gegen den Dēmos selbst gerichtet war. Die folgenden Denunziationen und Exekutionen sind Zeichen der Unsicherheit wie der religiösen Radikalisierung.

Die Athener kamen mit einem entschiedenen Sparprogramm recht schnell wieder auf die Beine, 413 v.Chr. begann dann die letzte Kriegsphase, der Dekeleisch-Ionische Krieg. Die Bezeichnung bedeutet Folgendes: Zum einen setzten sich die Spartaner in der Festung Dekeleia nördlich von Athen fest. Zum anderen weitete sich der Krieg nach Osten aus, die Meerengen und auch Ionien wurden zum Kriegsschauplatz (**Abb. 21**). Das lag daran, dass Sparta ein Bündnis mit den Persern eingegangen war; die

Dekeleisch-Ionischer Krieg 413-404 v.Chr.

21: Seebund und Peloponnesischer Bund zu Zeiten des Peloponnesischen Krieges (431-404 v.Chr.)

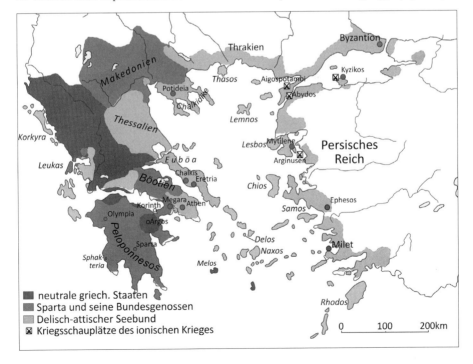

Perser unterstützen Spartas Flottenbauprogramm finanziell. Durch vertragliche Bindung Spartas sowie die Niederlage Athens hoffte Persien, die Herrschaft über die ionischen Griechen zurückzuerlangen. In einem Klima der allgemeinen Verunsicherung und der Bedrohung durch oligarchische „Klubs" (Hetairien) wurde 411 v.Chr. für kurze Zeit die Demokratie abgeschafft.

> **Hetairie**: Gruppe von zumeist Adligen, die gemeinsame Interessen vertraten. Entstand vermutlich aus dem Gefolge eines Basiléus, als sich die Polis entwickelte. Abgeleitet von griech. *hetairos*, was soviel wie „Freund" heißt.

Athen wäre vielleicht schon damals untergegangen, wenn nicht Alkibiades zurückgekehrt wäre, ein begnadeter General. Sein Sieg über Spartas Flotte bei Abydos (an den Dardanellen) und Kyzikos (südlich der Propontis, des heutigen Marmara-Meeres) im Jahre 410 v.Chr. verschaffte den Athenern ein wenig Luft, ebenso der Sieg bei den Arginusen (nahe Lesbos) 406 v.Chr., für den allerdings Alkibiades nicht mehr verantwortlich war, da er nicht wiedergewählt worden war. Der Spartaner Lysander siegte bei Aigospotamoi nördlich der Dardanellen im Jahre 405 v.Chr., und Athen musste kapitulieren (404 v.Chr.). Alkibiades wurde ermordet. Der Krieg hatte schwerwiegende Konsequenzen:

Kapitulation Athens und Konsequenzen

- Die Zerschlagung des attischen Seereiches und Seebundes,
- die Hegemonie Spartas und seines Bundes über ganz Griechenland ,
- somit Zerstörung des Gleichgewichts zwischen den beiden Symmachien,
- eine von Sparta gedeckte, jedoch eigenwüchsige, mörderische Oligarchie in Athen (die „Dreißig") und
- erneuten großen Einfluss der Perser (gipfelnd im sogenannten Königsfrieden von 387/386 v.Chr.).

Thukydides über Ursachen und Anlässen von Kriegen

Der griechische Historiker Thukydides hat den Krieg meisterhaft analysiert. Neben dem mehr ethnographisch orientierten Herodot ist er als erster Historiker zu sehen, der auch über die Geschichtsschreibung reflektiert, sowie Ursachen und Anlässe von Kriegen differenziert hat. Darauf deutet schon der Beginn seines Werkes hin:

(1) Thukydides aus Athen hat den Krieg zwischen den Peloponnesiern und Athenern beschrieben, wie sie ihn gegeneinander geführt haben;

er hat damit gleich bei seinem Ausbruch begonnen in der Erwartung, er werde bedeutend sein und denkwürdiger als alle vorangegangenen. Er schloss dies daraus, dass beide in jeder Hinsicht auf dem Höhepunkt ihrer Macht in den Krieg traten, und weil er sah, dass sich das übrige Hellas jeweils einem der beiden Gegner anschloss, teils sofort, teils nach einigem Überlegen.

(2) Denn dies war die gewaltigste Erschütterung für die Hellenen und einen Teil der Barbaren, ja sozusagen für den größten Teil der Menschheit.

(3) Was sich nämlich davor und noch früher ereignet hatte, war wegen der Länge der Zeit zwar unmöglich zu erforschen, aufgrund von Anzeichen (tekmēria) aber, von deren Richtigkeit ich mich bei der Prüfung eines langen Zeitraumes überzeugen konnte, bin ich der Meinung, dass es nicht bedeutend war, weder in Kriegen noch sonst. (üb. H. Vretska/ W. Rinner)

Im ersten Satz beschreibt Thukydides die Blockbildung, die sich während der Pentekontaëtie vollzogen hatte. Der Dualismus Athen-Sparta hatte dazu geführt, dass sich die meisten griechischen Staaten entweder dem attischen Seebund von 477 oder dem schon älteren Peloponnesischen Bund angeschlossen hatten. Somit hätten die beiden Staaten sich auf dem Höhepunkt ihrer Macht befunden, was die Größe und Bedeutsamkeit dieses Krieges ausmache. Satz zwei zeigt das erwartungsgemäß gräkozentrische Weltbild des Autors, wie auch die Deutung des Peloponnesischen Kriegs als eines Weltkrieges. Im dritten Satz stellt Thukydides methodisch sehr aufschlussreiche Überlegungen an, wie bei der Untersuchung einer entfernteren Vergangenheit zu verfahren sei: Die der Beobachtung zugänglichen oder in älteren Quellen wie Homēr bewahrten Indizien (tekmēria) seien auf ihre Richtigkeit, ihre Historizität zu prüfen. Dabei ist Thukydides zu der Ansicht gekommen, dass Griechenland vor der Zeit des Peloponnesischen Krieges von keinen so großen Umwälzungen betroffen gewesen sei, und er stellt die älteren Kriege – immerhin den Trojanischen Krieg und den Perserkrieg – deshalb als weniger bedeutend hin.

Thukydides' Arbeit an den Quellen

Der Peloponnesische Krieg wird von Thukydides auch als ideologische Auseinandersetzung zwischen demokratischen und oligarchischen Póleis angesehen (3,82,1). Aber auch innerhalb einer einzigen Pólis konnte es zu Streitigkeiten zwischen eher aristokratisch und eher demokratisch orientierten Personen kommen. Selbst in Aristokratien mochten bei Uneinigkeit handgreifliche Auseinandersetzungen entstehen, die sich zu einem Bürgerkrieg auswachsen konnten, in den dann unter Umständen andere Póleis hineingezogen wurden. Als Beispiel kann hier die

Die Stásis auf Korkyra 427 v.Chr.

Stásis auf Korkyra dienen, die im Jahre 427 v.Chr. ausbrach und bei Thukydides (3,69-85) ausführlich geschildert wird. Man könnte aus Perspektive der rechtmäßig Regierenden auch von einem Umsturz oder einer Revolution reden:

Peithias, Gastfreund der Athener und Vorsteher des Volkes von Korkyra, hatte offenbar seine Anhänger davon überzeugen können, das Bündnis mit Athen aufrechtzuerhalten, was zur Folge gehabt hätte, dass Korkyra stärker in den Peloponnesischen Krieg verwickelt worden wäre. Eine größere Gruppe unter Führung der Aristokraten trat hingegen für Neutralität ein. Es kam zu Gewalttätigkeiten im Ratsgebäude, 60 Anhänger des Peithias blieben tot liegen. Die Athener konnten keine Ruhe stiften, das Volk von Korkyra ging nun gegen die Adligen vor, die teils zum Tode verurteilt wurden, teils in Erwartung eines schlimmeren Todes sich selbst das Leben nahmen. Thukydides klagt angesichts dieser blutigen Unruhen ganz allgemein über die Stáseis, er bezieht zur „Pathologie des Krieges" persönlich Stellung (3,82-85). Der Kerngedanke ist, dass die Bürgerkriege und Kriege überhaupt zu einem Wertverlust führen würden, die Menge gerate außer Kontrolle:

Pathologie des Krieges

> Der Krieg aber, der die Annehmlichkeit des täglichen Lebens raubt, ist ein harter Lehrmeister und gleicht die Leidenschaften der Menge den Gegebenheiten des Augenblicks an. (Thuc. 3,82,2, üb. H. Vretska/ W. Rinner).

Krieg führe zur Verrohung der Sitten, so Thukydides. Die Kritik an der Demokratie schwingt hier mit, obwohl nur von der Menge, genauer gesagt „den vielen" (*polloi*) die Rede ist. Es sollen hier noch zwei weitere Beispiele für die Beeinflussbarkeit des Volkes in Krisensituationen gegeben werden. Kurz vor der Expedition der Athener nach Sizilien wurden in Athen zahlreiche Hermen beschädigt, der bereits erwähnte Hermokopidenfrevel. Die Spannung vor dem Auslaufen der großen Flotte sowie religiös bedingte Furcht – wandten sich die Götter von der Polis ab, war es mit dieser bald vorbei – verstärkten einander gegenseitig, zumal man die Schuldigen erkannt zu haben glaubte: Man machte die Hetairie des Alkibiades dafür verantwortlich, denn solchen oligarchischen Hetairien trauten die einfachen Athener am ehesten den Religionsfrevel zu, der auch als antidemokratische Maßnahme gedeutet wurde. Thukydides' 6. Buch ist unsere Hauptquelle. Zudem ist die Verteidigungsrede des adligen Andokides erhalten, der die Beteiligung gestand und in die Verbannung geschickt wurde. Alkibiades hingegen verurteilte man zum Tode, aber er entzog sich der Verhaftung. Er wurde erst 407 v.Chr. amnestiert.

Beispiel 1: Der Hermokopidenfrevel 415 v.Chr.

Andere konnten und wollten sich dem Willen des Volkes nicht entziehen, Sokrates akzeptierte sein Todesurteil. Der Peloponnesische Krieg hatte die Athener so aufgewühlt, dass in den Geschworenengerichten Todesurteile für heutzutage eher nebensächlich erscheinende Ordnungswidrigkeiten verhängt werden konnten. Der redegewandte Philosoph Sokrates wurde wegen Religionsfrevels (Asebie) und Verführung der Jugend zu neuen Denkweisen angeklagt. 500 Richter kamen zusammen, Sokrates hielt eine unkonventionelle Rede zu seiner Verteidigung. Am Ende wurde er mit 30 Stimmen Mehrheit knapp zum Tode verurteilt.

<small>Beispiel 2: Die Verurteilung des Sokrates 399 v.Chr.</small>

Sizilien und die Tyrannis

Die sizilische Expedition der Athener war ein Beispiel dafür, wie große Teile der damals bekannten Welt der Peloponnesische Krieg betraf. Das östliche Sizilien fügt sich aber in die Blockbildung Zentralgriechenlands und der Ägäiswelt in der zweiten Hälfte des 5. Jahrhunderts v.Chr. nicht ein, dort überwogen Tyrannenherrschaften. 491-478 v.Chr. war Gelon Tyrann in Gela in Südostsizilien und dehnte seine Herrschaft auf Syrakus aus. Seine Söldner machte er zu Bürgern (eine solche Militärtyrannis schuf auch Polykrates auf Samos, ca. 540-522 v. Chr.). Gelon war es, der die karthagische Expansion auf Sizilien zum Stillstand brachte. In der Schlacht bei Himéra errang Gelon mit dem Tyrannen von Akragas 480 v.Chr. den Sieg über die Karthager, die bis dahin Westsizilien und überhaupt den Süden des tyrrhenischen Meeres dominiert hatten. Von 466 bis 405 v.Chr. gab es dann ein demokratisches Zwischenspiel in Syrakus.

<small>Sizilien im 5. und 4. Jhd. v.Chr.</small>

Die jüngere Tyrannis war im Gegensatz zur älteren vor allem auf Gebiete außerhalb Zentralgriechenlands beschränkt, zum Beispiel Sizilien und Ionien. Tyrannen stützten sich nicht nur in Gela auf ihre Söldner, denen sie dann das Bürgerrecht verliehen. Die Urbevölkerung der Kolonien spielte eine geringere Rolle, teilweise kam es zu Deportationen. Dieses Phänomen ist auch bei der Stásis zu beobachten – die unterlegene Partei verließ die Stadt für einen gewissen Zeitraum. Erst 405-367 konnte Dionysios von Syrakus sich zum Tyrannen aufschwingen, der die Griechenstädte einte. Tendenziell stützt sich diese jüngere Tyrannis eher auf die Oberschicht und nicht auf die ärmere Bevölkerung.

<small>Die jüngere Tyrannis</small>

Griechenland im 4. Jahrhundert v.Chr.

Die Geschichte des griechischen Mutterlandes ist durch die Involvierung erstarkter Mächte wie des Böotischen Bundes und der Makedonen schwieriger zu charakterisieren als die Entwicklung im 5. Jahrhundert v.Chr. , die durch den Dualismus Athen-Sparta bestimmt war. In beiden Jahrhunderten spielten die Perser eine Rolle – zunächst als Aggressor, dann als Geldgeber im Machtspiel, der die Hegemonie einer einzelnen Macht unbedingt verhindern wollte, dieses aber letztendlich nicht schaffte, da mit Makedonien eine neue Großmacht ihren Aufstieg erlebte. Die Spartaner beobachteten die Machtfülle des ehemaligen Admirals Lysander inzwischen mit Sorge. Er hatte sich 403 v.Chr. zum Harmosten im spartanisch besetzten Athen aufgeschwungen, das heißt er kommandierte die dortige spartanische Besatzung. Als er abgezogen wurde, konnten sich die Spartaner nicht mehr lange in Athen halten. Athen suchte unter den Bundesgenossen Spartas Verbündete und fand sie in Korinth und Argos. Schnell kam es wieder zu Kriegshandlungen, dem Korinthischen Krieg. Um Spartas Sieg zu verhindern, unterstützten die Perser die Athener durch eine Flotte unter dem Kommando Kónōns, eines athenischen Admirals, der zwischenzeitlich für die Perser tätig gewesen war. Gefechte in Böotien, auf der Peloponnes – vor allem in der Nähe Korinths – und in der Ägäis hielten über Jahre an, die Griechen konnten sich nicht auf Friedensbedingungen einigen.

Der Spartaner Antalkidas gab in Verhandlungen mit dem persischen Großkönig die ionischen Griechen preis, dafür erhielt er finanzielle Unterstützung. Athen wurde zum Frieden gezwungen. Dieser sogenannte Königsfrieden ist ein Zeichen für die Unordnung in der griechischen Welt. Sparta konnte in diesem Gemeinfrieden (Koinē Eirēne) die altbekannte Forderung nach Autonomie aller griechischen Póleis einbringen. Sie spricht für die Erkenntnis, dass die Existenz zweier großer Machtblöcke im Peloponnesischen Krieg wie auch unter leicht veränderter Konstellation im Korinthischen Krieg dem Frieden in Griechenland abträglich war. Andererseits konnten die Perser nun eine auch ihnen gefährliche Machtzusammenballung im Westen ihres Reiches verhindern und gewisse territoriale Gewinne verbuchen, zum Beispiel die Herrschaft über die ionischen Griechen und Zypern. Das war ihnen auch die finanzielle Unterstützung Spartas wert. Athen musste sich fügen, aber es konnte einen neuen, bedeutend liberaleren Seebund gründen, es kam zu Kriegshandlungen, die aber 375 v. Chr. mit der Erneuerung des Königsfriedens endeten.

Neue Mächte traten auf die Bühne, Theben, Phokis und Makedonien. In der Schlacht von Leuktra (371 v.Chr.) siegte der Thebaner Epaminondas über die Spartaner, die so große Verluste erlitten, dass sie trotz der Anstrengungen des Agēsilaos auf regionale Bedeutung zurückfielen. Thebens Vorherrschaft ging aber nur neun Jahre später mit dem Tod des Epaminondas in der Schlacht von Mantineia zu Ende. Theben war die führende Macht im Böotischen Bund, der nach den Perserkriegen mit einer größeren Zahl an Mitgliedsstaaten neu aufgelegt worden war. Von den elf Böotarchen stellte allein Theben vier. Die Bundesversammlung bestand aus 660 Abgeordneten, je 60 aus den 11 Distrikten. Sie traf sich auf der Kadmeia (Burg) in Theben. Dort wurden vor allem außenpolitische Beschlüsse gefasst, aber es konnten auch andere Regelungen getroffen werden – beispielsweise wurde eine gemeinsame Münzprägung organisiert. Weitere Organe waren das Bundesgericht und die Bundeskasse. In der inneren Verwaltung blieben die Mitglieder des Bundes relativ autonom.

<small>Thebanische Hegemonie 371-362 v.Chr.</small>

<small>Aufbau des Böotischen Bundes</small>

Im Böotischen Bund finden wir eine Form von Föderalismus, die in der spätklassischen und hellenistischen Zeit auch andernorts in der griechischen Welt realisiert wurde. Der Lykische Bund bestand sogar bis in die Zeit des Kaisers Claudius (41-54 n.Chr.). Im römischen Bereich gibt es kaum Vergleichbares. Die erste wirkliche Nachahmung finden wir in der Bundesverfassung der Vereinigten Staaten von Amerika – 1783. Neben der Demokratie ist der Föderalismus wohl die wichtigste politische Ordnungsform, die aus der griechisch-römischen Antike übernommen wurde.

<small>Rezeption des antiken Föderalismus in den USA</small>

Die politische Kultur Griechenlands

Nachdenken über die politische Kultur Griechenlands bedeutet, die Spielregeln eines politischen Systems zu untersuchen, wobei es nicht nur um juristische Grundlagen geht, sondern vielmehr um die praktische Ausgestaltung der politischen Verhältnisse in der Gesellschaft, also um bestimmte Rituale oder Regeln. Die griechische Gesellschaft hatte eine viel stärker pyramidale Struktur als heutzutage: Es gab mehr Arme und weniger Reiche, die Mitte war weniger ausgeprägt. Die athenische Demokratie wurde von den Vermögenden deshalb als „Ochlokratie", als Herrschaft des Pöbels angesehen. Die Spielregeln dieser Demokratie waren kompliziert, zumal sich diese Verfassungsform erst allmählich ausbildete –nicht unter Solōn, sondern allenfalls unter Kleisthe-

<small>Spielregeln der Demokratie</small>

nes, der die Isonomie einführte. Die Vollendung der Demokratie scheint erst in der Zeit von Ephialtes und Perikles mit der Einführung der Diäten geglückt zu sein; seit dieser Zeit haben wir in Tragödie, Komödie, bei Rednern und Historikern diverse Hinweise auf politische Spielregeln, die man mit der heutigen Demokratie in Beziehung setzen kann.

Die Griechen begründeten das Nachdenken über Politik und Verfassung – der Orient hatte politische Vorstellungen nur auf der praktischen Ebene (keine Theorie). Es war Aristoteles, der im frühen 4. Jahrhundert v.Chr. Staaten und Regierungsweise behandelte. Sein Hauptwerk hieß denn auch *Politika* – eine große Zusammenschau der politischen Verhältnisse in der griechischen Welt unter Einschluss auch der anderen Verfassungsordnungen. Zudem wurde in der Schule des Aristoteles eine Zusammenstellung über die Geschichte und Praxis der athenischen Verfassung ausgearbeitet, die *Athenaiōn Politeia*, zu Deutsch: Der Staat der Athener (Textbeispiel oben S. 51f.).

Aristoteles' Schriften

Aristoteles hat in den *Politika* verschiedene Verfassungsmodelle diskutiert und an Beispielen erläutert. Die Terminologie hat Polybios weiter verfeinert beziehungsweise er hat die Verfassungen in einen Kreislauf gebracht. Eine gute Verfassung könne auch entarten. Zu der guten Monarchie (oder Basileia) gehöre die schlechte, entartete Tyrannis – beides die Herrschaft einer Person beziehungsweise ihrer Familie, einer Dynastie. Die Aristokratie ist schon von der Bezeichnung her die „Herrschaft der Besten" – ihre Entartungsform heißt Oligarchie, „Herrschaft von Wenigen", Herrschaft einer Splittergruppe, meist mit dem Unterton der Gewaltherrschaft wie bei der Tyrannis. Als relativ beste Verfassung sah Aristoteles die Politie an, eine Mischform von Aristokratie und guter Demokratie. Die Mischung der Formen war also auch denkbar. Demokratie konnte in Ochlokratie entarten, die Herrschaft des Pöbels, der Mittellosen. Verfassungen der Antike beziehen sich also immer auch auf gesellschaftliche Gruppen, die Herrschaft ausüben.

Die Entartung von Verfassungen

Makedoniens Aufstieg zur Hegemonialmacht Griechenlands

Makedoniens Gesellschaft war im 5. Jahrhundert v.Chr. nicht sonderlich differenziert. In der Weite des Landes lebten die Makedonen von ihrem Kleinvieh, bedroht von den Nachbarn. Der König war seit ältesten Zeiten immer nur Herrscher über einen Teil des Ethnos gewesen. Erst Philipp II. modernisierte das Land. Vor

2.3 | Die klassische Zeit

allem stattete er sein Heer mit extrem langen Stoßspeeren, den Sarissen, neu aus. Die Illyrer wurden aus Makedonien vertrieben. Seine militärischen Erfolge machten ihn nun für die anderen Griechen interessant. Zuerst wurde er von den Aleuaden, der führenden Familie in Larissa, gegen den Tyrannen von Pherai zur Hilfe gerufen, das heißt man bemühte Philipp II. als Schlichter in den Auseinandersetzungen im thessalischen Bund. Schließlich wurde er Herr über Thessalien, mithin Archōn des Thessalischen Bundes und konnte auch über die Stimmen Thessaliens in der Delphischen Amphiktyonie verfügen, die seit langer Zeit dem Schutz des Heiligtums diente.

Philipp II. von Makedonien 359-336 v.Chr.

> **Amphiktyonie**: Gemeinschaft von Personen, die einen Kult aufrechterhalten. Dabei geht es nicht nur um die religiösen Obliegenheiten, sondern auch die finanzielle Absicherung der Feste (Opfertiere) und die Verteidigung der Besitzungen des Heiligtums. Die Angelegenheiten wurden in einer Versammlung besprochen, in die die „Amphiktyonen" (Umwohner) Delegierte entsandten.

Philipp konnte die Herrschaft der Makedonen sogar auf Thrakien ausweiten und mischte sich auch in die Angelegenheiten Mittelgriechenlands ein. Als die Phoker das Heiligtum in Delphi unter ihre Kontrolle brachten und viele Söldner anwarben, um ihr Territorium in Mittelgriechenland zu vergrößern, griff Philipp II. ein. In diesem 3. Heiligen Krieg konnte Philipp II. die Phoker besiegen und deren Stimmen in der Delphischen Amphiktyonie übernehmen.

3. Heiliger Krieg 356-346 v.Chr.

> **Heiliger Krieg**: Krieg um die Unversehrtheit eines Heiligtums, konkret gesagt des Orakels von Delphi (*sacred war*) – im Gegensatz zur modernen Bedeutung, wonach ein heiliger Krieg der Krieg für eine Gottheit sei, wie beispielsweise der Djihad (*holy war*).

Zusammen mit den ihm unterworfenen Thessalern hatte Philipp nun die Mehrheit in der Delphischen Amphiktyonie. Die Phoker waren hingegen mit den Athenern verbündet. Der 4. Heilige Krieg war schon mehr als ein Krieg zum Schutze Delphis. Philipp II. ließ sich von der Amphiktyonie beauftragen, in Mittelgriechenland einzurücken. Dort stellte sich ihm eine Koalition unter Füh-

4. Heiliger Krieg 339/338 v.Chr.

rung der Athener entgegen, die das Großmachtstreben Philipps II. längst erkannt hatten. Demosthenes hatte sich in mehreren Reden zum Exponenten einer antimakedonischen Politik gemacht. Anlass zum Krieg waren hohe Geldbußen des Heiligtums gegen Amphissa und Athen.

Chaironeia 338 v.Chr.

In der Schlacht von Chaironeia besiegte Philipp II. als Feldherr der Amphiktyonie die Koalition griechischer Staaten unter Beteiligung Athens. Nun war er der Hegemōn des größten Teils Griechenlands, die klassische Epoche mit der kulturellen Dominanz Athens ging ihrem Ende zu. Philipp II. ließ die Griechen (mit Ausnahme Spartas) zu einem Kongress in Korinth zusammenkommen und ließ sich ihre Treue schwören. Sie waren ihm zur Heerfolge verpflichtet; der Vertrag hatte die Gestalt eines Gemeinfriedens (Koinē Eirēne), das heißt er verpflichtete die Griechen zum Frieden und garantierte dafür deren weitgehende (innere) Autonomie.

„Korinthischer Bund" 338/337 v.Chr.

Athen im 4. Jahrhundert v.Chr.

Athen im 4. Jahrhundert v.Chr.

Die außenpolitische Entwicklung mag für Athen negativ verlaufen sein, doch sind viele Gelehrte der Meinung, dass sich die athenische Demokratie in etlichen Punkten weiterentwickelt habe und die Blüte dieser Verfassung gerade im 4. Jahrhundert v.Chr. anzusetzen sei. Als besondere Leistungen der Demokratie im 4. Jahrhundert v.Chr. werden hervorgehoben:
– Diäten auch für den Besuch der Volksversammlung (ca. 403-393 v.Chr. eingeführt),
– Theorikon-Kasse (für den Besuch der Schauspiele) seit Eubulos (Vorsteher 355-338 v.Chr.),
– Unterstützung von Armen; Steigerung der Staatseinnahmen,
– öffentliche Nutzbauten, zum Beispiel das Stadion Lykurgs (338-324 v.Chr.),
– Maßnahmen zum Verfassungsschutz.

Bevölkerungsgröße Attikas

Auch in der Redekunst brillierte Athen, gleich zehn hervorragende Redner geben uns Zeugnis von der Weiterentwicklung des Gerichtswesens und der politischen Ordnung. Die Bevölkerung Attikas war vermutlich auf die Hälfte gesunken, man rechnet mit ca. 25.000-30.000 Vollbürgern. In der Mitte des 5. Jahrhunderts v.Chr. dürfte es rund doppelt so viel gegeben haben, also gut 50.000. Die Zahl an Menschen ist noch schwerer zu schätzen.

Wenn man mit 1:4 rechnet, also auf einen Athener eine Frau, zwei Kinder und einen Sklaven oder Metöken kommen lässt, hat man eine Gesamtbevölkerung von 150.000-250.000 Menschen in klassischer Zeit. Das erklärt den Rückgang der Getreideimporte im 4. Jahrhundert v.Chr..

Metöken waren oft aus ökonomischen Gründen nach Attika gekommen und hatten eine Steuer zu entrichten. Viele wohnten im Piräus. Die Aufnahme in das athenische Bürgerrecht war aber eher die Ausnahme. Die Bedeutung der Sklaven für die attische Ökonomie ist nach wie vor umstritten. Konsens herrscht darüber, dass in den Silberbergwerken von Laureion nur Sklaven arbeiteten. Das Silber war verantwortlich für den Aufschwung Athens; auch die Diäten konnten nur deshalb gezahlt werden, weil dieses Silber ausgemünzt wurde. Hingegen ist die Bedeutung der Sklaven in der Landwirtschaft nicht unbestritten geblieben. Die ältere Forschung nahm an, dass jeder attische Bauer einen oder mehrere Sklaven gehabt hätte. Das war wohl nicht der Fall, obwohl Sklaven auf den großen Besitzungen der Vermögenden eine Rolle gespielt haben müssen. Ihre Verwendung im Haushalt ist bezeugt, aber ebenfalls nicht zu verallgemeinern.

Metöken und Sklaven

Literatur

- Baltrusch Ernst, *Außenpolitik, Bünde und Reichsbildung in der Antike*, München 2008 (Enzyklopädie der griechisch-römischen Antike, Bd. 7).
- Beck, Hans, *Polis und Koinon. Untersuchungen zur Geschichte und Struktur der griechischen Bundesstaaten im 4. Jhd. v. Chr.*, Stuttgart 1997 (z.B. zu Böotien und Thessalien).
- Bleicken, Jochen, *Die Athenische Demokratie*, 2. Aufl. Paderborn u.a. 1994 (hervorragende Analyse der Institutionen in klassischer Zeit).
- Bockisch, Gabriele/ Klowski, Joachim, *Cornelius Nepos. Attische Staatsmänner aus römischer Sicht – Themistokles, Alkibiades, Thrasybul*, Bamberg 2006 (Textinterpretationen zur athenischen Geschichte im 5. Jhd.).
- *Democracy, Empire, and the Arts in Fifth-Century Athens*, hg. von Deborah Boedeker/Kurt Raaflaub, Cambridge 1998 (Aufsätze z.B. zu den Panathenäen).
- Ehrenberg, Viktor, *Aristophanes und das Volk von Athen. Eine Soziologie der altattischen Komödie*, Zürich 1968.
- Errington, Malcolm, *Geschichte Makedoniens*, München 1986 (engl. 1990).
- Heuß, Alfred, Hellas, in: *Propyläen Weltgeschichte*, hg. von Golo Mann, Bd. 3, Berlin/ Frankfurt/ Wien 1962, S. 69-400 (ein Klassiker).
- Hornblower, Simon, *The Greek World 479-323 BC*, 3. Aufl. London 2002 (detailliertere Darstellung, die auch auf einige hier nicht gesondert behandelte Mächte wie Korinth oder Argos näher eingeht).

- Jehne, Martin, *Koine Eirene. Untersuchungen zu den Befriedungs- und Stabilisierungsbemühungen in der griechischen Poliswelt des 4. Jhds. v. Chr.*, Stuttgart 1994.
- Latacz, Joachim, *Einführung in die griechische Tragödie*, 2. Auflage Göttingen 2003 (lesenswerter Überblick über die Gattung).
- Schulz, Raimund, *Athen und Sparta*, 3. Aufl. Darmstadt 2008 (sehr gutes Studienbuch).
- Welwei, Karl-Wilhelm, *Sparta. Aufstieg und Niedergang einer antiken Großmacht*, Stuttgart 2004.
- Sonnabend, Holger, *Thukydides*, Hildesheim 2004 (zur Lektüre neben einer vollständigen Übersetzung des *Peloponnesischen Krieges*, z.B. der von H. Vretska/ W. Rinner, Stuttgart 2004 [Reclam]).
- Spahn, Peter, Aristoteles, in: *Pipers Handbuch der politischen Ideen 1*, hg. von Iring Fetscher/Herfried Münkler, München/ Zürich 1988, S. 397-437.
- *The Greek World in the Fourth Century. From the Fall of the Athenian Empire to the Successors of Alexander*, hg. von Lawrence Tritle, London u.a. 1997.
- Welwei, Karl-Wilhelm, *Das klassische Athen. Demokratie und Machtpolitik im 5. und 4. Jahrhundert*, Darmstadt 1999 (ausführliche Darstellung mit reichem Anmerkungsapparat).
- Wiesehöfer, Josef, *Das antike Persien*, 2. Aufl. Düsseldorf/ Zürich 1998 (Darstellung von den Anfängen bis zu den Reichen der Parther und Sassaniden).

2.4 Der Hellenismus

Mit Alexander dem Großen setzen Entwicklungen ein, die die Alte Welt politisch und kulturell völlig umgestaltet haben. Seit der „Erfindung" der Epoche ab 336 v.Chr. durch Johann Gustav Droysen („Geschichte des Hellenismus", 2. Aufl. 1877/78) wird darüber gestritten, wo und in welchem Ausmaß es zu einer „Vermischung" der griechischen mit den orientalischen Kulturen kam, ob es bei einer bloßen (politischen) Überschichtung durch die griechisch-makedonischen Könige und ihre Eliten blieb oder ob nicht neuartige, weder griechische noch orientalische Lebens- und Denkformen entstanden. Alexander selbst hat, ohne es zu beabsichtigen, die Grundlagen sowohl für die Ausbildung einer hellenistischen Staatenwelt als auch der hellenistischen Kultur als einer Weltkultur gelegt. Der politische Hellenismus existierte bis in die Zeit Octavians, der das letzte hellenistische Großreich (Ägypten) im Jahre 30 v.Chr. unter römische Herrschaft brachte. Als geistige Formation wirkte er aber bis in die römische Kaiserzeit, ja noch in den frühen Islam hinein. In der Spätantike bedeutete Hellenismus auch das Insistieren auf dem althergebrachten Po-

Hellenismus: Vermischung, Überschichtung oder Kreation von Kulturen?

lytheismus und der griechisch-römischen Kultur – als Gegenbewegung zum Christentum.

Makedoniens Expansion nach Osten

Makedonien war im Vergleich zu den Póleis in Griechenland ein altmodisches Königreich im Norden Griechenlands. Von Aristokratie und Demokratie hatte man dort wenig gehört. Doch die Makedonen sahen sich als Griechen. Nach einer langen Periode der inneren Schwäche gelang es Philipp II. aus der Dynastie der Argeadai (**Abb. 22**) seit 359 v.Chr., die enormen Ressourcen Makedoniens an Menschen und Rohstoffen zu nutzen und das Land zu modernisieren. Er schuf eine schlagkräftige Armee, scharte den Adel hinter sich und gründete Städte. Als erster König der Makedonen zielte er auf Expansion. Bald trennte nur noch der Hellespont Perser und Makedonen. Philipps II. Ziel war es, zumindest Teile des Perserreiches zu erobern. Er hatte kurz vor seinem Tod eine Vorausabteilung seines Heeres bereits den Hellespont überschreiten lassen, das heißt makedonische Truppen befanden sich bereits auf persischem Territorium. Der Athener Isokrates hatte sich in Briefen und politischen Schriften an Philipp II. gewandt, um ihn davon zu überzeugen, die sozialen und politischen Probleme Griechenlands durch einen „panhellenischen" Feldzug gegen das Perserreich zu lösen. Der König von Makedonien bedurfte allerdings keines griechischen Stichwortgebers, um den Angriff auf das als schwach geltende, Ruhm und Beute verheißende Perserreich zu unternehmen.

Philipps gewaltsamer Tod (336 v.Chr.) verhinderte für den Augenblick den Einsatz der Truppen. Er hatte sich vom Korinthischen Bund autorisieren lassen, als „Oberbefehlshaber" (Stratēgós Autokrátōr) gegen die Perser Krieg zu führen. Die Befreiung der Griechen an der kleinasiatischen Küste bzw. die Erobe-

Philipp II. von Makedonien 359-336 v.Chr.

22/23: Tetradrachme Philipps II. von Makedonien aus Pella. Die Vorderseite zeigt sein Porträt, die Rückseite einen Reiter mit der Aufschrift ΦΙΛΙΠΠΟΥ (=Philipps Prägung)

Der Alexander-Zug

Alexander 336-323 v.Chr.

Perserkrieg 334-330 v.Chr.

Alexander der Große (**Abb. 24**) war sowohl militärisch als auch literarisch gut ausgebildet. Sein Lehrer, der Philosoph Aristoteles, las mit ihm auch Homēr und Herodot. In der Schlacht von Chaironeia (338 v.Chr.) führte Alexander die Reiterei der Makedonen. Nach der Ermordung seines Vaters musste er zunächst die politische und dynastische Krisensituation meistern. Ob Alexander selbst in das Attentat auf seinen Vater verwickelt war oder nicht, ist nicht zu entscheiden. Jedoch musste er nach dem Tode von Philipp II. die Herrschaft in Makedonien sichern und einen Aufstand in Griechenland niederschlagen. Er übertrug Antipatros die Verwaltung Griechenlands und zog dann mit den verstärkten Truppen seines Vaters gegen die Perser.

Als er den Hellespont überschritt, warf er einen Speer auf asiatischen Boden, der zu „speererworbenem Land" wurde. Das war wohl weniger juristisch als symbolisch gemeint. Mit Opfern versicherte sich Alexander demonstrativ der Gnade der Götter. Das Motiv der Rache für die Zerstörung der Akropolis durch die Perser – rund 150 Jahre zuvor – könnte auch eine Rolle gespielt haben. Über Sardeis, Ephesos und Milet gelangte Alexander dann nach Gordion, wo er den unlösbaren Knoten mit seinem Schwert zerschlagen haben soll – ein Akt des Pragmatismus, der zu einem für Alexander typischen Topos wurde.

24: Marmorkopf Alexanders des Großen, um 320 v. Chr. Malibu, Getty Museum

> **Der Gordische Knoten:** Der Wagen des Königs Midas (um 700 v.Chr) war seit langer Zeit an der Deichsel so verknotet, dass niemand den Knoten lösen konnte, weil das Ende des Bandes in dessen Innerem verborgen war. Es hieß, dass derjenige, der das schaffe, die Herrschaft über Kleinasien erringen würde.

2.4 | Hellenismus

Zur ersten großen militärischen Auseinandersetzung mit dem Perserkönig beziehungsweise dessen Truppen kam es dann bei Issos im Grenzgebiet von Kilikien und Syrien. Selbst stark befestigte Städte wie Tyros konnten der Belagerung nicht standhalten. Im Nildelta gründete der Makedonenkönig die Stadt Alexandria, die rasch zu einer wirtschaftlich und kulturell bedeutenden Metropole wurde. Ägypten war Alexander kampflos zugefallen. 331 v.Chr. besiegte er den Perserkönig in offener Feldschlacht bei Gaugamela und konnte nach dessen Tod als Nachfolger gelten. Der neue Großkönig, König der Könige, Heerkönig der Makedonen und Hegemon des Korinthischen Bundes vereinigte in seiner Person eine Machtstellung, die es nie zuvor gegeben hatte.

Issos 333 v.Chr.

Gaugamela 331 v.Chr.

Alexander eroberte auch Gebiete im heutigen Tadschikistan und Pakistan, über die der Perserkönig nie geboten hatte. Auch die Reiche des Bessos und Poros hat er erobert, den Indus überschritten. All dem lag freilich keine konkrete geographische Zielvorstellung zugrunde. Denn das Konstante bei Alexander waren nicht die Gegenstände seines Begehrens, sondern die Unerschöpflichkeit des Begehrens selbst, weswegen es unmöglich erscheint, sich diesen Mann anders als in der Bewegung und als in die Welt ausgreifend vorzustellen.

Gegen Bessos und Poros 329-326 v.Chr.

Schließlich verweigerten die Truppen den Weiterzug nach Osten (325 v.Chr. am Hyphasis, einem Nebenfluss des Indus), und Alexander entschloss sich zur Umkehr. Von der Mündung des Indus aus fuhr er aufs offene Meer hinaus, er hatte den Okeanos, den Rand der Welt erreicht. Nearchos wurde damit betraut, zur See nach Babylon zurückzufahren. Über seine Fahrt durch den Indischen Ozean und den Persischen Golf verfasste dieser einen Bericht, den Arrian, zugleich Verfasser einer als insgesamt zuverlässig geltenden Geschichte des Alexanderzuges, verarbeitet hat. Alexander marschierte auf dem Landweg zurück. In der Gedrosischen Wüste hatten die Soldaten unendliche Strapazen zu erleiden, viele starben. 324 erreichte das Heer die Stadt Susa.

Alexander am Rand der Welt

Alexander als Begründer des Hellenismus

Man sagt, Alexander habe die Hochzeit seiner Gefolgsleute mit einheimischen Frauen gefördert, spricht sogar von einer „Massenhochzeit" und von einer Heiratspolitik Alexanders. Droysen schrieb in seiner „Geschichte des Hellenismus" dazu Folgendes:

Die sog. Massenhochzeit von Susa

> „Es galt, ein wunderbares, im Laufe der Jahrhunderte einziges Fest zu begehen. In der Hochzeitsfeier von Susa sollte sich die Ver-

schmelzung des Abend- und Morgenlandes, der hellenistische Gedanke, in dem der König die Kraft und die Dauer seines Reiches zu finden gedachte, vorbildlich vollenden." (GdH Bd. 1, S. 404)

Einige Quellen sollen hier beispielhaft vorgestellt werden. Das erste Stück betrifft die prachtvolle, von Alexander finanzierte Verheiratung der Hetairoi, die zweite die Legitimierung der Ehen von rund 10.000 Makedonen und „asiatischen Frauen":

> Chares gibt im zehnten Buch seiner „Geschichte um Alexander" folgende Darstellung: „Als er den Dareios gefangengenommen hatte, feierte er ein allgemeines Hochzeitsfest für sich und auch die übrigen Freunde. Er ließ 92 Hochzeitskammern an demselben Ort einrichten." (Athenaios 12,54 p. 538f. übers. C. Friedrich)
>
> Auch die Namen aller anderen Makedonen, die asiatische Frauen geheiratet hatten, ließ er aufschreiben – es waren über 10.000 –, und auch sie erhielten von ihm Hochzeitsgeschenke. (Arrian 7,4,8; übers. W. Capelle)

Die Verheiratung vornehmer Griechen mit Töchtern aus Adelshäusern der benachbarten „barbarischen" Reiche war nicht neu. Solche Hochzeiten hatten auch diplomatische Funktion. Alexander drängte Seleukos zur Heirat einer Baktrierin, Eumenes zur Heirat einer Iranerin. Dementsprechend prunkvoll wurden die Feierlichkeiten ausgerichtet. Alexander ging aber einen Schritt weiter, indem er die Ehen seiner Soldaten mit einheimischen Frauen legitimierte. Somit wurden auch deren etwaige Kinder legitim – was von Belang war, falls diese Soldaten eines Tages vielleicht doch nach Makedonien zurückkehren würden. Die Rede von einer „Massenhochzeit" suggeriert, dass auch bei diesen vielen Personen ein Zeremoniell abgehalten wurde, was aber nicht belegt ist. Insofern erweckt der moderne Begriff einen falschen Eindruck.

Quellenlage zu Alexander Die Quellenlage zu Alexander ist prinzipiell recht gut, schon während seines Zuges durch Asien schrieben einige seiner Gefolgsleute Geschichtswerke – wie der von Athenaios zitierte Chares, der allerdings eher Anekdoten sammelte. Der in der Kaiserzeit schreibende Arrian schöpfte aus zwei Augenzeugen und Mithandelnden: Ptolemaios (dem späteren Herrscher Ägyptens) und Aristobul. Andere Autoren werden in späteren Schriften nur punktuell referiert oder wörtlich zitiert. Solche fragmentarisch überlieferten Historiker hat Felix Jacoby gesammelt („Die Fragmente der Griechischen Historiker", abgekürzt FGrHist), ein mehrbändiges Werk, an dem noch heute weitergearbeitet wird (s. S. 234).

> **Fragment**: Abschnitt aus einem verlorengegangenen Buch, der wörtlich zitiert oder paraphrasiert wird. Diese indirekte Form der Überlieferung ist für die althistorische Forschung sehr wichtig, da viele literarische Quellen nur noch in dieser bruchstückhaften Weise vorliegen. Bei der Interpretation ist der Kontext des Fragments zu berücksichtigen. Der Übergang zum „Testimonium", der reinen Erwähnung eines verlorenen Werkes, ist oft fließend.

Nach Alexanders Tod

Alexander verstarb im Jahre 323 v.Chr. – ohne einen Nachfolger benannt zu haben. In Frage kam Arrhidaios, der allerdings debile Halbbruder Alexanders, der als Philipp III. pro forma den Thron bestieg. Zudem war gerade ein Sohn von Alexander und der baktrischen Prinzessin Roxane geboren worden, den man Alexander (IV.) nannte. Doch die Fäden zog Perdikkas, ein General Philipps II. und Alexanders. Mit Antipatros und Polyperchon führte er die Geschäfte des riesigen Makedonenreiches. *(Tod Alexanders 323 v.Chr.)*

Noch im Todesjahr Alexanders waren auf einer Konferenz in Babylon die Aufgaben verteilt worden; die Generäle Alexanders wurden zudem mit der Verwaltung der ehemals persischen Satrapien betraut. Doch bestand die Einigkeit nicht lange und mündete in die Diadochenkriege. Zuerst machten sich im Jahre 306 Antigonos und sein Sohn Demetrios zu Königen und beanspruchten die Herrschaft über das Gesamtreich. 305 v.Chr. nahmen Ptolemaios, Kassander, Lysimachos und Seleukos den Königstitel in ihren Satrapien an. Seleukos beherrschte den Großraum Syrien, Ptolemaios Ägypten. Im Jahre 280 endeten diese äußerst verwickelten Auseinandersetzungen vorläufig; drei große hellenistische Reiche hatten sich gefestigt, neben denen nur wenige kleine Territorien selbständig blieben (wie beispielsweise Rhodos). Diese drei Großreiche waren das makedonische Reich der Antigoniden, das ungefähr den asiatischen Teil des Alexanderreiches umfassende Seleukidenreich und das Ptolemäerreich in Ägypten. Alle drei Begründer konnten Dynastien etablieren, die teilweise über Jahrhunderte von Bestand blieben. *(Konferenz in Babylon; Diadochenkriege 306–280 v.Chr.; sog. Jahr der Könige 305 v.Chr.)*

Wie kann man diese hellenistischen Monarchen charakterisieren? Ihre Legitimation bestand zunächst darin, Vertraute und Beauftragte Alexanders zu sein. Ihre Herrschaft war allerdings von militärischen Erfolgen abhängig; deshalb konnte es geschehen, dass ein über achtzig Jahre alter Mann wie Antigonos „der *(Hellenistische Monarchie)*

Einäugige" persönlich in einer Schlacht kämpfte und sein Leben verlor (301 v.Chr. bei Ipsos). Die Herrschaft der Seleukiden und Ptolemäer war Fremdherrschaft, das heißt Makedonen herrschten über Gebiete ethnisch verschiedener Bevölkerungen. Vorläufer in der Art des monarchischen Herrschens der Diadochen waren im 4. Jahrhundert v.Chr. beispielsweise der Dynast Maussolos von Karien oder Dionysios von Syrakus, Herrscher über den Großteil Siziliens und Vertreter der jüngeren Tyrannis.

Die hellenistischen Staaten wurden allein durch den König nach außen vertreten. Er unterhielt einen Hof, dessen Zentrum er selbst und seine „Freunde" (*philoi*) darstellten. Der König wurde Basilëus genannt, nun freilich in einem umfassenderen Sinn als zu Zeiten Homērs. Sein Staat hieße ins Deutsche übersetzt „Die Angelegenheiten des Königs xy", das heißt das Territorium oder die beherrschten Ethnien wurden nicht genannt.

Das hellenistische Städtewesen

Schon Alexander hatte damit begonnen, Griechenstädte auf dem ehemaligen Territorium des Perserreiches zu errichten. Sie dienten zunächst der Versorgung der Verwundeten und der Veteranen. Als Schöpfungen der Sieger galten sie als Träger eines neuen, offenkundig überlegenen und daher für viele Orientalen

25: Hellenistische Städtegründungen. Die Karte zeigt eine Auswahl von rund 100 Städtegründungen, die größtenteils auf die seleukidischen Herrscher zurückgehen. Periphere Gründungen wie Kandahar und Chodschent (durch Alexander) blieben die Ausnahme.

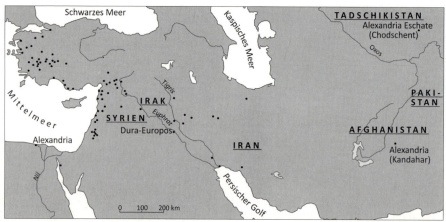

zumal aus der Oberschicht attraktiven Modells. In den neuen Städten wurde Griechisch gesprochen, die Einheimischen hatten sich daran anzupassen, wenn sie mit den Griechen und Makedonen Geschäfte machen wollten. Griechische Lebensart und Kultur hielt nun Einzug bis nach Pakistan. Alexander mag rund 20 Städte gegründet haben, doch viel aktiver noch waren die Seleukiden. Die Karte zeigt solche Gründungen in Karien, Syrien und dem Iran (**Abb.** 25); an der Peripherie des Alexanderreiches hat es nur wenige Kolonien gegeben, die aber noch heute existieren, Alexandria Eschate (am Syr-Darja bei Chodschent) in Tadschikistan oder Kandahar (=Alexandria Arachosia, auch Alexandropolis) in Afghanistan.

<small>Hellenistische Städte</small>

Die Städte waren die Träger eines kulturellen Prozesses, der die Epoche des Hellenismus prägte. Hellenisierung meint, dass Gebiete, in denen orientalische Sprachen und Kulturen vorherrschten, mit kulturellen Errungenschaften der Griechen bekannt gemacht wurden. Eine Art kultureller Globalisierung ist festzustellen, die Alexander initiiert hat, deren Reichweite er aber gewiss nicht abschätzen konnte. Medium waren die griechische Sprache, die sich nun auch im Inneren des Orients ausbreitete, und die städtische Zivilisation mit ihren Merkmalen: Versammlungsplätze (Agorai), Tempel und Gymnasien. Die Horizonterweiterung wirkte sich aber auch auf die Griechen aus. Ganz anders als in der kleinen, vergleichsweise homogenen Pólis konnte und musste man sich nun mit einer viel größeren, vielgestaltigeren Welt auseinandersetzen. Das hatte Auswirkungen in allen kulturellen Bereichen: Religion, Philosophie, Literatur und Kunst.

<small>Hellenisierung als Globalisierung</small>

Zur Globalisierung gehörte auch, dass viel mehr Wissen über andere Länder, Religionen und Lebensformen kursierte. Viele Menschen waren unterwegs, nicht nur Händler, sondern auch Söldner und andere ‚Experten' sowie Wanderprediger. In der Bildenden Kunst wurde nun auch der innerlich bewegte, sogar leidende Mensch dargestellt. Die wichtigste literarische Innovation des Hellenismus war der Liebesroman: Regelmäßig wurde ein sehr junges Liebespaar auseinandergerissen und musste zahlreiche Gefahren und Versuchungen überstehen, bis es zu einem Happy End wieder zusammenfand. Darin offenbarte sich sowohl ein neues Bild der Beziehung zwischen Mann und Frau als auch ein Bewusstsein der Ausgesetztheit. Rasche, dramatische Umschwünge, die Könige erhöhten oder in den Abgrund rissen, dominierten auch das Lebensgefühl der Normalbürger.

<small>Innovationen</small>

Die wissenschaftliche Debatte um „Hellenisierung" oder – wie man heute eher sagt – „Akkulturation" hat selbstverständlich zu

Akkulturation berücksichtigen, welche Phänomene und Veränderungen sichtbare Spuren hinterlassen haben und welche nicht. Inschriften, Skulpturen oder Architektur waren nicht nur gut sichtbar, sie haben teilweise auch die Zeiten überdauert. Von der Beständigkeit oder dem Wandel etwa der Alltagsreligion auf beiden Seiten – in den griechischen Regionen wie in den orientalischen – haben wir mangels greifbarer Befunde viel weniger Kenntnis. Es gab Staaten und Herrscher, die durch Hellenisierung geprägt waren. Asoka, König im westlichen Indien, hat ein straff organisiertes Königtum geführt und auch Inschriften in Fremdsprachen wie dem Aramäischen oder Griechischen anbringen lassen. Eine Inschrift erläutert die vegetarische Lebensweise der buddhistischen Inder und ihre positiven Folgen (HGIÜ 321: 268/33 v.Chr). Asoka will diese *Indo-Baktrische* Dinge den Griechen vermitteln – die er offenbar für interessiert *Reiche* hält. Später haben es Griechen umgekehrt geschafft, auf indischem Territorium Königreiche zu gründen, die sich bis ins frühe 1. Jahrhundert v.Chr. halten konnten (Indo-Baktrische Reiche). Dort herrschte religiöse Toleranz, das heißt griechische und buddhistische Religion bestanden nebeneinander. Im Gandhara-Gebiet gab es später (in der römischen Kaiserzeit) Kunstformen, die verschiedene Elemente der griechischen und indischen Kunst vereinigten.

Das Ptolemäerreich als Beispiel für ein hellenistisches Großreich

Für die hellenistischen Großreiche soll das Ptolemäerreich als Beispiel dienen (zum Makedonen- und Seleukidenreich siehe Kap. 3.2.). Gegründet und in den Diadochenkriegen behauptet wurde es von einem General Alexanders, Ptolemaios. Im Verlauf *Ptolemäerreich* des 3. Jahrhunderts v.Chr. gelang es sogar, das ägyptische Reich *und syrische* nach Nordosten auszudehnen. In den Syrischen Kriegen wurden *Kriege* den Seleukiden Besitzungen in Palästina und dem südlichen Syrien streitig gemacht. Ein Ptolemäer soll sogar bis nach Babylon vorgerückt sein. Stützpunkte in der Ägäis wurden angelegt, auch Zypern wurde ptolemäisch – vermutlich aus Handelsinteressen. Umgekehrt wurde im 2. Jahrhundert v.Chr. das Ptolemäerreich von den Seleukiden bedroht, die 168 v.Chr. bereits auf der Sinai-Halbinsel standen. Auf die denkwürdige Situation, die als der „Tag von Eleusis" in die Geschichte einging, wird bei der Behandlung der römischen Expansion in den Osten des Mittelmeerraums näher einzugehen sein (s. S. 107).

Ägypten war im wesentlichen Unterägypten, vor allem das Gebiet des Nildeltas, wo der Anteil griechischer Bevölkerung örtlich nicht unerheblich war. Schon in der archaischen Zeit hatte es in Naukratis einen griechischen Handelsstützpunkt gegeben; der Hafen war aber in klassischer Zeit versandet, nun spielten Kanopos oder Herakleion eine größere Rolle. Funde der Unterwasserarchäologie haben dies bestätigt.

> **Unterwasserarchäologie**: Ertauchen von antiken Überresten mit dem Ziel der Dokumentation (z.B. versunkener Städte oder Bauten) und ggf. Bergung (z.B. von Schiffen oder ihrer Ladung). Der Gewinn der Methode liegt darin, dass sich Naturstoffe wie Holz oder Textilien unter Wasser länger erhalten, so dass auch Überreste antiker Kultur aufgefunden werden können, die an Land oder unter der Erde längst verrottet wären. Unterwasserarchäologen untersuchen aber auch Siedlungen, die durch Veränderungen von Küstenlinien seit der Antike unter Wasser gekommen sind. Spektakuläre, aber auch sehr umstrittene Befunde fanden sich in Teilen Alexandrias.

Eine große Bevölkerungsdichte gab es auch in der Fayum-Region, in der man noch heute im trockenen Sand antike Papyri findet – auf den Müllhalden der Vergangenheit. Papyrus war der gängigste Beschreibstoff der Antike.

Alexander selbst hatte eine Stadt westlich des Nildeltas gegründet, Alexandria in Ägypten (**Abb. 26**). Die von Ägyptern, Griechen, Makedonen, Afrikanern und Juden bewohnte Stadt wurde zum Sitz des Königs. Am Hafen stand sein Palast, daran angeschlossen war seit Ptolemaios I. die berühmte Bibliothek im Museion. Der Grundriss der Stadt geht auf den Architekten Deinokrates zurück. Sie war durch einen Damm mit der vorgelagerten Insel Pharos verbunden, auf der dann der berühmte Leuchtturm stand, eines der sieben Weltwunder. Östlich vom Damm befand sich der größere Teil des Seehafens, der durch die künstlich geschaffene Halbinsel vor Seeräuberattacken geschützt war, denn man konnte die Hafeneinfahrt schnell mit einer Kette sperren. Die damalige Küste liegt heute zu einem guten Teil unter Wasser; da Alexandria auch von der Südseite an Wasser grenzt – nämlich den Maeotis-See – , war es ideal für den Warenaustausch mit dem Landesinneren, der alternativ auch über den Nilarm gehen konnte, der zum nun bedeutungslosen Naukratis führte.

Alexandria

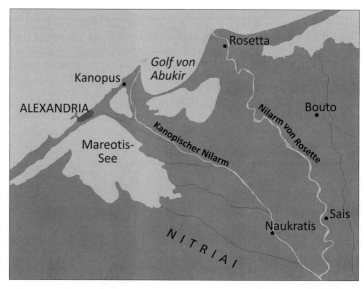

26: Das westliche Nildelta mit Alexandria. Die Karte zeigt eine geschichtsträchtige Region: In Naukratis gab es seit archaischer Zeit ein griechisches Emporion. In Rosetta wird man zu Zeiten Napoleons eine hellenistische Inschrift finden, die zur Entzifferung der ägyptischen Hieroglyphen führt. In der Spätantike leben in der Nitriai-Wüste Asketen.

Bibliothek von Alexandria

Die Bewahrung griechischer Kultur war das Anliegen der Bibliothek von Alexandria, die gegründet wurde, um die besondere Verbundenheit mit der griechischen Kultur zu bekunden – in einem Land, in dem es weder eine griechisch-makedonische Mehrheitsbevölkerung noch griechische Städte gab. Sie gehörte zum Museion, dem „Forschungszentrum" der Ptolemäer. Hier wurden wohl zum ersten Mal in der griechischen Antike Wissenschaftler und Dichter quasi institutionell gefördert. An die 500.000 oder sogar 700.000 Papyrusrollen sollen vorhanden gewesen sein. Diese hatten nicht den Umfang heutiger Bücher, doch gilt als Faustregel, dass ein Buch im römischen Sinn (lat. *liber*) auf eine Rolle passte. Die 24 Gesänge der "Ilias" Homērs hätten also 24 Papyrusrollen benötigt. Die Bibliothekare pflegten die Bestände und bemühten sich ständig um Ergänzung. Sie versuchten, eine Art Nationalbibliothek der Griechen aufzubauen, also von allen griechischen Büchern die besten Ausgaben zu besitzen oder herzustellen. Hier entstanden die ersten kritischen Ausgaben der Epen Homērs und bemühte man sich um den Text der „kanonischen", das heißt als vorbildlich betrachteten anderen griechischen Schriftsteller. Die Tradition und das Wissen nichtgriechischer Kulturen wurden hier ebenfalls gepflegt; so schrieb ein hellenisierter Ägypter, Manetho, die Geschichte des pharaonischen Ägypten in griechischer Sprache. Auf ihn geht die Einteilung der altägyptischen Geschichte in 30 Dynastien zurück. Für die vielen in Alexandria lebenden Juden, die das Hebräische der religiösen Bücher – in jüdischer Redeweise die Torah, in christlicher das Alte Testament – nicht mehr lesen konnten, wurde eine griechische Übersetzung angefertigt, die sogenannte Septuaginta. Zu den Bibliothekaren zählen berühmte Gelehrte wie

- Kallimachos (270–260 v.Chr.), Dichter und Begründer des 120-bändigen Bibliothekskataloges.
- Apollonios Rhodios (260–245 v.Chr.), Verfasser eines Epos über die Argonauten.
- Eratosthenes (245–204 v.Chr.), Mathematiker und Geograph.

Die Bibliothek selbst ging im alexandrinischen Krieg (48 v.Chr.) in Flammen auf.

Die Herausbildung der hellenistischen Staatenwelt

Die Ordnung der östlichen Mittelmeerwelt nach dem Ende der Diadochenkriege war eine vorläufige, die Herrscherhäuser standen in einem eher gespannten Verhältnis. Die unüberschaubare Größe und Heterogenität des seleukidischen Territoriums führte dazu, dass dieses als erstes Gebietsverluste zu erleiden hatte. In der Mitte des 3. Jahrhunderts v.Chr. wurde das Partherreich begründet, das südöstlich des Kaspischen Meeres gelegen war. Im 2. Jahrhundert v.Chr. gab es zeitweise gleich mehrere indo-baktrische Königreiche auf dem Boden des heutigen Afghanistan und Pakistan. Etliche griechische Städte am Schwarzen Meer machten sich wieder selbständig. In Pergamon begründete Attalos um 240 v.Chr. ein Reich, das bald zu den mittleren Mächten zählte (**Abb. 27**). Ebenso war Rhodos mit dem ehemaligen Nesiotenbund (von Inseln rund um Delos) eine mittlere Macht, die in der südlichen Ägäis von Bedeutung war.

Alte und neue Königreiche

Die griechischen Städte des Festlandes waren nunmehr teilweise in Bundesstaaten organisiert, da die Einzelpólis dem Machtpotential der großen Reiche hoffnungslos unterlegen war. Der Böotische Bund hatte diese Organisationsform begründet, auch die

27: Modell der Akropolis von Pergamon. Berlin, Pergamonmuseum

Umwandlung des ätolischen Stammesstaates in einen Bundesstaat war schon im 5. Jahrhundert v.Chr. erfolgt. Im Hellenismus gewannen föderal organisierte Staaten großen Einfluss; neben dem eben erwähnten Nesiotenbund noch der Achäische Bund auf der nördlichen Peloponnes und der Ätolische Bund, dessen Gebiet bis nach Thessalien und Phokis reichte. Im Südwesten Kleinasiens gab es einen Lykischen Bund. An dieser Stelle soll nun noch kurz der Achäische Bund exemplarisch vorgestellt werden.

Die Anfänge des Bundes auf der nördlichen Peloponnes gehen in die spätarchaische Zeit zurück. 281/280 v.Chr. wurde der Bund wiederbegründet. Er stand zunächst in Konkurrenz zu Sparta, das später (nach 199 v.Chr.) jedoch beitrat. Wichtige Politiker des Bundes waren Arat und später Philopoimen, über die Polybios ausführlich berichtet. Vormacht war zunächst Patrai, dann Sikyon, beide am korinthischen Golf gelegen. Aigion war der Sitz der Bundesversammlung, in der man über die gemeinsame Interessen beriet sowie über Krieg und Frieden entschied. Das Bundesheer wurde zu einem der stärksten des 2. Jahrhunderts v.Chr., zumal die Achaier mit den Römern verbündet waren, bis sie 146 v.Chr. der Provinz Macedonia einverleibt wurden.

Der Achäische Bund

Die vorgestellten Bünde (*Koina*) sind oft allein in ihrer Bedeutung als expansive Mächte dargestellt worden. Man sollte darüber nicht vergessen, dass diese Bünde mehr als militärische Vereinigung, mehr als Symmachien waren. Es ging auch um gemeinsame Innenpolitik. Insofern stellten die Bundesstaaten Griechen-

Föderale Bundesstaaten

lands föderale Gebilde dar, deren Mitgliedsstaaten zumindest theoretisch gleichberechtigt waren. Die Entsendung von Vertretern zu gemeinsamen Sitzungen mit festgelegter Ordnung macht die griechischen Bundesstaaten zu Vorläufern der föderalen Gebilde der frühen Neuzeit – beginnend mit den Vereinigten Staaten von Amerika, einem Zusammenschluss von zunächst 13 Staaten. Innovativ waren die doppelte Zugehörigkeit sowohl zur Einzelpolis wie zum Bund und die Aufgabenteilung zwischen lokaler Ebene (innere Angelegenheiten, Gerichtsbarkeit) und Bundesorganisation.

Die Geschichte Makedoniens ist oben bis in die Zeit Alexanders berichtet worden. Nach den Diadochenkriegen und etlichen inneren Wirren gelangte Antigonos II. Gonatas (277–239 v.Chr.) an die Herrschaft. Er konsolidierte die makedonische Herrschaft über Hellas durch Aufrechterhaltung der Garnisonen in Korinth, Chalkis (auf Euböa) und Demetrias (in Thessalien) – Häfen von großer geopolitischer Bedeutung sowohl im Hinblick auf Handel als auch auf ihre strategische Lage an Meer- und Landengen. Die Makedonen beherrschten Griechenland aber nicht nur, sie hatten es auch zu verteidigen, etwa gegen keltische Gruppen, die aus Mitteleuropa auf den Balkan vordrangen. 279 v.Chr. plünderten keltische Stämme Delphi, 278 v.Chr. bedrohten sie Thrakien, konnten aber von Antigonos und dem mit ihm verbündeten Seleukiden Antiochos I. vertrieben werden.

Makedonien 277 v.Chr. ff.

> **Kelten**: Mitteleuropäische Völker, die zunächst in der Zeit der Hallstatt-Kultur (ca. 1200-500 v.Chr.) in Belgien, dem Osten Frankreichs, in Süddeutschland und im Alpenraum lebten; keltische Stämme drangen dann nach Gallien, Britannien, Spanien, Italien und auf den Balkan vor (La-Tène-Zeit, ca. 500 v.Chr. bis zu Caesar). Eine Gruppe unter der Bezeichnung Galater konnte bis nach Zentralanatolien vordringen und dort einen eigenen Staat gründen, der später als Galatia römische Provinz wurde.

Die innergriechische Politik des Antigonos verlief wechselhaft, das zunächst unterworfene Athen konnte sich mithilfe der Ptolemäer befreien. Der Ätoler- und der Achäerbund versuchten nach dem Tode des Antigonos, den Einfluss der Makedonen in Mittelgriechenland einzuschränken und das auch mit Erfolg. Erst Philipp V. konnte eine neue machtvolle makedonische Politik entwickeln. Nach dem Sieg über etliche griechische Staaten versuchte er, Teile Illyriens zu erobern, das bereits römisches Ein-

Philipp V. von Makedonien 221-179 v.Chr.

flussgebiet war. Da Hannibal gerade in Italien eingefallen war, verbündete sich Philipp V. mit den Karthagern; auf diese Weise gelangte der Balkanraum über die illyrische Gegenküste Italiens hinaus ins Blickfeld der Römer und wurde zu einem Sicherheitsproblem. Philipp V. versuchte, sein Herrschaftsgebiet in Griechenland zu vergrößern, die Römer hielten mit Unterstützung der Ätoler und Pergamener dagegen.

1.Makedonischer Krieg 215–205 v.Chr.

Die weiteren Makedonischen Kriege werden im Zusammenhang mit der römischen Expansion behandelt (Kap. 3.2.). Die feindliche Haltung etlicher hellenistischer Mächte wie Ägypten und Pergamon sowie etlicher griechischer Mittelstaaten gegenüber dem makedonischen Hegemonialanspruch führte dann letztendlich (168 v.Chr.) dazu, dass der Staat Makedonien aufgeteilt wurde, was die griechischen Verbündeten Roms schon länger gefordert hatten. 146 v.Chr. wurde Makedonien römische Provinz. Es war das erste hellenistische Großreich, das unterging.

Athen und andere kulturelle Zentren

Athen im Hellenismus

Athen gilt als Ursprung der Demokratie, und in der Geschichtswissenschaft steht die klassische Zeit, die Zeit ihrer Vollendung, deshalb im Mittelpunkt des Interesses. Doch auch im Hellenismus ist Athen kulturell bedeutend geblieben, obwohl es oft Spielball fremder Mächte war. Im Lamischen Krieg 323/322 v.Chr. hatten die Athener nach dem Tode Alexanders vergeblich versucht, die makedonische Fremdherrschaft abzuschütteln. Bis 229 v.Chr. stand Athen unter makedonischer Kontrolle. Nach einer Phase gemäßigter oligarchischer Herrschaft blieb die innere Ordnung Athens im Wesentlichen demokratisch geprägt. Um 200 v.Chr. näherte sich Athen den Römern an und profitierte wie die anderen griechischen Staaten von der Freiheitserklärung des Jahres 196 v.Chr.

Philosophenschulen und Gymnasia

Verschiedene Philosophenschulen stritten um die Gunst von Anhängern. Die Akademie hatte schon Platon begründet. Sie bestand bis in die Zeit des Kaisers Justinian, der 529 n.Chr. dieses Bollwerk paganen Denkens auslöschte. Aristoteles, zunächst Mitglied der Akademie, gründete später eine eigene Schule, den Peripatos. Die weiteren bedeutenden Philosophenschulen waren die Stoá und die Schule Epikurs im sogenannten kēpos (Garten). Die große Bedeutung rhetorischer Fähigkeiten war im Zusammenhang mit der attischen Volksversammlung und insbesondere der

Demagogie schon erwähnt worden. Aus hellenistischer Zeit sind zwar weniger Reden erhalten, aber die rhetorische Ausbildung wurde weiter gepflegt – jetzt auch im Gymnasion, das neben der sportlichen Betätigung nun auch die Funktion einer Schule übernahm, wobei natürlich nicht an ein staatliches Schulwesen zu denken ist. In Athen wandelte sich die Ephebie von einer Art Wehrdienst zu einer stärker musisch orientierten Ausbildung und lockte auch Sprösslinge der Oberschichten anderer Länder an, darunter viele Römer.

Die vielen inschriftlich erhaltenen Volksbeschlüsse gehen auf Anträge zurück, die der politisch Tätige vor der Versammlung seiner Heimatgemeinde einbrachte. Auch wenn es nicht mehr große und weitreichende Themen waren – der hellenistische Herrscher regelte die Außenpolitik –, so waren doch viele Póleis in der Stadtverwaltung autonom. Allerdings spielte jetzt die wohlhabende Oberschicht gegenüber dem breiten Volk eine deutlich größere Rolle; ihre Vertreter finanzierten mit ihrem Vermögen als sogenannte Wohltäter (Euergeten) viele Aufgaben, die wir heute als öffentliche bezeichnen würden (Infrastruktur, kultische und sportliche Feste, Versorgung mit Lebensmitteln), und sie vertraten auch in Gesandtschaften die Interessen ihrer Polis vor den Mächtigen. *Hellenistische Stadtverwaltung; Euergetismus*

Neben Athen entstanden im Hellenismus neue kulturelle Zentren. Pergamon, ein hellenistisches Königreich mittlerer Größe, hatte ca. 241–230 v.Chr. mehrere Erfolge gegen die Kelten zu verzeichnen. Attalos I. verhinderte zunächst das Vordringen der Kelten nach Kleinasien. Auf der Burg erinnerten Kelten-Statuen an den Sieg Pergamons, darunter der „Sterbende Gallier" und die Statuengruppe eines Galliers, der sich und seine Frau tötet. In der hellenistischen Kunst entwickelte sich allmählich eine pergamenische Stilrichtung, die beispielsweise auch im Pergamon-Altar (2. Jahrhundert v.Chr.) sichtbar ist, dessen Friese mythologische Motive enthalten (Gigantomachie und Telephos-Zyklus). *Pergamon*

Die Griechen waren immer wieder in unbekannte Räume an der Peripherie des Mittelmeeres und des Schwarzen Meeres vorgestoßen, Alexander hatte dann den mittelasiatischen Raum den Griechen bekannt gemacht. Es wurde nötig, diese neuen Räume zu erschließen, jedenfalls ihre Lage so zu dokumentieren, dass sie jederzeit wiederaufgefunden werden konnten. Inwiefern die Griechen zweidimensionale Karten verwendeten, ist bis heute unklar. Häufig genutzt wurden hingegen Routenbeschreibungen: *Geographie und Kartographie*

> **Periplous**: Beschreibung einer Seefahrtsroute durch markante Punkte an den Küsten, Häfen und deren Entfernung. Analog gab es auch Wegbeschreibungen zu Lande (Itinerare).

Wer sich mit der Seefahrt oder auch der Geographie überhaupt näher befasst hatte, gewann zumindest im Kopf eine Vorstellung vom Aussehen der Welt. Wie sich Herodot aus Halikarnass oder rund 100 Jahre später Pytheas aus Marseille die Welt vorgestellt haben, wurde oben schon behandelt (Kap. 1.1.). Doch neben der auf praktische Erfahrungen – beispielsweise dem Alexanderzug – fußenden Schriftstellerei entwickelte sich auch die antiquarische Sammelfreude, die Lust, Wissen aus der alten Zeit zusammenzustellen. Die Gelehrten in Alexandria stellten nicht nur einen Katalog ihrer Bestände an Buchrollen auf, sie sammelten regelrecht Wissen in Listen. Das konnte sogar zu einer literarischen Form werden; gewöhnlich stellte man die Dinge aber in Prosa zusammen. Aus dem Hellenismus stammt beispielsweise die Kanonisierung der Weltwunder, die in lateinischer Form bei Hygin, *Fabulae* 223, überliefert ist (leicht gekürzt):

Die Sieben Weltwunder

1 Ephesi **Dianae templum** (...)	In Ephesos der Tempel der Diana (...)
2 monimentum regis **Mausoli** (...)	Das Grabmal des Königs Mausolos (...)
3 **Rhodi** signum Solis aeneum, id est colossus altus pedibus XC.	Auf Rhodos die Bronzestatue des Sonnengottes, d.h. ein Koloss von 90 Fuß.
4 signum **Iovis** Olympii, (...)	Die Statue des olympischen Zeus (...)
5 domus **Cyri** regis in Ecbatanis	Der Palast des Kyros in Ekbatana
6 murus in **Babylonia**, quem fecit Semiramis Dercetis filia (...)	Die Mauer in Babylon, welche Semiramis die Tochter des Dercetes schuf (hängende Gärten)
7 pyramides in **Aegypto** (...)	Die Pyramiden in Ägypten (...)

Nur eines der Weltwunder befand sich in Zentralgriechenland: die Zeusstatue von Olympia. Die anderen lagen überwiegend im Ägäis-Raum (Ephesos und Halikarnass: Maussoleion) und im Vorderen Orient. Der Kanon muss entstanden sein, als der Koloss von Rhodos, der rund 27 Meter hoch war, noch existierte – das gilt für die enge Zeitspanne von 290/280 bis 227/226 v.Chr. Später zählte man dann stattdessen den Leuchtturm von Alexandria zu den Sieben Weltwundern. Wer solche Listen zusammenstellt, der prägt ein bestimmtes Bild, wenn man so will einen Kanon. Die Neuarrangierung von Wissensbeständen kann, so sie denn auf Zustimmung trifft, die Erinnerung eine lange Zeit prägen. Wer die Zusammenstellung von Sieben Weltwundern – um bei diesem Beispiel zu bleiben – für plausibel hält, macht sich keine Gedanken über andere. Die Bibliothek von Alexandria hat durch die Aufbereitung von Wissen verschiedenster Fachrichtungen somit eine Rolle gespielt, die über die reine Aufbewahrung von Büchern weit hinausgeht.

Der Zerfall der hellenistischen Staatenwelt

Der weitere Zerfall der hellenistischen Staatenwelt erwuchs aus der Machtprojektion der Römer, die jede als potentiell gefährlich eingestufte Macht zerschlugen. Dynamisierend wirkten auch die Mittelmächte, die sich an die Römer anlehnten, weil sie in ihnen einen Schutz gegen die Großmächte sahen. Die Seleukiden und Ptolemäer schließlich setzten ihre Kämpfe um Territorien und Einfluss fort, ohne die neuen Realitäten ausreichend zur Kenntnis zu nehmen. Rom wurde immer mehr in die Schiedsrichterrolle gedrängt – gut sichtbar an dem berühmten Ultimatum am „Tag von Eleúsis" (168 v.Chr.), nachdem Antiochos IV. (175-164 v.Chr.) Teile Ägyptens besetzt hatte. Der römische Gesandte C. Popillius Laenas zog – ohne ein präsentes Heer im Rücken zu haben! – einen Kreis um Antiochos und drohte mit Krieg, wenn der König nicht vor Verlassen des Kreises den Rückzug aus Ägypten zusage. Damit beendete Rom den sechsten und letzten Syrischen Krieg.

Roms mangelnde Erfahrung im Management weit entfernter Territorien führte dann auch dazu, dass die Gewaltbereitschaft stieg. Nach der Auseinandersetzung mit dem Achäischen Bund wurde Korinth zerstört (146 v.Chr.). Das Partherreich dezimierte derweil das Seleukidenreich. 133 v.Chr. „erbte" Rom das Königreich Pergamon. Das Ende des seleukidischen (64 v.Chr.) und ptolemäischen Reichs (30 v.Chr.) wird bei der Darstellung der römischen Geschichte kurz aufgegriffen (s.u. S. 146 und 152). Die Epoche der hellenistischen Großreiche ging damit zu Ende; bis ins 1. Jahrhundert n.Chr. verloren auch die letzten griechischen Territorien ihre Unabhängigkeit. Griechische Sprache und Kultur blieben aber noch viel länger erhalten.

Literatur

- *Reiseführer zu den Sieben Weltwundern. Philon von Byzanz u.a. antike Texte*, hg. von Kai Brodersen, Frankfurt 1992 (zweisprachige Sammlung der antiken Quellen zum Thema).
- Droysen, Johann Gustav, *Geschichte des Hellenismus*, hg. von Erich Bayer. Eingeleitet von Hans-Joachim Gehrke, 3 Bde., Darmstadt 1998 (Neuausgabe des Klassikers von 1833-1843; 2. Aufl. 1877/1878).
- Ekschmitt, Werner, *Die Sieben Weltwunder. Ihre Erbauung, Zerstörung und Wiederentdeckung*, 5. Aufl., Mainz 1984 (Bildband).
- Gehrke, Hans-Joachim, *Geschichte des Hellenismus* (Oldenbourg Grundriss 1A), 4., durchges. Aufl. München 2008 (vermittelt am besten den Stand der Forschung).
- Goddio, Franck/Clauss, Manfred, *Ägyptens versunkene Schätze* (Ausstellung 2006 im Martin-Gropius-Bau), München u.a. 2006 (Katalog, der die jüngsten Ergebnisse der Unterwasserarchäologie vor Alexandria und Heraklion dokumentiert).
- Habicht, Christian, *Athen. Geschichte der Stadt in hellenistischer Zeit*, München 1995.
- *Lexikon des Hellenismus*, hg. von Hatto H. Schmitt/Ernst Vogt, Wiesbaden 2005 (guter lexikalischer Einstieg in die Welt des Hellenismus mit Dachartikeln über Ptolemäer und Seleukiden; bebildert und mit weiterführender Literatur).
- *Kulturgeschichte des Hellenismus*, hg. von Gregor Weber, Stuttgart 2007 (nützliche Detailstudien zu Polis, Staatsformen, Religion und Kultur).
- Lane Fox, Robin, *Alexander der Grosse : Eroberer der Welt*, Neuausgabe Stuttgart 2005 (gut lesbare Biographie mit reichen Quellenbelegen).
- Radt, Wolfgang, *Pergamon*, Darmstadt 1999 (bebilderte Darstellung des Ausgräbers).
- Vössing, Konrad, *Bibliothek II B.*, in: DNP 2 (1996) Sp. 640-647.
- Wiemer, Hans-Ulrich, *Alexander der Große*, München 2005 (Studienbuch auf dem neuesten Stand der Forschung).

Römische Geschichte 3

Römische Geschichte ist die Geschichte des Weltreichs, das aus der Stadt Rom in Latium hervorgegangen ist. Rom beschritt bereits in der „italischen Phase" seiner Geschichte, die bis ins frühe 3. Jahrhundert v.Chr. reichte, den Weg der erfolgreichen Expansion. Um diesen Weg zu verstehen, müssen die Voraussetzungen, die Italien durch seine geschichtlich gewachsene ethnische und politische Struktur bot, in den Blick genommen werden. In der Antike verstand man unter *Italia* nur das Festland südlich des Po, nicht die Insel Sizilien. Für die Erhellung der frühen Geschichte Italiens spielt die Interpretation archäologischer Befunde eine große Rolle, die römische Literatur begann erst um das Jahr 300 v.Chr. – von wenigen frühen Zeugnissen inschriftlicher Art abgesehen. Etwas aufgehellt werden die Erkenntnismöglichkeiten aber durch einen fundamentalen Umstand: Bereits seit dem 8. Jahrhundert v.Chr. siedelten Griechen in Italien. Auch die Etrusker waren in vielen Belangen hellenisiert. Generell muss man sich das frühe Italien als einen sehr lebendigen Tauschplatz von Gütern, Menschen und Ordnungen vorstellen, zugleich aber auch als eine Kampfstätte um Land, Beute und Handelsregionen. Sehr früh kam es deshalb zu politischen Formierungen, an denen auch die Römer teilhatten.

Italien in der Antike

Die Vorgeschichte Roms und die Anfänge der Römischen Geschichte möchte ich in einem Unterkapitel (3.1) zusammen behandeln, da mir die Abgrenzung einer „Königszeit" Roms wenig zielführend erscheint. Die Überlieferungslage für das 6. und das 5. Jahrhundert v.Chr. unterscheidet sich nicht sonderlich, über die Anfänge der Republik im 5. Jahrhundert sind wir auch nicht viel besser orientiert als über die im Dunkel der Geschichte liegenden Könige. Bei der Untersuchung der mittleren und späten Republik (3.2) stehen wir auf besser gesichertem Boden. Die Verfassung hat sich als Gliederungsschema für die römische Geschichte bewährt, weshalb die Zeit des Prinzipats, die römische Kaiserzeit, separat behandelt wird (3.3). Das Kapitel 3.4 thematisiert die religiösen und kulturellen Umstände unter dem Titel „Kulturen der Kaiserzeit – Antike und Christentum". Von einem spätrömischen Reich zu sprechen scheint mir angesichts der doch ganz anderen Strukturen wenig sinnvoll, die Spätantike wird deshalb in Kapitel 4 separat abgehandelt.

Gliederung der römischen Geschichte

3.1. Das Alte Italien und das frühe Rom

um 700 v.Chr.
Pithekoussai

Das Alte Italien bestand als Kulturlandschaft schon 3000 Jahre, als die Griechen in Unteritalien Stützpunkte und Tauschplätze, später regelrechte Kolonien (gr.: Apoikien) gründeten, wofür Pithekoussai, die heutige Insel Ischia, das früheste Beispiel ist. Bemerkenswerter Weise stammen nach heutigem Kenntnisstand die frühesten Zeugnisse griechischer Schriftlichkeit im 8. Jahrhundert v.Chr. aus Italien. Die ethnischen Verhältnisse im Alten Italien sind uns grob durch die Sprachverteilung späterer Zeiten rekonstruierbar. Das Etruskische, eine bis heute nicht enträtselte Sprache, wurde in der Toskana gesprochen, dem Kerngebiet der etruskischen Zivilisation. Später dehnte dies sich nach Osten und Süden aus. Schwer zu erkennen ist, ob diese Ausdehnung mit echter Migration einherging oder ob sich Eliten anderer Ethnien an der etruskischen Kultur orientierten.

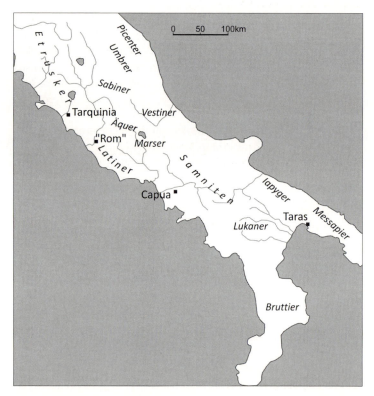

28: Italiens Völker in der Eisenzeit

Offenbar haben auch einzelne Etrusker außerhalb ihres Kerngebietes politische Herrschaften errungen. Charakter und Stärke möglicher politischer Zusammenschlüsse (Städtebünde) sind ebenfalls strittig.

Die größten Teile Italiens wurden von Italikern bewohnt, deren Dialekte zu den indoeuropäischen Sprachen zählen. Die kleinste Sprachgruppe, das Latino-Faliskische, dominierte später, da es die Sprache der Latiner und Römer war. (**Abb.** 28) Größere Flächen Italiens besiedelten Völker mit umbro-sabellischem Dialekt, der in zwei Ausprägungen vorliegt: dem Umbrosabinischen und dem Oskischen. Zu den Umbrosabinern zählen die Umbrer, Sabiner, Aequer, Marser und Volsker. Oskisch ist die Sprache der Samniten. Diese italischen Dialekte sind uns durch Inschriften bekannt.

<small>Sprachliche Verhältnisse im Alten Italien</small>

Uns interessiert vor allem der Raum des späteren Rom. Rom am Tiber lag an der Grenze zwischen Etrurien und Latium. In Latium gab es uralte Heiligtümer, die auf Flüchtlinge aus Troja zurückgeführt wurden. Dazu zählen Orte wie Lavinium oder Alba Longa. Die Kultur Latiums (10.-7. Jhd. v.Chr.), die sich mit prähistorischen Methoden untersuchen lässt, ist in vier Phasen zu unterscheiden, bevor wir in historische Zeiten kommen, die auch schriftliche (griechische) Quellen kennen. Im selben Zeitraum treten in Etrurien die „Villanova"-Kultur und danach die orientalisierende Epoche auf.

<small>Geographische Verhältnisse in Latium</small>

	Italien	Etrurien	Latium und Rom
10. Jhd. v.Chr.	Ende Bronzezeit	Protovillanova	Latium I
9. Jhd. v.Chr.	Eisenzeit	Villanova I	Latium II A (900-830 v. Chr.) Latium II B (830 v.Chr.-)
8. Jhd. v.Chr.	Griechische Kolonisation (ab ca. 700 v. Chr.)	Villanova II	Latium II B (-770 v.Chr.) Latium III (770-720 v. Chr.)
7. Jhd. bis 2. Hälfte des 6. Jhds. v.Chr.	Etrusker in Rom?	Orientalisierende Zeit	Latium IV A / B (720-630-580 v.Chr.)

Über die konkreten Herrschers Latiums in der frühen Zeit, ein etwaiges Königtum von Alba Longa beispielsweise, kann man keine Aussagen mehr treffen. Alle Versuche dieser Art müssen zwangsläufig scheitern, denn literarisch überlieferte Mythen lassen sich nicht allein durch die Existenz zeitgleicher archäologischer Funde als historisch erweisen.

Die Etrusker

Die Etrusker, die nicht zur indoeuropäischen Sprachgruppe zählen, lassen sich hingegen etwas genauer beschreiben. Sie siedelten in der heutigen Toskana. Von ihren Städten sind vor allem die Friedhöfe erhalten, sie haben die Gestalt von Totenstädten, das heißt Grabhügel und Grabbauten wurden offenbar auch häufig besucht. Die bemalten Grabkammern enthalten neben Sarkophagen oder Urnen einer Familie auch Beigaben, die dem Weiterleben des Verstorbenen im Jenseits dienen sollten. Sie geben uns Einblick in die luxuriöse Lebensweise der Oberschicht. Die

Etruskische Kultur als Ergebnis einer Ethnogenese

etruskische Kultur ist Produkt einer Ethnogenese. Italiker und Einwanderer – vielleicht aus Kleinasien – verbanden sich zu einem neuen Volk.

> **Ethnogenese**: Prozess der Herausbildung eines homogenen Volkes aus Gruppen verschiedener Herkunft; individuelle Merkmale der ursprünglichen Gruppen treten zurück, das neue Volk ist gekennzeichnet durch gemeinsame Sprache und Kulte.

Früheste Siedlungsspuren auf dem Gebiet des späteren Rom

Das Gebiet der späteren Stadt Rom war in der frühen Eisenzeit nur punktuell besiedelt. Die Niederung, Ort des späteren Forum Romanum, war sumpfig, deshalb lebten die Menschen auf den umliegenden Hügeln. Von einer Stadt ist in keiner Weise zu reden, die einfachen Hütten bildeten allenfalls ein Dorf oder einen Weiler. Der Palatin bot immerhin ein Plateau von etwa 4 Hektar Größe, dessen frühe Bebauung nur schwer zu ergründen ist, da dieser Hügel noch heute viele Reste kaiserlicher Paläste aus der Zeit von Augustus bis Domitian trägt. Nach bisherigem Stand der Forschung sind auf dem Palatin im 9. Jahrhundert v.Chr. erste Spuren von Zivilisation zu finden, die Besiedlung setzte in Phase Latium II B (830-770 v.Chr.) ein. (**Abb. 29**)

29: Urne in Hausform, gefunden in Grab C auf dem Forum Romanum. Man nimmt an, dass solche Urnen die Gestalt der Hütten auf dem Palatin gut wiedergeben, da dort entsprechende Pfostenlöcher gefunden wurden.

Der eigentliche Beginn der römischen Geschichte ist nicht aufs Jahr genau zu datieren. Das bisher Gesagte gehört zur Vorgeschichte. Aber wann beginnt die *Geschichte* der Stadt? In augusteischer Zeit errechnet Varro das Jahr 753 v.Chr. als Gründungsdatum; Cato Censorius hatte im 2. Jahrhundert v.Chr. 751 favorisiert. Im Verlauf des 8. Jahrhunderts intensivierte sich in der Tat die Besiedlung der Hügel, in der Mitte des 7. Jahrhunderts kann man wohl von einer Stadt sprechen. Das heißt: Die Zeit des Königtums in Rom ist der Beginn der römischen Geschichte im engeren Sinn, denn ohne die Stadt und ohne eine elementare Ordnung kann es keinen Staat geben. Ob es vor der (möglicherweise etruskisch beeinflussten) Königsherrschaft in Rom ein anderes Königtum gab, ist unbekannt. Das latinische Königtum des Romulus ist ebenso Fiktion wie die Könige von Alba Longa. Unter dem frühen Rom verstehe ich also die Königszeit des 6. Jahrhunderts und die folgende Zeit der Patrizierherrschaft, die bis ins 4. Jahrhundert dauerte, als sich der römische Adel grundsätzlich wandelte.

Stadt Rom ab ca. 650/625 v.Chr.

Kulturelle Kontakte der frühen Römer

Mehrere Kulturen wirkten auf die frühen „Römer" ein. Etrusker dominierten die Küste von Pisa bis Pompeji in einer Weise, dass die Griechen von „Thalassokratie" sprachen, also Seeherrschaft, was in der Tat nicht verkehrt ist, denn die Etrusker betrieben viel Seehandel, der freilich in der Frühzeit bruchlos in Piraterie oder bewaffnete Siedlungsgründung übergehen konnte. Südlich vom etruskischen Einflussgebiet gab es neben den italischen Ureinwohnern viele griechische Kolonien, auf Sizilien auch karthagische. Das etruskische Gebiet bestand wie das griechische aus zahlreichen Stadtstaaten. Diese waren durch gemeinsame Kulte verbunden und setzten sich im Bedarfsfall gemeinsam zur Wehr. So konnte verhindert werden, dass die Phokäer ihre Kolonie auf Korsika (Alalia) ausweiteten. Der Radius etruskischen Einflusses umfasst zur Zeit der größten Ausdehnung im 6. Jahrhundert neben dem eigentlichen Etrurien noch die Po-Ebene im Norden, Kampanien und Latium im Süden sowie Elba und das Gebiet um Alalia auf Korsika.

540 v.Chr. Seeschlacht bei Alalia

Karthago, um 800 v.Chr. im heutigen Tunesien von Phöniziern aus Tyros gegründet, entwickelte sich zu einer Großpolis mit einem starken maritimen und merkantilen Akzent. Der Radius der karthagischen Handelsaktivitäten reichte von der Levante bis nach Britannien. Die Karthager kontrollierten deshalb die Straße von Gibráltar, hielten andere Mächte wie die Etrusker vom Atlantikhandel fern. Schon im 7. Jahrhundert v.Chr. wurden Stützpunkte an der nordafrikanischen Küste, auf Sardinien und Sizilien angelegt. Im 3. Jahrhundert v.Chr. dehnten die Karthager

Die Karthager

ihren Einfluss auf die Balearen und nach Spanien aus, wo es große Silbervorkommen gab. Auf die kulturelle Entwicklung Roms hatten die Karthager zunächst keinen Einfluss.

Hingegen übten Griechen größeren Einfluss auf die Weiterentwicklung der Siedlung am Tiber aus. Das griechische Alphabet wurde entweder direkt durch die Griechen aus Kýmē (lat. Cumae) vermittelt oder aber es gelangte über die Etrusker nach Rom. Den „Römern" am nächsten waren die Griechen in Kampanien, also in Kýmē, Neapólis oder Dikaiarcheía; über griechische Kolonien im Allgemeinen war oben (Kap. 2.2) schon die Rede gewesen. Griechische Merkmale an stationären Bauten deuten auf die Anwesenheit griechischer Architekten und Bauhandwerker.

Griechische Kolonien

Es erscheint recht plausibel, dass Etrusker eine Zeitlang in Rom geherrscht haben oder auf andere Weise direkten Einfluss auf Rom genommen haben. Mitglied im etruskischen Städtebund – dessen Charakter, wie gesagt, zudem strittig ist – war Rom freilich nicht. Man könnte sich eine etruskische Oberschicht vorstellen, die eine kurze Zeit in Rom geherrscht hat, oder gar nur einen etruskischen Stadtherren, der mit einigen Experten nach Rom gelangte, aber das bleibt hypothetisch. Die Etrusker hatten Gelegenheit dazu, denn sie siedelten ja nördlich des Tiber, beispielsweise in Veji, das rund 15 Kilometer von Rom entfernt ist. Kulturelle Kontakte lassen sich aufgrund der folgenden Gemeinsamkeiten nicht bestreiten:

- Römer und Etrusker weisen eine sehr ähnliche, sonst nicht bekannte Herrschaftssymbolik auf: den klappbaren Amtsstuhl, *sella curulis*; die Toga mit bestimmten Randverzierungen (*praetexta*); die Rutenbündel der Amtsdiener (*fasces*).
- Noch lange Zeit betrieb man in Rom die Haruspizin, die Befragung der Götter vermittels von Leberschau, das heißt der Begutachtung bestimmter Teile der Leber eines Opfertieres. Die *haruspices* Roms kamen bis in die Kaiserzeit hinein aus Etrurien.
- Die Stadtanlage Roms weist teilweise Spuren etruskischer Bautechnik auf, zum Beispiel die Kanäle zur Trockenlegung des Forum Romanum, die *cloaca maxima*.
- Eigennamen in Rom, die auf *–nius* oder *–ina* enden (wie *Maenius* oder *Caecina*) sind ebenfalls etruskischen Ursprungs.

Diese Punkte lassen einen gewissen Interpretationsspielraum; aber es waren über einen längeren Zeitraum auch Etrusker in Rom, sei es als Herrscher, sei es als angeforderte Spezialisten. Die „Sieben Könige" Roms könnten Anklänge an eine etruskische

Sieben Könige Roms?

Fremdherrschaft sein, wenn es denn historisch ist, dass die letzten nicht nur Tarquinier hießen, sondern auch aus der Etruskerstadt Tarquinia kamen. In einem etruskischen Wandgemälde in der Tomba François ist eine Person als *Cneve Tarχunies Rumaχ* bezeichnet, was man lateinisch als *Gnaeus Tarquinius Rumach (=Romanus)* wiedergeben kann. Dieser war sicher nicht mit dem überlieferten letzten römischen König Tarquinius Superbus identisch, vielleicht nicht einmal mit diesem verwandt. Dieses zufällige Stück Überlieferung zeigt vielmehr, dass die Verbindungen zwischen Rom und Etrurien in der Frühzeit viel zahlreicher waren, als die kanonisierte und damit auch reduzierte römische Tradition dies nahelegen wollte.

Auch die Siebenzahl der Könige ist ein spätes Konstrukt griechischer und römischer Autoren. Zahl, Namen und Datierung der Könige sind ungesichert. Ihre sagenhaften Lebensbeschreibungen sind stark von Griechen geprägt. Als erste Könige wurden Romulus und Remus genannt, die am Tiber ausgesetzt und dann von einer Wölfin am Lupercal aufgefunden worden seien. Der Kern der Sage geht mindestens auf das 4. Jahrhundert v.Chr. zurück, im Laufe der Zeit hat sich die Variante durchgesetzt, wonach Romulus den Bruder Remus tötete und die Stadt Rom nach seinem Namen 753 v.Chr. gründete. Man konnte noch in der Spätantike von dieser *Origo gentis Romanae* lesen. Solche Aussetzungsmythen sind mit ähnlichen Elementen auch aus dem Orient bekannt; Sargon von Akkad oder Kyros, der Gründer des Perserreiches, wären als Beispiele zu nennen. Es hat jedenfalls wenig Zweck, die Orte der Geschichte von Romulus und Remus in Rom zu suchen. Das von Andrea Carandini im Jahre 2007 „entdeckte" Lupercal ist kein Bauwerk der Königszeit, sondern Kultstätte der augusteischen beziehungsweise sogar neronischen Zeit.

Die Sage von Romulus und Remus

Staat und Gesellschaft der späten Königszeit

Eine „Gründung" Roms hat nicht stattgefunden, die Stadtwerdung ist urbane Manifestation einer Ethnogenese von Latinern und Fremden. Neben dem Stadtherrscher (König) gab es einen Senat, der aus den Ältesten der adligen Familien bestand, die sich in der Königszeit herauskristallisiert haben. Wie in Griechenland war der Status eines Adligen, den die Römer später Patrizier nannten, zunächst nicht klar definiert, vielmehr ergab er sich aus den persönlichen Leistungen des Begründers einer aristokratischen *gens*.

Der städtische Adel (Patrizier)

> **Gens**: Familienverband, der sich wohl schon vor der Königszeit ausgebildet hatte. Der Name des Oberhauptes gab den Familienmitgliedern ihren „Familiennamen" (*nomen gentile*). In der römischen Republik waren noch ca. 40 solcher alten, patrizischen *gentes* bekannt. Zu den angesehensten gehörten die sogenannten größeren Gentes (*gentes maiores*): Aemilii, Claudii, Cornelii, Fabii, Manlii und Valerii.

Rom als Stadt in Max Webers Sinn

Im späten 7. Jhd. v.Chr. ist Rom mit Fug und Recht als eine Stadt zu bezeichnen, denn die nun durch einen Marktplatz (Forum Romanum) verbundenen Hügel stellten eine geschlossene Siedlung dar, in der verschiedene Produkte hergestellt wurden, vor allem Keramik. Über die Kriterien Max Webers (S. 31) hinaus scheint es ein etruskisch geprägtes Königtum und gesellschaftliche Differenzierung gegeben zu haben. Neben der Unterscheidung von Patriziern und Plebejern gab es Einteilungen der Bürgerschaft, deren königszeitliche Existenz wir nur aus der Tatsache heraus rekonstruieren können, dass sie zu Beginn der Republik schon vorhanden waren, die Kurien, Tribus und Zenturien.

> **Kurie *(curia)***: Personengruppe, die aus mehreren Familien patrizischer und plebejischer Herkunft bestand und vor allem kultische Aufgaben hatte. In der Republik gab es 30 *curiae*; sie trafen sich offenbar schon in der Königszeit bei Bedarf zu einer Versammlung, die *comitia curiata* genannt wurde.

Die Versammlung der Kurien war keine Volksversammlung, ihre Befugnisse waren zu speziell, beispielsweise beim Amtsantritt der (erst republikanischen) Magistrate oder bei der Adoption. Von größerer politischer Bedeutung war offenbar die Untergliederung der Bürger in Tribus.

> **Tribus**: Untergliederung des römischen Volkes; Rom gliederte sich in der Königszeit offenbar zunächst in drei Tribus (Tities, Ramnes, Luceres); dann wurden neue Tribus eingerichtet, vier städtische und mehrere ländliche, deren Zahl während der Republik auf 31 wuchs.

Jeder römische Bürger gehörte einer Tribus an und erhielt dadurch in der Republik bestimmte politische Rechte (z.B. Abstimmung in den *comitia tributa*). Im griechischen Raum sind die Phylen teilweise vergleichbar: Sie dienten ebenso der politischen Repräsentation (beispielsweise in Athen im Rat der 500).

Die zuletzt eingeführte Einteilung der Bevölkerung war die nach Zenturien, die zunächst nur für das militärische Aufgebot relevant war.

> **Zenturie *(centuria)*:** Ursprünglich „Hundertschaft" in der Armee, dann aber auch Bezeichnung eines Teiles einer Vermögensklasse. Seit dem 3. Jahrhundert v.Chr. gab es 193 Zenturien. Die *prima classis* umfasste die vermögendsten Römer in 70 Zenturien, darunter 18 Zenturien an Rittern, das heißt Personen, die so vermögend waren, dass sie Pferde halten konnten. Im Laufe der Zeit wich die Zahl der Personen in einer Zenturie mehr oder minder stark von der Richtgröße 100 ab (s. *comitia centuriata*).

Die spätere Tradition schrieb dem „sechsten" König Servius Tullius die Einrichtung der Zenturien zu. Die Einteilung der Bürgerschaft, das heißt der erwachsenen, freien Männer erfolgte in einem Zensus, der regelmäßig durchgeführt wurde, um die Wehrfähigkeit zu gewährleisten. Über die Stellung der Frau im frühen Rom können wir uns mangels Quellen kaum ein Bild machen, es sei aber auf den anthropologisch interessanten Sachverhalt hingewiesen, dass die Römer unterschieden, ob ein Onkel von der Mutterseite stammte (*avunculus*) oder von der Vaterseite (*patruus*).

Servius Tullius

Der Beginn der römischen Republik

Um das Jahr 500 legten die Römer die Monarchie ab, über deren Eigenart wir so wenig sagen können. Die Patrizier, die Oberhäupter der adligen *gentes*, übten die Herrschaft nun in Form einer Aristokratie aus, wobei umstritten ist, ob von Anfang an zwei Konsuln die Regierungsgeschäfte führten. Alternativ wäre denkbar, dass ein einzelner (*praetor maximus?*) die Herrschaft für begrenzte Zeit ausübte. Die römische Republik hatte bis zum Ende des 1. Jahrhunderts v.Chr. Bestand, man gliedert sie für gewöhnlich in drei Phasen:

um das Jahr 500 v.Chr. : Beginn der römischen Republik

ca. 500–340 v.Chr.	Frühe Republik:	Phase der patrizischen Herrschaft
ca. 340–133 v.Chr.	Mittlere Republik:	Herrschaft der Nobilität
133- 44/27 v.Chr.	Späte Republik:	Krise der Nobilität

Die römische Geschichte wird als die Geschichte einer Stadt nach deren Verfassungen gegliedert; auf die Königszeit folgte die aristokratische Republik, auf die Republik die Kaiserzeit.

> **Republik**: Für die Römer war die *res publica* die „Angelegenheit der Allgemeinheit" (*res populi*, Cic. rep. 1,39), das heißt der Begriff setzte die neue Ordnung sowohl von der Königsherrschaft als auch vom privaten Bereich ab. Die moderne Forschung versteht darunter den aristokratisch geführten Stadtstaat.

Latiner und Latinerbund

Rom begann zu expandieren, eroberte einzelne Siedlungen in Latium; dann gewann Rom die Hegemonie über die (anderen) Latiner im Süden, zog gegen Crustumium, Praeneste, Ende des 5. Jahrhunderts v.Chr. auch gegen Veji. (**Abb. 30**) Zum Schutze

30: Latium und Rom

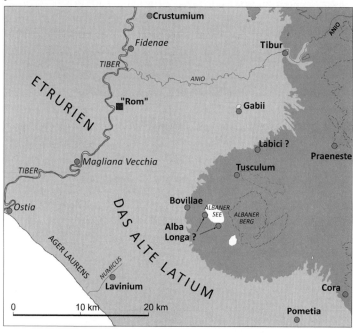

Roms und der Latiner wurden am Meer und an den Grenzen zu anderen Völkern Kolonien angelegt, die von Römer und Latinern besiedelt wurden. Dazu zählt beispielsweise Ostia, der Hafen Roms an der Tibermündung, der um das Jahr 350 v.Chr. als Kolonie gegründet wurde. Die römischen Kolonien sind solche in einem eher modernen Sinn, das heißt sie unterscheiden sich fundamental von den sogenannten griechischen Kolonien:

> **Kolonie (colonia):** Ansiedlung von Bürgern zur Festigung der römischen Herrschaft, später zur Versorgung von Veteranen, unter Umständen auch unter Beteiligung von Bundesgenossen. Begründet anscheinend im 5. Jhd. v.Chr.; nach 338 v.Chr. wurden Bürgerkolonien und latinische Kolonien unterschieden.

Die alteingesessenen Latiner waren im Latinerbund organisiert und zur Heeresfolge verpflichtet. Gemeinsame Heiligtümer des Bundes gab es in den Albaner Bergen. Rom hat offenbar im Laufe der Zeit die führende Stellung in diesem Bund erlangt. Gegner waren zahlreich, die Etrusker oder Volsker zum Beispiel. Die Vormachtstellung Roms wurde durch das ökonomische Potential der Stadt gefördert; der Tiber war bis Rom schiffbar, es gab dort einen leichten Übergang über den Fluss, der dort von der Salzstraße geschnitten wurde. Auf dieser wurde das in den Salinen am tyrrhenischen Meer gewonnene Salz ins Landesinnere transportiert. Gleichwohl waren die ersten gut hundert Jahre der Republik, bis zur Eroberung Vejis (ca. 396 v.Chr.), von einer eher mühsamen Selbstbehauptung Roms gekennzeichnet, und nichts deutete auf eine künftige Übermacht hin.

Tiber und Salzstraße (via salaria)

Ein markantes Zeugnis der Lebensverhältnisse im frühen Rom bildet das Zwölftafelgesetz, von dem einzelne Sätze wörtlich und weitere Bestimmungen dem Sinn nach überliefert sind. Dies ist (nach einigen kurzen Inschriften) das erste größere Zeugnis der altlateinischen Sprache. Große Teile dieser Privatrechtssammlung gehen auf ältere römische Bestimmungen zurück, doch wurden auch fremde, offenbar griechische Gesetzessammlungen benutzt. Die Gesetzestexte wurden öffentlich aufgestellt, so dass sich jeder schriftkundige Römer darüber orientieren konnte. Sie behandeln die Prozessordnung, Fragen des Schuld- und Personenstandsrecht oder Diebstahl. Es gab auch Bestimmungen darüber, inwieweit luxuriöse Lebensweise statthaft ist. Insgesamt sind sie Zeugnis der einfachen, ländlichen Lebensweise dieser

um 450 v.Chr.: Die zwölf Tafeln

Rom als agrarisch geprägte Gesellschaft

Zeit. Rom bleibt bis in die frühe Kaiserzeit Agrarstaat, wie auch in der griechischen Welt die Landwirtschaft Haupterwerbsquelle war.

Die sogenannten Ständekämpfe

Die frühe Republik ist von gesellschaftlichen Konflikten gekennzeichnet, die mit einem modernen Begriff als Ständekämpfe bezeichnet werden. Der Begriff ist nicht unproblematisch, da man allenfalls die Patrizier als Stand ansehen kann, also als eine abgeschlossene Gruppe. Die Plebejer waren hingegen stark sozial differenziert. Manche kamen vom Vermögen her den Patriziern gleich, anderen ging es nicht viel besser als Sklaven. Mobilisierbar waren wohl vor allem diejenigen Plebejer, die nicht als Klienten eng an einzelne Patrizier gebunden waren, diesen Loyalität schuldeten und im Gegenzug Unterstützung durch Güter oder Hilfe vor Gericht erhielten. In der frühen Republik lag die politische Macht zum größten Teil bei den Patriziern, also den adligen *gentes*. Diese Familien bildeten einen Geblütsadel, in den man allenfalls durch Adoption aufgenommen werden konnte. Rund 40 Familien bildeten eine geschlossene Gruppe, deren männliche Angehörige den Senat stellten. Viele weitere Details, die man bei Livius und anderen römischen Historikern liest, sind leider nur als Spekulationen zu bewerten.

Der patrizische Adel

Die Vermögenden unter den Plebejern versuchten, in die politische Klasse vorzurücken. Sie machten sich zu Vertretern der Interessen der Plebs insgesamt. Die Patrizier hatten den größten Teil des Landes in Besitz, und im frühen Rom war es – wie im vorsolōnischen Griechenland – möglich, seinen Körper als Bürgschaft zu verpfänden, das heißt etliche Plebejer, die bei Patriziern verschuldet waren, hatten diese Schulden abzuarbeiten, was man früher als Schuldknechtschaft bezeichnete. Ihr Land hatten diese Plebejer längst verloren. Die Situation war offenbar ähnlich der in Athen, als man um das Jahr 600 v.Chr. Sólōn bat, gesellschaftliche Konflikte in Attika zu schlichten.

sog. Schuldknechtschaft

Um das Jahr 400 v.Chr. dauerten diese sogenannten Ständekämpfe an, erst ab 367/366 v.Chr. konnte die Plebs ihre Interessen durchsetzen. Plebejer wurden planmäßig an der Magistratur beteiligt. Einer der beiden Konsuln konnte nun Plebejer sein. Dadurch kamen Plebejer in den Senat, das Zentrum aristokratischer Macht. Um 300 v.Chr. wurden auch die Priesterämter für Plebejer geöffnet und durch die *Lex Hortensia* wurde das Plebiszit,

367/366 v.Chr. Leges Liciniae Sextiaeque

der Beschluss der Volksversammlung, gleichwertig mit Beschlüssen des Senates. Auf Details der Verfassung wird unten zurückzukommen sein (Kap. 3.2.). Die soziale Dimension des Konflikts verlor an Bedeutung, weil durch die immer erfolgreichere Kriegführung nun mehr Land und Beute zu verteilen waren. 326 v.Chr. konnte das Kernstück der Schuldknechtschaft, das sogenannte *nexum*, abgeschafft werden.

287 v.Chr. Lex Hortensia

Durch die stärkere Beteiligung der Plebejer verlor die Unterscheidung von den Patriziern stark an Bedeutung, und bis zum Beginn des 3. Jahrhunderts v.Chr. hatte sich eine neue Aristokratie herausgebildet, die Nobilität. Sie stellte einen „Amtsadel" dar, denn der Senat wurde nun die Versammlung ehemaliger Magistrate. Die adlige Abkunft von Geburt hatte aber durchaus noch Bedeutung, weil sie Bewerbern um die Ämter einen Prestigevorsprung verschaffte. Doch die Ämterlaufbahn, den *cursus honorum*, mussten nun alle durchlaufen, um im Senat einen möglichst hohen Rang zu erreichen.

Nobilität als Amtsadel

Römische Mythologie

Unbestritten haben die Römer von der griechischen Kultur stark profitiert. Kulturkontakte bestanden schon in der Königszeit. Die religiösen Auffassungen waren ähnlich. Rom wurde in die griechische Mythologie eingeordnet, Aeneas als Sohn der Aphrodite wird zum Stammvater des römischen Volkes. Er kam als Flüchtling aus Troja nach Latium. Herakles, von den Römern später Hercules genannt, kam mit gestohlenen Rindern an den Tiber und begründete dort den Kult an der *ara maxima*. Diese und andere Beispiele gibt es in großer Zahl. Aber man darf auch nicht verkennen, dass es originär römische Feste, Mythen und Kulte gegeben hat, die sehr viel stärker mit dem Jahres- und Arbeitszyklus der bäuerlichen Welt verbunden waren und die numinosen Kräfte der Natur günstig zu stimmen suchten. Diese existierten neben den Vorstellungen, die augenscheinlich dem griechischen Polytheismus nahestehen (zwölf Götter; anthropomorphe Götter; Opfer). Jedenfalls gab es niemals eine altrömische Religion als eine kompakte Einheit.

Griechische und römische Mythologie

Die Geschichte von Romulus und Remus – ausgesetzte Zwillinge, die eine Stadt gründen – geht auf griechische oder sogar orientalische Mythen zurück. Römisch sind aber die Feste, die an Romulus und Remus erinnern:

Name des Festes	„Historischer" Hintergrund	Religiöser Charakter
Lupercalia (15. Februar)	Fundort der Zwillinge bzw. Romulus u. Remus als Jäger	Fruchtbarkeitsfest in der Form eines Umgangsritus (Lauf um den Palatin)
Parilia oder Palilia (21. April)	Bau der Stadtmauer Roms	Hirtenfest, mit der Göttin Pales verbunden
Consualia (21. August und 15. Dezember).	Raub der Sabinerinnen	Erntefest für Consus, den Gott der Getreideernte, mit Wettrennen
Nonae Capratinae bzw. Caprotinae (7. Juli)	Verschwinden des Romulus	Frauenfest unter einem wilden Feigenbaum

Feste agrarischen Charakters gab es auch anderswo, doch das Eigentümliche ist die Verbindung von Festen agrarischen Charakters mit römischen Erinnerungsorten wie dem Lupercal, spezifisch römisch-italienischen Gottheiten wie der Pales oder ganz konkret mit der römischen Geschichte. Es gibt also ursprünglich römische Mythen mit dazugehörigen Festen – neben den von den Griechen oder Etruskern übernommenen religiösen Vorstellungen wie der Ermittlung göttlichen Willens durch die Leberschau der Haruspices (s.o. S. 114).

Römische Feste

Livius zur Überlieferungslage – Probleme der frührömischen Quellen

Nach der Eroberung Vejis (nach der Tradition 396 v.Chr.) drohte Rom Gefahr von den Kelten, die in Oberitalien ansässig waren. Brennus soll der Kelte geheißen haben, der Rom erobert hat, Teile der Stadt wurden durch Feuer zerstört. Die Kelten zogen nach Zahlung eines Lösegeldes ab. Livius, der Historiker der augusteischen Zeit, behauptet, seit diesem Datum (390 oder 387 v.Chr.) habe sich die literarische Überlieferung zur Geschichte Roms deutlich gebessert. Zu Beginn seines 6. Buch schreibt er:

Livius zu den Quellen über das frühe Rom

Quae ab condita urbe Roma ad captam eandem Romani (...) gessere, foris bella, domi seditiones, quinque libris exposui, res cum vetustate nimia obscuras velut quae magno ex intervallo loci vix cernuntur, tum quod rarae per eadem tempora litterae fuere, una custodia fidelis memoriae rerum gestarum, et quod, etiam si quae in commentariis pontificum aliisque publicis privatisque erant monumentis, incensa urbe pleraeque interiere. clariora deinceps certioraque ab secunda origine velut ab stirpibus laetius feraciusque renatae urbis gesta domi militiaeque exponentur.

Was die Römer seit Gründung der Stadt bis zu ihrer Einnahme (390 v. Chr.) taten, die Kriege draußen, zuhause Aufstände, habe ich in fünf Büchern dargelegt, Angelegenheiten, die sowohl durch ihr zu hohes Alter verdunkelt sind wie (Dinge), welche aufgrund des großen Abstands vom (eigenen) Standort kaum noch erkannt werden, als auch besonders weil es Aufzeichnungen (*litterae*) damals selten gab, die einzige zuverlässige Art der Bewahrung der Erinnerung an die Taten, und weil, selbst wenn es irgendwelche (Aufzeichnungen) in den *commentarii* der Pontifices und öffentlichen oder privaten Dokumente (*monumenta*) gab, die meisten beim Brand der Stadt verloren gegangen sind. Von nun an werden (also) berühmtere und auch gesichertere Taten seit der zweiten Gründung der Stadt zu Hause und im Felde dargelegt werden, einer gleichsam von ihrem Stamm her üppiger und fruchtbarer neu erwachsenden (Stadt).

Livius ist offenbar der Meinung, dass die Stoffe seiner ersten fünf Bücher durch Alter und Mangel an Quellen nicht so gesichert sein konnten, wie es wünschenswert war. Doch nach dem Brand Roms, den er im Gegensatz zu Polybios (387 v.Chr.) ins Jahr 390 datiert, sei eine bessere Überlieferungslage anzutreffen. Diesen Optimismus teilt kaum ein moderner Forscher. Die von Livius genannten *Commentarii* der Priester dürften in ihrer Aussagekraft sehr beschränkt gewesen sein, wenn es sie überhaupt schon im 4. Jahrhundert v.Chr. gab. Es waren zunächst Amtsbücher, die Kulthandlungen verzeichneten, aber offenbar auch zu einzelnen Jahren einschneidende historische Ereignisse und Naturbeobachtungen (Mond- und Sonnenfinsternisse) beinhalteten. Die öffentlichen und privaten Dokumente (*monumenta*), die den frühen römischen Historikern zur Verfügung standen, können ebenfalls nur von geringem Umfang beziehungsweise historischem Wert gewesen sein. Diese frühen Historiker – Fabius Pictor ist der bekannteste – schrieben erst seit der Zeit um 200 v.Chr. und stellten definitiv Quellen des Livius dar.

Geringer Wert der Quelle des Livius

Wir können also nicht umhin, auf den hypothetischen Charakter der gesamten Überlieferung über das frühe Rom hinzuweisen. Die „Qualität" oder besser gesagt Historizität der Bücher des Livius nimmt allmählich zu, ein Einschnitt zu Beginn des 6. Buches (mit dem Jahr 390 v.Chr.) fällt nicht sonderlich auf. Ob man von einer „zweiten Gründung" Roms sprechen darf, ist fraglich. Dem Feldherrn Camillus, der Veji um 400 v.Chr. erobert hatte, wird der Wiederaufbau der Stadt zugeschrieben. Dass sie wirklich ein-

Problem der Historizität der ersten Bücher des Livius

genommen wurde, wissen wir aus Aristoteles (frg. 610 Rose = Plut. Cam. 22). Es ist aber nicht beweisbar, dass Camillus neben unmittelbaren Neubauten, von denen es nur wenige gegeben haben dürfte, auch andere Reformen des römischen Staates initiiert hätte.

Vom Latinerbund zum Bundesgenossensystem

340-338 v.Chr. Latinerkrieg

In der späten Zeit der Ständekämpfe übte Rom mittels des Latinerbundes eine Hegemonie über die Städte Latiums aus. Im Jahre 340 v.Chr. akzeptierten die Latiner diese Hegemonialstellung nicht mehr, der Latinerkrieg begann. Rom konnten im Jahre 338 v.Chr. die abgefallenen Bündner besiegen. Ein Teil der besiegten Städte wurde von Rom direkt inkorporiert („eingemeindet"), das heißt die Bewohner wurden römische Bürger; andere behielten den Status als Latiner, in die Stadt Antium wurde eine Kolonie latinischen Rechts gelegt. Das latinische Bürgerrecht war eingeschränkt; den Bewohnern dieser Kolonien blieb die politische Mitbestimmung in Rom versagt, weil sie im Gegensatz zu den Bewohnern der Bürgerkolonien nicht in die Tribus eingeschrieben wurden.

Vom Latinerbund zum Bundesgenossensystem

Nach dem Latinerkrieg begründete Rom ein neues Bundesgenossensystem; die Mitglieder hatten Rom Heeresfolge zu leisten und auf eine autonome Außenpolitik zu verzichten. Dafür bot Rom ihnen Schutz. Die Zahl der Bundesgenossen nahm allmählich zu, fremde Städte wie das oskisch-etruskische Capua wurden ebenfalls aufgenommen (338 v.Chr.). Die Verbündeten Roms hatten einen sehr unterschiedlichen Rechtsstatus, der auf die jeweiligen Umstände der Unterwerfung oder des Beitrittes zurückging und Ausdruck im jeweiligen zweiseitigen Vertrag fand. Die frühe Phase der römischen Geschichte endet mit der Einrichtung des Bundesgenossensystems und der Entstehung der Nobilität, zwei Wendemarken für die folgende innen- wie außenpolitische Entwicklung.

Literatur

Römische Geschichte allgemein
- Bleicken, Jochen, *Geschichte der römischen Republik* (Oldenbourg Grundriss 2), 5. Aufl. München u.a. 1999 (= 6. Aufl. 2004; Schwerpunkt politische Geschichte, mit detailliertem Forschungsüberblick).
- Dahlheim, Werner, *Geschichte der römischen Kaiserzeit* (Oldenbourg Grundriss 3), 3. Aufl. München u.a. 2003 (detailreiche Darstellung).

- Heuß, Alfred, *Römische Geschichte*. Mit Forschungsteil, hg. von J. Bleicken, W. Dahlheim u. H.-J. Gehrke, 9. Aufl. Paderborn 2009 (Darstellung der römischen Geschichte bis ins 6. Jhd. n.Chr. mit Schwerpunkt Politikgeschichte; sprachlich anspruchsvoll).
- *A companion to the Roman Empire*, hg. von David S. Potter, Malden, Mass. u.a. 2006.
- *A Companion to the Roman Republic*, hg. von Nathan Rosenstein/Robert Morstein-Marx, Malden, Mass. u.a. 2006 (erstes Kapitel zu Quellen, Voraussetzungen und Konzepten).

Das Alte Italien und das frühe Rom
- Aigner-Foresti, Luciana, *Die Etrusker und das frühe Rom*, Darmstadt 2003 (Studienbuch).
- Cornell, Tim, *The Beginnings of Rome. Italy and Rome from the Bronze Age to the Punic Wars (c. 1000-264 BC)*, London 1995 (ND 2005) (anspruchsvolles Handbuch mit breiter Berücksichtigung neuer archäologischer Ergebnisse).
- Huß, Werner, *Geschichte der Karthager* (HdA 3.8), München 1985 (gutes Handbuch).
- *Städte und Bauten der Westgriechen von der Kolonisationszeit bis zur Krise um 400 v.Chr.*, hg. von Dieter Mertens, München 2006 (Bildband über die griechischen Kolonien am westlichen Mittelmeer).
- *Social Struggles in Archaic Rome: New Perspectives on the Conflict of the Orders*, hg. von Kurt A. Raaflaub, 2. Aufl. Oxford 2005 (Aufsätze zu Rom im 5. und 4. Jhd. v.Chr.).
- *Origo gentis Romanae. Die Ursprünge des römischen Volkes*, hg. von Markus Sehlmeyer, Darmstadt 2004 (zweisprachige Ausgabe des spätantiken Werkes mit Essays zur historischen, literarischen und religionswissenschaftlichen Bedeutung der Schrift).
- *A commentary on Livy. Books VI-X, Vol. 1: Introduction and book VI,* hg. von Stephen P. Oakley, Oxford u.a. 1997 (ausführlicher Kommentar mit weiteren Hinweisen zu Liv. 6,1).
- Walter, Uwe, Frühzeit: Stadtstaat und Regionalmacht (ca. 750-340 v.Chr.), in: *Der Große Ploetz*, 35. Aufl. Göttingen 2008, S. 211-220.

Die mittlere und späte römische Republik 3.2

Die Verfassung der römischen Republik

Die römische Verfassung wurde zwar nie schriftlich fixiert, aber ihre grundlegenden Elemente – die Amtsträger, der Senat und das versammelte Volk – bestanden seit der Vertreibung der Könige fort, unterlagen jedoch markanten Veränderungen, die mit der Expansion Roms und den Wandlungsprozessen der herrschenden Aristokratie zusammenhingen. Durch die Ständekämpfe wandelte sich der Senat von einem Adelsrat zu einer Versammlung ehemaliger Magistrate, er behielt seine zentrale Stellung im politischen System. Die Magistrate, zunächst nur ausführende Organe des Willens der alten Aristokratie, gewannen an Zahl, Handlungsspielraum und Ansehen. Das in einem gewissen Sinne neben den übrigen Ämtern stehende Volkstribunat scheint erst in der Zeit der Ständekämpfe entstanden zu sein; wie die Konsuln hatten auch die Volkstribune das Recht eine Volksversammlung einzuberufen, in ihrem Fall das *concilium plebis*. Zunächst sollen die Kompetenzen der einzelnen Institutionen betrachtet werden; im weiteren Verlauf der Darstellung werden die praktische Seite, das heißt das konkrete Funktionieren der Verfassungsorgane in ihrer historischen Entwicklung und die politische Kultur stärker berücksichtigt werden.

Der Senat verstand sich als Repräsentation der führenden Familien Roms, die für die Beseitigung des Königtums gesorgt hatten, wodurch der Senat von einem Beratergremium zum maßgeblichen politischen Organ wurde, denn die wesentlichen außen- und innenpolitischen Fragen wurden im Senat diskutiert. Die Volksversammlungen billigten in der Regel nur politische Initiativen – etwa Vorschläge von Gesetzen – aus der herrschenden Aristokratie, die meist mit Billigung des Senats vorgetragen wurden; sie waren Konsensorgane.

> **Nobilität**: Die moderne Bezeichnung für die politische Elite Roms nach den Ständekämpfen geht auf das lateinische Wort *nobilis* („bekannt") zurück; im engeren Sinn werden damit in der Forschung politisch aktive Männer bezeichnet, unter deren Vorfahren Konsuln oder mindestens Prätoren waren. Nur selten schafften es Aufsteiger aus der niederen Aristokratie – dem Ritterstand – ohne einen solchen Startvorteil durch Abstammung in der Ämterlaufbahn gleich ins Konsulat; sie hießen *homines novi* – „neue Männer".

Die Konsuln beriefen den Senat bei Bedarf ein. Zu den einzelnen Tagesordnungspunkten nahmen die *nobiles* in der Reihenfolge Stellung, die ihrem politischen Rang entsprach. Zunächst sprach der *princeps senatus* – im Allgemeinen der dienstälteste Zensorier (ehemalige Zensor) aus patrizischer Familie. Die Reihenfolge der

Sprecher bestimmte sich also aus früheren Ämtern (Magistraturen) und Abkunft. Der einzelne sprach für sich, es gab keine Parteien, unter Umständen aber kurzfristig geschlossene politische Bündnisse. Im Allgemeinen tagte der Senat in der *Curia Hostilia* am Forum Romanum; nach deren Brand wurde sie durch die größere *Curia Iulia* Caesars ersetzt. Der Senat hatte zunächst etwa 300 Mitglieder. Die Zensoren prüften alle 5 Jahre, ob die Mitglieder ihrer Würde gerecht wurden. Wer etwa in seiner Lebensführung gegen den durch die Tradition definierten Verhaltenskodex (*mos maiorum*) verstoßen hatte, konnte des Senates verwiesen werden und musste sich dann erneut in einem Amt bewähren.

Geschäftsordnung des Senats

Betrachten wir die Entscheidungen römischer Außenpolitik, so sind diese im Wesentlichen auf die Besprechungen im Senat zurückzuführen. Die ranghöchsten Senatoren trugen ihre Meinungen vor, die folgenden Senatoren pflichteten dann häufig nur dem einen oder anderen bei. Sollte ein Krieg begonnen werden? Sollte man ein Bündnis abschließen? Durfte man dem Hilfegesuch einer auswärtigen Macht nachkommen? Innenpolitische Fragen spielten natürlich auch eine Rolle und nicht immer kam es unter den *nobiles* zum Konsens. In wenigen Fällen haben politisch aktive Aristokraten, die im Senat keine Mehrheit fanden, ihre politischen Ansichten mithilfe der Volkstribunen und Volksversammlungen durchgesetzt. Dieses Verhalten verstieß aber gegen den *mos maiorum*.

Aufgaben des Senats

Die Magistrate nahmen vielfältige außenpolitische und juristische, aber auch ökonomische und religiöse Aufgaben wahr. Wenn man so will, stellten die Magistrate die Regierung Roms für ein Jahr dar. Die beiden Konsuln standen an der Spitze, waren aber – wie alle Magistrate — dem Senat Rechenschaft schuldig. Im Krieg nahmen vor Sullas Reform der Magistratur meist beide Konsuln Aufgaben – überwiegend militärischer Art – in den ihnen zugewiesenen Gebieten (*provinciae*) wahr. Die Prätoren amtierten anfangs in Rom als Gerichtsmagistrate, erhielten aber ab dem späten 3. Jahrhundert v.Chr. auch Herrschaftsgebiete zugewiesen. Wenn die Aufgabe in der *provincia* nach dem Amtsjahr noch nicht bewältigt war und kein geeigneter Nachfolger bereitstand, konnte die Kommandogewalt (*imperium*) verlängert werden; ihr Inhaber amtierte dann „anstelle eine Konsuls" bzw. eines Prätors, als Prokonsul oder Proprätor.

Magistratur: Die Konsuln

Die Ämterlaufbahn war durch die *lex Villia annalis* von 180 v.Chr. geregelt: Das unterste Amt war die Quästur, die Aufgaben in der Finanzverwaltung umfasste. Es folgt die Ädilität, in der es

Ämterlaufbahn; *lex Villia annalis* 180 v.Chr.

zwei kurulische und zwei plebejische Stellen gab; die Ädile waren mit der Aufsicht über Markt und Spiele befasst und für die Erhaltung öffentlicher Bauten (nicht aber deren Neubau) zuständig. Die plebejischen Ädile hatten sich speziell um die *ludi plebeii* zu kümmern, während die kurulischen Ädile für die *ludi Romani* zu sorgen hatten. Nach der Ädilität, die jedoch auch übersprungen werden konnte, folgte in der Ämterlaufbahn die Prätur. Der *praetor urbanus* war in der Stadt für die Rechtsprechung unter Römern zuständig, der *praetor peregrinus* für Streitfälle, an denen Fremde beteiligt waren. Die Konsuln versahen das wichtigste jährliche Amt.

Zensur und Diktatur

Nicht jährlich besetzt wurde die Zensur, die erst 443 v.Chr. entstanden sein soll. Die Zensoren hatten zunächst die Zusammensetzung des Senates zu prüfen und die Senatsliste zu aktualisieren. Sie initiierten auch größere Bauprojekte, die mehr als ein Jahr benötigten. Eine außerordentliche, das heißt nur bei Bedarf besetzte Magistratur, war die vor allem in militärischen Notlagen eingerichtete *dictatura*. Der *dictator* hatte die höchste Gewalt im Staat (das *summum imperium*), er bestellte einen *magister equitum* (zunächst nur Befehlshaber der Reiterei). War die Notlage beendet, spätestens aber nach sechs Monaten, traten Dictator und Reiterführer vom Amt zurück.

Annuität und Kollegialität

Grundprinzipien der Magistratur waren Annuität und Kollegialität: Das Amt durfte nur ein Jahr ausgeübt werden und es gab immer mindestens zwei Amtsträger. Eine Ausnahme von der Annuität stellten die Zensur und die Diktatur dar. Der Ursprung der Kollegialität ist schwer zu fassen; wahrscheinlich spielte die Neuordnung des Konsulats im Jahr 367 v.Chr., als erstmals Plebejer ins Oberamt rücken konnten, eine wichtige Rolle. In der Praxis war das Verbietungsrecht eines Amtsträgers gegen eine Maßnahme des Kollegen selten von Bedeutung, da nur selten zwei Konsuln auf einem Kriegsschauplatz oder zwei andere Magistrate in einem sonstigen Handlungsbereich agierten. Alle Ämter waren ehrenamtlich auszuüben, Diäten gab es keine.

Das Volkstribunat

Personen aus plebejischen Familien konnten auch das Volkstribunat bekleiden. Es handelt sich hierbei aber nicht um ein Amt der oben geschilderten Laufbahn, sondern eine eher konkurrierende Tätigkeit im Interesse speziell der Plebs, denn das Amt war in den Ständekämpfen entstanden. Die Tribune – am Ende waren es zehn pro Jahr – hatten das Recht, das *concilium plebis* beziehungsweise die *comitia tributa* einzuberufen und einzelne Plebejer vor dem Zugriff der Magistrate zu schützen. Auch für antike

Verhältnisse ungewöhnlich ist, dass in Rom mehrere Arten von Volksversammlungen existierten:

Roms Volksversammlungen

- *Comitia curiata*, die wohl älteste der Volksversammlungen, bestanden aus 30 Kurien und waren hauptsächlich für religiöse und familienrechtliche Belange (Adoptionen) zuständig.
- *Comitia centuriata*, die Versammlung nach Zenturien. Da es im 3. Jahrhundert v. Chr. 193 solcher Zenturien mit teilweise deutlich über 100 Mitgliedern gab, war die Abstimmung recht aufwendig. Diese Versammlung war für die Wahl der oberen Magistrate zuständig und konnte auch für die Abstimmung über Gesetzesvorschläge zusammengerufen werden.
- *Comitia tributa*, die Versammlung des nach Tribus gegliederten Volkes. Das Abstimmungsverfahren war hier einfacher; Aufgaben waren die Wahl der niederen Magistrate und die Abstimmung über Gesetze. Diese Komitien sind offenbar aus dem *concilium plebis* entstanden.

Die Volksversammlungen hatten über Anträge, die von den Versammlungsleitern vorgetragen wurden, abzustimmen. Diskussionen waren nicht vorgesehen. Neben diesen offiziellen Versammlungen der Konsensorgane gab es noch die *contiones*. In ihnen konnte ein Politiker einen Gesetzesvorschlag vorstellen und prüfen, ob er aussichtsreich war; hier kamen auch Redner zu Wort, die kein Amt innehatten. Die Trennung zwischen Magistraten beziehungsweise dem Senat und dem einfachen Volk sollte man sich aber nicht zu statisch vorstellen. Von besonderer Bedeutung waren die Klientelbeziehungen.

Die Praxis der Entscheidungsfindung

> **clientela**: Soziales Bindungsverhältnis zwischen einem einfachen Bürger (*cliens*) und einem höherstehenden (*patronus*). Das *fides*, gegenseitige Treue, genannte Verhältnis bestand aus wechselseitiger Hilfeleistung. Der *patronus* konnte den *cliens* vor Gericht vertreten oder ihn finanziell unterstützen, der *cliens* verhielt sich in allen Belangen loyal, blieb aber Bürger mit allen Rechten.

Klientelbeziehungen konnten sehr unterschiedlicher Art und Intensität sein, sich zudem überlagern. Bereits in der Frühzeit dürfte es Bürger außerhalb der engen und erblichen Klientelbeziehungen gegeben haben, eine Art „Mittelschicht", die freilich wie in Griechenland auch in Rom schwer zu beschreiben ist. Handwerker oder gut gestellte Bauern könnten dazu gehört haben. Im politischen Bereich spielten diese Beziehungen wohl eine geringere Rolle als früher oft angenommen. Doch zweifellos prägten die Prinzipien von Fürsorge und Loyalität sowie die Gegenseitigkeit sozialer Beziehungen auch die politische Kultur Roms sehr stark.

Die außenpolitische Entwicklung seit 338 v.Chr.

340-338 v.Chr. Latinerkrieg

In der frühen Republik hatte Rom die Hegemonie über Latium errungen und im Latinerkrieg noch gefestigt. Die weitere Entwicklung vollzog sich in folgenden Schritten:

- Von ca. 326 v.Chr. bis zum Pyrrhus-Krieg (280-275 v.Chr.) folgte eine Phase, in der Rom und die Bundesgenossen Kriege in Unteritalien ausfochten.
- Der Sprung übers Meer gelang mit dem ersten Krieg gegen Karthago (264–241 v.Chr.); mit dem Hannibalkrieg (218-201 v.Chr.) errang Rom eine unangefochtene Vormachtstellung im westlichen Mittelmeerraum.
- In nicht ganz 50 Jahren, wie Polybios (1,1,5) sagt, gewann Rom die Herrschaft auch über den östlichen Mittelmeerraum und damit über nahezu die ganze nach griechischen Maßstäben zivilisierte Welt (*Oikumene*); die Hauptmarken waren die drei Makedonischen Kriege und der Krieg gegen den Seleukidenkönig Antiochos III.
- Seit 168 bzw. spätestens 146 v.Chr. entstand eine Herrschaftskrise. Mit den Aufständen in Spanien, Griechenland, Africa sowie einem Einfall der Kimbern und Teutonen wurde Rom militärisch am Ende stets fertig, doch fehlte eine Strategie der politischen und wirtschaftlichen Konsolidierung der beherrschten Gebiete.
- Sulla, Pompeius und Caesar suchten durch Reformen struktureller Art die Provinzverwaltung zu verbessern, deren Schwäche sich gegen Mithradates gezeigt hatte; zugleich aber waren die Provinzen für sie lediglich Ressourcen für den Machtgewinn in Rom.
- Seit der Alleinherrschaft des Augustus unterlagen die Provinzen einem einheitlichen Willen und einer einheitlichen Politik, die auf Konsolidierung und Integration zielte. Erst zu diesem Zeitpunkt kann man sinnvoll von einem „Römischen Reich" – *Imperium Romanum* – sprechen.

Wie gelang diese beispiellose Expansion? Verfolgten die Römer eine „imperialistische" Politik? Rom hatte nach dem Latinerkrieg die Hegemonie nicht nur über Latium, sondern ganz Mittelitalien, denn die Etrusker und die östlich benachbarten Stämme stellten keine Gefahr mehr da. Aber im Süden, in Campanien, trafen Römer und Samniten aufeinander. Unter Samniten versteht man eine Vielzahl oskisch-sprechender Stämme, die hauptsächlich auf dem zentralen Apennin wohnten und einen sehr kriegerischen Lebensstil pflegten. Kampfhandlungen sind ab 326 v. Chr. unter anderem von Livius einigermaßen verlässlich bezeugt. Eine peinliche Schlappe erlitten Römer und Verbündete bei Caudium, wo sie von den Samniten besiegt und unters Joch geschickt wurden, das heißt die Römer mussten entwaffnet und gebeugt unter einem tief hängenden Joch hindurchlaufen, das ursprünglich dem Einspannen von Zugvieh diente, eine unvorstellbare Erniedrigung. (**Abb. 31**)

31: Charles Gleyre: Les Romans passant sous le joug (1854). Das Bild bezieht sich auf eine spätere Niederlage der Römer (107 v. Chr.) bei Agen. Lausanne, Palais de Rumine

326-304 v.Chr.
sog. 2. Samnitenkrieg

Nach zähem Ringen konnten die Römer die Samniten im Jahre 304 besiegen, nachdem sich die Gründung etlicher Kolonien um Samnium herum als kluge strategische Maßnahme erwiesen hatte. In einem weiteren Krieg standen Römer und Lukaner einer Koalition aus Samniten, Etruskern, Umbrern und norditalischen Kelten gegenüber. Roms Sieg bedeutete territoriale Gewinne beziehungsweise den Gewinn neuer Bündner. Die Latiner-Kolonie Venusia diente auch der Kontrolle des südlichen Apennin und seiner kriegerischen Bevölkerung.

298-290 v.Chr.
sog. 3. Samnitenkrieg

In den Samnitenkriegen und in der Abwehr des Pyrrhus von Epirus, der in Unteritalien ein hellenistisches Reich nach dem Vorbild der Diadochenreiche zu gründen versuchte, wuchs die römisch-italische Wehrgemeinschaft zu einer schwer zu besiegenden Einheit und entwickelte die römische Nobilität ihr ganz auf militärischen Ruhm und Anerkennung in der Bürgerschaft ausgerichtetes Ethos. Unter ihrer Führung gab Rom auch nach militärischen Niederlagen, wie sie etwa gegen Pyrrhus gleich mehrfach hinzunehmen waren, niemals auf und kämpfte jeden Krieg bis zum Sieg durch. König Pyrrhus von Epirus, der auch für kurze Zeit König von Makedonien war, ging auf das Hilfegesuch der griechischen Kolonie Taras (Tarent) gegen Rom ein, um als neuer Achill einen Krieg gegen die Abkömmlinge der Trojaner zu inszenieren. Im Bündnis mit Lukanern, Bruttiern und Samniten versuchte er, seine Herrschaft auf Süditalien auszudehnen. Dies gelang ihm letztendlich nicht, doch hat er den Römern mehrfach Niederlagen unter großen eigenen Verlusten zugefügt (Pyrrhus-Siege). 278-275 v. Chr. versuchte er sein Reich nach Sizilien auszudehnen, was aber trotz anfänglicher Erfolge gegen die Karthager scheiterte. Die Römer hatten hingegen ihre „Insel" verteidigt.

280-275 v.Chr. Pyrrhus-Krieg

Der römische Erfolg beruhte zu einem guten Teil auch auf den Bundesgenossen. Die Römer hatten es nach 338 v.Chr. verstanden, andere Italiker an sich zu binden, mit diesen Mittelitalien zu verteidigen und die Herrschaft auf Bereiche auszudehnen, von denen man eine Gefährdung befürchtete. Neben den eben im Kontext des Pyrrhus-Krieges erwähnten Völkern waren dieses vor allem Kelten, die im Norden Italiens ansässig geworden waren. Das Bundesgenossensystem beruhte auf bilateralen Verträgen, in denen die Bündnispartner auf außenpolitische Handlungsfreiheit verzichteten, im Inneren aber autonom blieben. Sie stellten den Römern Truppen zur Verfügung, zahlten aber keine Tribute – diese hatten vergleichbare Bündnissysteme in der griechischen Welt, etwa den Attischen Seebund, immer belastet und auf längere Sicht unterminiert.

Bundesgenossensystem

Die Konkurrenz zwischen Griechen und Karthagern auf Sizilien blieb im 3. Jahrhundert v. Chr. bestehen. Tyrannen oder Könige beherrschten die griechischen Kolonien, was kaum einen Unterschied machte. Der Condottiere Agathokles schwang sich um das Jahr 300 v. Chr. zum Kleinkönig in Unteritalien auf. Seine oskischen Söldner bemächtigten sich nach seinem Tod der Stadt Messana. Hieron II., König von Syrakus 275-215 v.Chr., versuchte daraufhin, die Stadt Messana wieder unter griechische Kontrolle zu bringen.

Sizilien im 3. Jhd. v.Chr.

Diese Osker baten die Römer und die Karthager um Hilfe gegen Hieron, wobei die zeitliche Relation der beiden Hilfegesuche nicht ganz klar ist. Die Karthager waren schon seit Jahrhunderten in Sizilien präsent, die Römer hatten durch den Sieg über Pyrrhus an Prestige gewonnen. Jedenfalls standen sich nun Karthager und Römer gegenüber; was die Mehrheit der römischen Senatoren für eine Polizeimaßnahme gehalten haben dürfte, eskalierte in einen über 20 Jahre dauernden Krieg, dessen Wechselfälle hier nicht von Belang sind. Nach dem römischen Sieg wurden den Karthagern hohe Reparationen auferlegt. Sie hatten sich aus Sizilien zurückzuziehen. Kurze Zeit später nutzen die Römer die Gelegenheit zur Annektion von Sardinien und Korsika.

264-241 v.Chr. 1. Punischer Krieg

238 v.Chr. Annektion von Sardinien und Korsika

Die Karthager versuchten sich für ihre Verluste auf Sizilien und im tyrrhenischen Meer dadurch Kompensation zu verschaffen, dass sie die südspanische Kolonie Carthago Nova begründeten (229 oder 227 v.Chr.) und dazu nutzen, im Südwesten des Landes die Kontrolle über den Silberbergbau zu erlangen, um zunächst die Kriegsentschädigung an Rom zu zahlen. Schließlich gelangten sie bis zum Ebro, wodurch die Karthager mit dem Interessengebiet Massalias in Berührung kamen, das auch in Spanien Niederlassungen hatte, nämlich Emporion (das heutige Ampurias) und möglicherweise Rom um Intervention bat. Jedenfalls schlossen die Römer mit dem karthagischen Feldherrn Hasdrubal einen Vertrag, der den Ebro als Grenzlinie karthagischer und römischer Interessen besiegelte.

226/5 v.Chr. Ebro-Vertrag

Anlass des 2. Punischen Krieges wurde dann die Tatsache, dass Hannibal die Stadt Sagunt südlich des Ebro eroberte. Rom betrachtete die karthagische Expansion in Spanien als Bedrohung, da sie in eine Verbindung mit den Kelten in Südgallien und Ober-

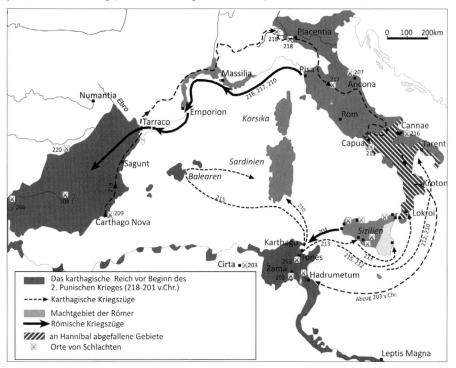

32: Der Hannibal-Krieg (2. Punischer Krieg, 218-201 v.Chr.)

italien führen konnte. Der Angriff Hannibals auf das mit Rom verbündete Sagunt diente lediglich als Vorwand, um in Spanien intervenieren zu können. Doch Hannibal kam den Römern, die Invasionen in Afrika und Spanien vorbereiten, zuvor. Er führte sein Heer über die Alpen und konnte den Römern in den Jahren 218-216 v.Chr. vier desaströse Niederlagen im eigenen Land zufügen, zuletzt bei Cannae. (**Abb. 32**) Die Römer änderten daraufhin ihre Taktik, boten keine Gelegenheit zur Feldschlacht: Fabius Maximus, der *Cunctator*, verhielt sich abwartend, reorganisierte die römische Armee und ließ die Armeen Hannibals, die zeitweise sogar Rom bedrohten, ins Leere laufen.

[Marginalie: 218-201 v.Chr. 2. Punischer Krieg]

Die Makedonen unter Philipp V. waren mit Hannibal verbündet, doch auf dem griechischen Kriegsschauplatz konnten die Römer mit Hilfe des Ätolischen Bundes früh siegen. Die Römer trugen dann den Krieg nach Nordafrika, Hannibal musste ihnen folgen. Bei Zama wurde er von P. Cornelius Scipio besiegt, der daraufhin den Siegertitel „Africanus" erhielt. Karthago musste kapitulieren und auf seine Besitzungen außerhalb Nordafrikas verzichten. Es verlor die Kontrolle über den Seehandel im westlichen Mittelmeer und wurde seiner Ressourcen in Spanien beraubt.

[Marginalie: 215-205 v.Chr. 1. Makedonischer Krieg]

Rom hatte in Philipp V. von Makedonien einen ernstzunehmenden Gegner in Griechenland, auch wenn sich der östliche Mittelmeerraum in einem sehr labilen Gleichgewicht befand. Die drei bedeutendsten Nachfolgemächte des Alexanderreiches standen in beständigem Konkurrenzkampf. Um das Jahr 200 v.Chr. war Ägypten die schwächste der Mächte, da Ptolemaios IV. ohne geeigneten Erben verstorben war; ptolemäische Besitzungen im Ägäisraum drohten von Makedonen und Seleukiden (Antiochos III., 223-187 v.Chr.) okkupiert zu werden. Doch aus römischer Perspektive gingen wieder einmal Sicherheitsdenken und Aggressivität Hand in Hand. Eroberungen an der Adriaküste, im Gebiet der illyrischen Königin Teuta, hatten zur Folge, dass Rom und Makedonien nun Nachbarn waren. Auf Bitten von Abgesandten des Königshauses von Pergamon und der Insel Rhodos begann Rom den 2. Makedonischen Krieg. Man ließ sich nicht lange bitten und ergriff die Chance, Makedonien ähnlich wie Karthago in die Schranken zu weisen. Im Verein mit anderen Gegnern der Makedonen, dem Achäischen und dem Ätolischen Bund, wurde Philipp in der Schlacht bei Kynoskephalai im Jahre 197 v. Chr. besiegt. Der römische Feldherr Flamininus erklärte die Griechen für frei, das heißt Makedonien musste auf seine Besitzungen in Thessalien und Mittelgriechenland verzichten und Reparationen

[Marginalie: 200-197 v.Chr. 2. Makedonischer Krieg]

33: Der griechische Osten nach dem Frieden von Apameia (188 v.Chr.).

zahlen. Die Römer zogen aus diesem Krieg keine territorialen Vorteile, entzogen sich aber auch ihrer Verantwortung, in Griechenland für stabile Verhältnisse zu sorgen, wie das zuvor die Makedonen getan hatten.

Antiochos III. hatte unterdessen die Schwäche der Makedonen ausgenutzt und sein Territorium vergrößert – vor allem zum Schaden Pergamons. Zudem hatte er Thrakien erobert und mischte sich in die Angelegenheiten der von den Römern für autonom erklärten griechischen Städte ein. Als er der römischen Forderung nicht nachkam, den Griechen im westlichen Kleinasien Autonomie zu gewähren, kam es zum Krieg. Zu wenig wird darauf hingewiesen, dass Rom im Jahr 191 v. Chr. mit der Überschreitung des Hellesponts auch eine symbolische Grenze übertrat – es unternahm denselben Schritt wie Alexander. Nach dem römischen Sieg kam es in Apameia zu Friedensverhandlungen (**Abb. 33**). Antiochos musste die seleukidischen Besitzungen westlich des Tauros an Pergamon abtreten, auch Rhodos wurde gestärkt.

Antiochos-Krieg 191-188 v.Chr.

Als sich Makedonien unter Perseus erholte und zudem vom pergamenischen Herrscher verleumdet wurde, setzten die Römer ihre Politik fort, Unruheherde des hellenistischen Ostens zu beseitigen. Bei Pydna siegten die Römer über Perseus. Nach dem Sieg wurde die Monarchie beseitigt und Makedonien in vier Re-

171-168 v.Chr. 3. Makedonischer Krieg

gionen aufgeteilt, die den Römern abgabenpflichtig waren. Im Jahre 147 wurde es zur Provinz Macedonia.

Die römische Außenpolitik seit dem 1. Punischen Krieg ist in der Forschung oft mit dem Begriff des Imperialismus bezeichnet worden, obwohl dieser Begriff erst im 19. Jahrhundert geprägt wurde.

> **Imperialismus**: Erstreben einer „faktischen, auf Dauer angelegten, im Zentrum bewussten staatlichen Handelns stehenden politisch-territorialen Herrschaft".[1] Der Begriff wurde im 19. Jahrhundert geprägt, als die Kolonialmächte den Rest der Welt unter sich aufteilten – die Berliner Kongo-Konferenz von 1884/1885 mag als ein Beispiel solcher Bemühungen gelten.

In der Tat haben die Römer nicht nur potentiell gefährliche Machtbildungen zerschlagen, sondern unterworfenen Gegnern auch Land abgenommen. In Italien wurde dieses Land direkt annektiert, also dem *ager Romanus* zugeschlagen, oder man gründete Kolonien zur militärischen Sicherung. Gebiete außerhalb Italiens wurden hingegen als Provinzen organisiert.

> **Provinz**: Ursprünglich Zuständigkeitsbereich eines oberen Magistrats, dann territorial abgegrenzter auswärtiger Kommandobereich unter einem (Pro)Magistrat. Die Provinzialbewohner hatten Abgaben zu zahlen und mussten römischen Geschäftsleuten die Betätigung erlauben. Ihre Interessen konnten sie in Rom nur im Rahmen klienteler Beziehungen verfolgen

Im Jahre 227 v. Chr. wurden die Provinzen *Sicilia* und *Sardinia et Corsica* eingerichtet; *Gallia Cisalpina* und *Hispania* folgten um das Jahr 200 v. Chr. – beides infolge der Punischen Kriege. Die Verwaltung dieser Provinzen bereitete dem Stadtstaat Rom gewisse Probleme, die sich im Verlauf des 2. Jahrhunderts v. Chr. vor allem dann zeigten, wenn Völker unter römische Herrschaft kamen, zu denen kein Kontakt bestanden hatte wie zum Beispiel die Iberer. Rom musste die Provinz verwalten und Truppen abstellen, die den römischen Statthalter im Bedarfsfall schützen konnten. Diese Probleme waren nicht von vornherein absehbar, könnten aber dazu geführt haben, dass Rom lange gezögert hat, weitere Provinzen einzurichten.

---

[1] W. Baumgart, Staatslexikon 3 (1987) 40.

Von einem römischen „Imperialismus" kann gleichwohl gesprochen werden, wenn man damit nicht eine gezielte territoriale Eroberungspolitik meint, sondern eine gewisse Grundhaltung, keinem Konflikt aus dem Wege zu gehen, alle Möglichkeiten zur Intervention zu nutzen und die Gültigkeit des römischen Befehls – das ist die Grundbedeutung von *imperium* – absolut zu setzen. Die Bürger trugen diese – oft sehr opferreiche! – Politik meist mit, da ihre Erfolge Selbstbewusstsein und Beute bescherten. Diese Haltung war in Rom schon vorhanden, bevor es Weltmacht wurde. Das ist vor allem damit zu erklären, dass es in der Nobilität notwendig war, militärische Erfolge vorzuweisen, um sich für den weiteren Aufstieg zu empfehlen und das persönliche Ansehen zu mehren. Wenn ein Nobilis das *imperium* erhalten hatte, um einen Krieg zu führen, hatte er weitgehend freie Hand. Solches Bestreben einzelner, Krieg auch um des persönlichen Ansehens wegen zu führen, bestand schon in den Samnitenkriegen und ist auch zu Beginn des 1. Punischen Krieges zu beobachten, als es im Senat auch Stimmen gab, die die römische Einmischung in der peripheren Region ungern sahen. Ökonomische Motive spielten immer wieder eine Rolle – Krieg versprach Beute, in Spanien kam Rom sogar in den Besitz reicher Silbervorkommen. Der Römische Imperialismus war also ein Phänomen, das sich seit dem Ende des 4. Jahrhunderts v.Chr. gleichzeitig mit der Nobilität entwickelt hat. Diese pflegte ein ausgeprägtes Wettbewerbsdenken, das aber nicht aus dem Ruder lief, weil die Orientierung am Wohl der *res publica* die oberste Leitlinie bildete und der Senat als unbestrittene Mitte der Politik die großen Linien bestimmte – was eigenmächtige Aktionen Einzelner nicht ausschloss.

Nobilität und Imperialismus

Die politische Kultur der mittleren Republik

Seit dem 2. Jahrhundert v.Chr. ist die politische Kultur Roms auch anhand von Primärquellen zu studieren. Die Geschichtsschreibung der Römer hatte mit Fabius Pictor und Cato begonnen. Zuvor gab es nur vereinzelt Dichtungen, die von den Griechen beeinflusst waren, zum Beispiel die paraphrasierende Übersetzung von Homers *Odyssee*, die Livius Andronicus um die Mitte des 3. Jahrhunderts v. Chr. angefertigt hat (*Odusia*). Zu dieser Zeit gab es zudem etliche Arten von Dramen. Historische Epik begann mit Naevius und Ennius.

Gesellschaft und Literatur im 3. und 2. Jhd. v.Chr.

Fabius Pictor nahm offenbar die Krise im 2. Punischen Krieg zum Anlass, ein Geschichtswerk seit der Zeit des Romulus zu

Keine Annalistik

schreiben. Die Bezeichnung des Werkes als annalistisch ist irreführend, denn es gab nach Ausweis der Fragmente zunächst Abschnitte über die mythische Frühzeit und die frühe Republik, die definitiv nicht nach einzelnen Jahren gegliedert waren. Nur im zeithistorischen Teil über den 2. Punischen Krieg ging Fabius Pictor anscheinend annalistisch (das heißt nach einzelnen Kriegsjahren) vor. Der ältere Cato hinterließ Reden und Fachliteratur; sein Geschichtswerk trug den Titel *Origines* und behandelte die „Ursprünge" Roms und anderer italischer Städte.

Kleidung

Die Nobiles hatten sich einem strengen Verhaltenskodex unterworfen; dazu gehörte zunächst die Einhaltung bestimmter Kleidungsvorschriften oder Einschränkungen in der Lebensweise. Der römische Adlige hatte die Toga zu tragen, ohne weiteren Schmuck. Bestimmte hohe Ämter brachten das Recht mit sich, eine *toga praetexta* (mit farbigem Saum) zu tragen. Der Triumphator trug für einen Tag eine *toga picta*, die vollständig mit farbigen Motiven bedeckt war. Ob der Triumph selbst römische Erfindung ist oder nicht eventuell auf die Etrusker zurückgeht, ist schwer zu ergründen.

> **Triumph**: Siegeszug vom Marsfeld zum Kapitol in Rom; er wurde nur Magistraten mit eigenem *imperium* zugebilligt. Der Triumphator führte den Zug auf einer Quadriga an, es folgten Soldaten mit Beute und Kriegsgefangene. Wenn der Triumphator auf dem Forum Romanum angekommen war, bestieg er das Kapitol und weihte einen Teil der Beute dem Jupiter.

Auf die Wichtigkeit des *mos maiorum* wurde bereits hingewiesen – die Adligen hatten also unbedingt den Verhaltensweisen der Vorfahren zu folgen, die Vergangenheit war wichtigster Maßstab des Handelns. Die Römer führten in politischen Reden (aber auch sonst) gern die *exempla* der Vorfahren an, erinnerten also durch bloße Namensnennung an bemerkenswerte Taten von Angehörigen oder auch Gestalten der Frühzeit wie Horatius Cocles, der allein eine Brücke gegen die übermächtigen Feinde verteidigt haben soll. Wer sich als Römer fühlte, wusste sofort mit Namen wie Cocles, Scaevola, Cloelia, Camillus oder Scipio etwas anzufangen – die Erinnerung an solche vorbildlichen Personen wurde bei verschiedenen Gelegenheiten gepflegt.

pompa funebris

In der *pompa funebris* hatten die *exempla* große Bedeutung. Bei diesem Leichenzug wurde der Verstorbene zu seinem Grabmal am Stadtrand getragen. Der Zug erregte Aufmerksamkeit, weil der Verstorbene auch von seinen Ahnen begleitet wurde. Es war Sitte, den Gesichtern der Toten Wachsabdrücke (*imagines*) abzunehmen. Diese Wachsmasken trugen nun Personen aus dem Umkreis des Toten und versuchten sogar, Besonderheiten der Ahnen in Körperhaltung oder Gang nachzuahmen – wir sind durch Polybios (6,53-55) ausführlich darüber informiert. Natürlich trug der Betreffende auch die dem Ahnen zustehende Form der Toga. Es gibt wohl kaum eine anschaulichere Möglichkeit, die Tradition der nobilitären Familie darzustellen. Der Totenzug wurde zu einer Selbstvergewisserung der Familientradition, die *exempla* wurden bei der abschließenden Leichenrede herausgestellt. Dieses Ritual bewahrte die Erinnerung an die Taten der Familie, wie es auch Denkmäler taten, die auf den Toten verwiesen – vom ihm gestiftete Tempel oder Bauwerke, unter Umständen eine Ehrenstatue oder ein Triumphalgemälde.

Erinnerung in Rom: exempla

Ein Ritual, das ganz typisch für die Römer war, wurde erstaunlich spät eingeführt: die Gladiatorenspiele. Die archaische Welt der Griechen und Etrusker kannte Leichenspiele nur ganz punktuell, Sklaven kämpften am Grabe und konnten dabei zu Tode kommen, wurden quasi den Göttern geopfert (wenn es sich dabei nicht um einen Mythos handelt). Die Römer der mittleren Republik haben aus diesen Leichenspielen etwas ganz Neuartiges gemacht, ein Schauspiel um Leben und Tod, das eben nicht nur anlässlich des Todes einer berühmten Person veranstaltet wurde, sondern nun auch zu Zwecken der Wahlwerbung – so war es jedenfalls in der späten Republik. Gladiatorenspiele wurden für gewisse nobilitäre Kreise zur Pflicht, die Römer nannten sie deshalb *munera gladiatoria* und nicht *ludi*, Spiele.

264 v.Chr. – Beginn der Gladiatorenspiele?

Das moderne Bild der Gladiatorenspiele ist oft diffus, weil nicht beachtet wird, dass die kämpfenden Gladiatoren aus ganz verschiedenen Gründen in der Arena auftraten. Oft hört man bis heute die Ansicht, Ziel der Kämpfe sei die Tötung des Gegners gewesen. Das galt nur, wenn zum Tode Verurteilte der Arena überantwortet wurden. Es gab immer mehr Freiwillige, die den Kampf als Sport sahen und die für teures Geld gemietet werden mussten. Hier wurde die Gladiatur zum athletischen Wettkampf, dessen Beteiligte oft jahrelang für ihren Lebensunterhalt kämpften, bevor sie dann aus dem Dienst entlassen wurden. Das erkennt man an der Untersuchung von Gladiatorenfriedhöfen – die Skelette zeigen, dass viele verwundet worden waren, aber ein höheres Alter erreicht haben, als man es erwarten würde.

Gladiatur als Sport

Doch ging es den Zuschauern im Amphitheater nicht nur um das Verhalten der Gladiatoren. Wenn Freiwillige kämpften, dann

Gladiatur als Ritual

beobachtete der Römer auch, wie sich der Spielgeber verhielt, ob er am Kampf entsprechenden Anteil nahm. Von besonderer Bedeutung war der Moment, wenn ein Gladiator zum Todesstoß ansetzte. Der Spielgeber wurde gefragt, ob man den Liegenden, der um Gnade bat, töten oder verschonen solle. Das Publikum beobachtete genau, ob der Spielgeber den „Todgeweihten", der mutig gekämpft hatte, begnadigte oder eher ungerechtfertigt niedermetzeln ließ.

Griechen und Römer in Süditalien

Kulturelle Beeinflussung durch die Griechen nahm durch die Expansion Roms in Mittel- und Süditalien wieder zu. Viele kulturelle Einrichtungen der Griechen wurden von den Römern übernommen (manches auch von Italikern und Etruskern). Von den griechisch beeinflussten Anfängen römischer Literatur war schon die Rede. Keramik, Statuen und Kleinkunst wurde im Mittelmeer gehandelt, das heißt die Römer konnten diese Stücke erwerben beziehungsweise haben sie teilweise auch im Krieg erbeutet. Griechische Architektur war in der „Magna Graecia" zu sehen, das heißt im Gebiet griechischer Kolonien in Süditalien und Sizilien. Einheimische (sikulische) und karthagische Kultureinflüsse sind dort heutzutage kaum noch spürbar, doch in Städten wie Syrakus sind die Griechen zumindest durch ihre Architektur lebendig geblieben (man denke zum Beispiel an die im Dom verbauten antiken Säulen). Rom geriet auch unter den Einfluss klassischer griechischer Kunst und später war es hellenistisch beeinflusst, beispielsweise durch Pergamon, bevor Rom selbst zu einem Zentrum hellenistischer Kunst wurde.

Krise der Herrschaft und beginnende Desintegration der Nobilität

Aufstände in Spanien

In der Zeit, als Rom im griechischen Osten militärisch aktiv wurde, kam es in der Provinz Hispania, die den östlichen Landesteil umfasste, zu wiederholten Aufständen. Die Bevölkerung bestand aus verschiedenen iberischen und keltischen Stämmen. Der bereits als Historiker erwähnte ältere Cato befand sich beispielsweise im Jahre 195 gleich mit mehreren Volksstämmen im Krieg. Eine Konsolidierung trat erst um das Jahr 178 v.Chr. ein. Die Silbervorkommen Spaniens kamen Rom gelegen – das Heer verschlang Unsummen. Inwiefern das Silber Thema im Senat beziehungsweise Anlass für die römische Expansion war, ist nicht mehr ermittelbar, da die Hauptquelle Livius dem Kriegsschauplatz im östlichen Mittelmeer größeren Raum widmete. Polybios (34,9,8-11) erwähnt den Silberreichtum und schildert die Abbaumethoden.

Nach den bis 168 v.Chr. andauernden Operationen der Römer im Osten kam es nicht zu der erhofften Beruhigung. Rom war auf zu vielen Schauplätzen aktiv. Aufstände in Spanien flammten 154 v.Chr. wieder auf, auch in Nordafrika und in Mittelgriechenland kam es zu Spannungen. Die Krise der römischen Herrschaft zeichnete sich ab. Krisenlösungsmechanismen gab es kaum – alles von Bedeutung wurde im Senat in Rom entschieden. Der Stadtstaat war mit seinem Weltreich überfordert und nahm Zuflucht zu einem Instrument, das wenigstens kurzfristig immer funktionierte: der militärischen Gewalt. Karthago und Korinth wurden 146 v.Chr. zerstört. Gegen Karthago hatten die Römer gar einen 3. Punischen Krieg geführt (149-146 v.Chr.) – eher Rache denn Notwendigkeit. Rom hatte seinen letzten ernstzunehmenden Gegner verloren. Die „Furcht vor dem Punier" (*metus Punicus*) gab es nicht mehr – Müßiggang habe sich nun breit gemacht, der Ehrgeiz richtete sich zunehmend nach innen, wie Sallust 100 Jahre später schrieb.

<small>Krise der römischen Herrschaft</small>

Viel schlimmer war, dass die römische Oberschicht die Homogenität verlor, die sie im 4. und 3. Jahrhundert v.Chr. erlangt hatte. Einzelne Nobiles gaben den *mos maiorum* zugunsten eines Lebensstils auf, der dem hellenistischer Potentaten glich. Die Angehörigen der senatorischen Oberschicht lebten von ihrem Großgrundbesitz; sie hatten eine politische Laufbahn einzuschlagen, die ebenfalls genau vorgegeben war. Militärische Erfolge waren erwünscht, ja notwendig, man durfte sich darüber aber nicht übermäßig brüsten. Die Kriegsbeute war an die Soldaten zu verteilen, den Göttern zu weihen oder in die Staatskasse zu bringen. Die ungeschriebenen Verhaltensregeln in diesem Bereich und anderswo wurden im Verlauf des 2. Jahrhunderts v.Chr. nicht mehr in dem Maße beachtet wie zuvor. Als Symptom des aus dem Ruder laufenden Wettbewerbs waren Gerichtsprozesse die Folge – die Adligen verklagten sich gegenseitig. Fragmente der Reden des älteren Cato geben deutlich Zeugnis davon. Dieser als strenger Zensor bekannte Mann griff beispielsweise einen Feldherrn an, der Beutestücke an sein Privathaus drapiert hatte, anstatt sie auf dem Kapitol zu weihen. Diese und andere Differenzen sprechen für den Beginn der Desintegration der Nobilität, das heißt die Führungsschicht verlor ihren Zusammenhalt. Die Konstruktion der Ämterlaufbahn (*cursus honorum*) produzierte zusätzlich eine starke Dynamik, denn der Stellenkegel verjüngte sich nach oben: So hatte das zweithöchste Amt, die Prätur, am Ende (im 1. Jh. v. Chr.) acht Stellen pro Jahr, während das höchste Amt, das Konsulat, zweistellig blieb. Selbst wenn nicht alle gewesenen Prätoren

<small>Desintegration der Nobilität</small>

auch das Konsulat anstrebten, war die Konkurrenz meist heftig; wir hören in der späten Republik von drei bis vier, mitunter sieben Bewerbern für das Konsulat.

Die mit dem Jahr 133 beginnende Epoche wurde von Alfred Heuß als „römische Revolution" bezeichnet. Zunehmende Desintegration der Nobilität und Reformen, die den Weg zur Monarchie bereiteten, sind ihre Kennzeichen. Der lange Transformationsprozess, der von mehreren Umstürzen gekennzeichnet war, ist mit dem modernen Revolutionsbegriff[2] kaum fassbar. Ausgangspunkt ist Tiberius Sempronius Gracchus, ein junger Politiker aus gutem Hause, sein Vater hatte lange Zeit in Spanien Krieg geführt. Der Sohn war 137 v. Chr. Quästor geworden, kannte den Krieg und die desolate Situation der Veteranen allzu gut. Das heißt nicht, dass nicht auch anderen Römern bekannt war, welche sozialen Probleme drohten, gerade wenn es zu Versorgungskrisen der städtischen Bevölkerung kam. Nach 165 v. Chr. gab es keine Koloniegründungen mehr, die Soldaten konnten also nicht mehr mit einer Landstelle versorgt werden, wenn der Wunsch danach bestand. Besitzlose, die sich in Rom sammelten, wollten ebenfalls gern an der Nutzung des *ager publicus* partizipieren, den überwiegend die Senatoren bewirtschafteten, da sie finanziell imstande waren, auch solche weiter entfernten Ländereien in Nord- und Süditalien zu verwalten.

Streit um das Staatsland

Gracchus wurde für das Jahr 133 v. Chr. zum Volkstribunen gewählt. Er ließ von der Volksversammlung ein Gesetz verabschieden, womit die Bewirtschaftung von *ager publicus* auf 1000 *iugera* (also 250 Hektar) pro Familie beschränkt wurde; freigewordenes Land sollte eine Kommission verteilen. Gracchus machte also einen Missstand, der schon länger bekannt war, zum Thema römischer Politik. Die Initiative hatte zuvor im Senat keine Zustimmung gefunden – die Senatoren befürchteten den Verlust von Land, welches sie als persönlichen Besitz ansahen. Gracchus wollte sich nun erneut zum Volkstribunen für das Jahr 132 v. Chr. wählen lassen, was bei den Senatoren die (unberechtigte) Furcht aufkommen ließ, Gracchus strebe eine quasi-monarchische Stellung an, denn er hatte bereits einmal einen aus seiner Sicht nicht kompromissfähigen Volkstribunen des Amtes entheben lassen. Es kam zu einem Handgemenge mit Senatoren, bei dem Gracchus den Tod fand.

Die Volkstribune hatten Tausende von Anhängern, einen großen Teil der Bevölkerung. Diese *plebs urbana* hatte sich im Laufe

---

[2] Vgl. dazu Christoph Nonn, *Das 19. und 20. Jahrhundert*, Paderborn 2007, 109.

der Zeit immer mehr den besitzenden Kreisen (Senatoren, Rittern) entfremdet. Mit entsprechenden Gunstbeweisen war sie politisierbar, was Männer wie die Gracchen ausnutzten. Der Bruder des Tiberius namens Gaius wurde 123 v.Chr. Volkstribun, betrieb eine ähnliche Politik zugunsten der Veteranen und Besitzlosen; der Senat rief 121 v. Chr. den Notstand aus und ließ Gaius und seine Anhänger niedermachen.

Staatsnotstand und Bürgerkriege

Zu bürgerkriegsähnlichen Zuständen kam es in der Folgezeit immer wieder. Appuleius Saturninus (103 und 100 v. Chr.) und Livius Drusus (91 v. Chr.) verfolgten eine Politik in der Linie der Gracchen, deren Anhänger die Römer später *populares* nannten (im Gegensatz zu den Optimaten), und kamen um. Vor allem Saturninus hatte zusammen mit Glaucia vor Gewaltanwendung gegen Andersdenkende nicht zurückgescheut. Der zunächst von Saturninus unterstützte Konsul Gaius Marius musste, als der Staatsnotstand vom Senat ausgerufen wurde, Saturninus und seine Anhänger umbringen lassen.

Restauration

Die Vorherrschaft mächtiger einzelner Politiker in der späten Republik

Jugurtha, ein numidischer Fürst, hatte durch Eroberungen Unruhe unter Roms Verbündeten gestiftet, führende römische Politiker bestochen und gegeneinander ausgespielt. Kimbern und Teutonen waren in der Provence und Norditalien eingefallen. Später erhoben sich die römischen Bundesgenossen (91-89 v.Chr.), die das römische Bürgerrecht mit Waffengewalt erstritten, ganz Italien wurde römisch. Mit den ersten beiden Problemen wurde Marius, ein *homo novus*, fertig, indem er unter anderem die Armee reorganisierte. Er bekleidete um das Jahr 100 v. Chr. insgesamt sieben Konsulate.

C. Marius

> **Heeresreform des Marius:** Reorganisation der Armee in Anbetracht mehrerer verheerender Niederlagen in Nordafrika gegen Jugurtha und gegen die Kimbern und Teutonen; Marius griff stärker als zuvor üblich auf besitzlose Freiwillige zurück und verbesserte Training und Ausstattung der Truppen; er führte den Adler als Feldzeichen ein.

Im Kampf gegen Jugurtha hatte sich Marius' Untergebener Sulla aus der vornehmen Familie der Cornelier unbeliebt gemacht, indem er die Auslieferung Jugurthas aus den Händen des verräterischen Bocchus betrieb. Die Konkurrenz von Marius und Sulla

C. Cornelius Sulla

34: Sulla. Denar des (späteren) Consuls Q. Pompeius Rufus, Rom, 54 v.Chr. (RRC 434/1)

hielt noch zwanzig Jahre später an, als die Römer auf Mithradates' Invasion in Kleinasien reagieren mussten. Rom hatte 133 v. Chr. das Königreich Pergamon geerbt und daraus die Provinz Asia gemacht. Nun war Mithradates in die Provinz eingefallen und hatte von Ephesos aus den Befehl erteilt, die Römer in Kleinasien zu töten (88 v.Chr.). Die Ermordung von Tausenden war nur möglich, weil die römischen Steuereintreiber unbeliebt waren und sich der Hass der Provinzialen nun entladen konnte. Die Entsendung eines erfahrenen Generals war nötig, Sulla wurde dazu bestimmt. In Rom hingegen übten die Popularen unter Marius und Cinna eine Schreckensherrschaft aus, politische Gegner wurden liquidiert. (Abb. 34)

Bedingt durch die äußere Krise (Aufstände in den Provinzen) haben die konkurrierenden Nobiles es geschafft, die Soldaten ständig zu beschäftigen und ein persönliches Verhältnis zu ihnen herzustellen. Die Soldaten erhofften nach der Entlassung aus dem Militärdienst eine Abfindung in Gestalt eines Bauernhofes. Die Veteranen, die mit einem Hof oder einem Landlos in einer Kolonie versorgt worden waren, blieben dem Feldherrn verpflichtet, es bildete sich eine Militärklientel.

Militärklientel

Sulla konnte sich in langjährigen Kämpfen gegen Mithradates durchsetzen. Nun kehrte er nach Italien zurück. Die Verhältnisse in Rom waren ihm bekannt. Deshalb entließ er seine Legionen nicht, wozu er rechtlich verpflichtet gewesen wäre, sondern zog mit ihnen nach Rom. Er belagerte die Stadt, die von den Anhängern Cinnas verteidigt wurde. Marius war zwischenzeitlich verstorben und Cinna von meuternden Soldaten getötet worden.

Sieg Sullas über Mithradates

Sulla ging als Sieger aus diesem Bürgerkrieg hervor; er eroberte die Stadt, machte sich zum *dictator legibus scribundis et rei publicae constituendae* – eine Novität. Die alte Diktatur war schon lange nicht mehr bekleidet worden, nun funktionierte Sulla sie gegen den Feind im Inneren um. Weder Annuität noch Kollegialität galten für Sulla, er war der alleinige Herr der Stadt. Seine Maßnahmen sind schwer auf einen Nenner zu bringen. Manche zeigen, dass Sulla die Krisensituation in den Provinzen durchschaut hatte. Er ließ die Zahl der Prätoren auf acht erhöhen; Konsuln und Prätoren sollten ihr Amtsjahr in Rom zubringen, dann für ein Jahr in eine Provinz gehen. Viele Maßnahmen erweisen Sulla hingegen als optimatischen Machtpolitiker. Politische Gegner wurden für vogelfrei erklärt (Proskriptionen); die Volkstribune wurden

Sullas Diktatur 82-79 v.Chr.

entmachtet, sie durften keine Gesetze mehr einbringen bzw. mussten diese vom Senat genehmigen lassen. Die Geschworenengerichte wurden von Prätoren geleitet; als Geschworene durften nur Senatoren fungieren. Der Senat wurde mit Anhängern Sullas auf 300 aufgestockt und um 300 Ritter ergänzt. Als Sulla im Jahre 79 v.Chr. zurücktrat, war die Senatsherrschaft wiederhergestellt. So schien es zumindest.

Politik wurde nur noch von wenigen, sehr mächtigen Römern bestimmt, den *pauci potentes*, wie Sallust sie polemisch nannte. Sulla, Pompeius oder Caesar gehören in diese Rubrik. Ihnen wird in der modernen Forschung teilweise nachgesagt, sie hätten die Monarchie vorbereitet, so beispielsweise Sulla, weil er sich eine neue, längerfristige Form der Diktatur schuf. Eduard Meyer hat vom Prinzipat des Pompeius gesprochen. Die antiken Historiker haben vor allem zwei Kandidaten als Begründer der römischen Monarchie genannt, Caesar und Octavian. Caesar als Diktator auf Lebenszeit mit monarchischer Machtfülle, Octavian als der raffiniertere, der seine monarchische Stellung zu kaschieren verstand, indem er sich als erster Mann im Senat (*princeps*) gerierte.

Der Weg zur Monarchie

Pompeius stellte wohl als Erster eine Privatarmee auf. Mit dieser konnte er bei der Verfolgung der Anhänger des Marius in Africa große Erfolge erzielen (81/80 v.Chr.). (**Abb. 35**) Obwohl er nur ritterlichen Standes war, erstritt er sich in Rom einen Triumph. Seine militärische Kompetenz brachte ihm auch politische Macht ein. Er musste nicht die Ämterlaufbahn erklimmen, man übertrug ihm außerordentliche Kommanden, zunächst gegen den Sulla-Gegner Sertorius in Spanien (77-72 v.Chr.). Bei der Rückkehr nach Italien konnte Pompeius die Reste der Aufständischen aufreiben, die der Sklave Spartacus um sich geschart hatte. Crassus hatte zuvor die Armee der Sklaven und Besitzlosen in offener Feldschlacht besiegt.

Pompeius

Siege über Sertorius und Spartacus

Im Jahre 70 v. Chr. waren Pompeius und Crassus Konsuln. Sie stellten wichtige Kompetenzen der Volkstribune wieder her, revidierten also die Sullanische Ordnung. Im Jahre 67 v. Chr. revanchierte sich der Volkstribun Aulus Gabinius. Er verschaffte Pompeius ein außerordentliches Kommando gegen die Seeräuber, die den Handel in der Ägäis behinderten. Pompeius wurde mit großen Militär- und Sachmitteln nach Kili-

35: Marmorkopf des Pompeius, um 55 v. Chr. Kopenhagen, Ny Carlsberg Glyptothek

Außerordentliche Kommanden

kien entsandt, im Küstengebiet hatte er den Vorrang *(imperium maius)* vor anderen Magistraten. Die besiegten Piraten ließ er nicht hinrichten, sondern siedelte sie in Kilikien an. Als sich Mithradates erneut erhob, erhielt Pompeius ein weiteres außerordentliches Kommando. Er verfolgte den Herrscher des Pontos bis in den Kaukasus. Später ordnete er dessen Besitzungen neu, reorganisierte Anatolien und Syrien. Außerdem liquidierte er die Reste des Seleukidenreiches. Drei Provinzen wurden neu gegründet, etliche Klientelkönigtümer bildeten eine Pufferzone nach Osten.

> **Klientelkönigtum**: Den direkt beherrschten Provinzen vorgelagert gab es formal selbstständige, tatsächlich aber stark vor Rom beeinflusste Fürstentümer und Königreiche. Sie dienten als Puffer gegen feindliche Mächte und verschafften preiswerte Sicherheit. Die dynastische Nachfolge wurde meist durch Rom geregelt, loyale Fürsten konnten sich umgekehrt auf Rom verlassen. Die Beziehungen zwischen der Vormacht und den in Anlehnung an die römische Klientel als Klientelkönigtümer bezeichneten Gebilde weisen Gemeinsamkeiten mit dem „informellen" Imperialismus im 19. und 20. Jahrhundert auf.

Die *coitio* des Jahres 60 v. Chr.

Im Jahre 60 v. Chr. verbündeten sich Crassus, Pompeius und Caesar zu einer politischen Interessengemeinschaft *(coitio)*. Der Begriff Triumvirat ist nicht passend, da es sich nicht um ein amtsmäßiges Kollegium öffentlichen Rechts handelte. Crassus suchte als Lobbyist der Steuerpächter Unterstützung für seine Forderungen. Pompeius musste im Senat die Genehmigung seiner Neuordnung des Ostens erreichen und auch die Versorgung seiner Veteranen sichern. Die beiden an sich verfeindeten Politiker zu versöhnen gelang Iulius Caesar, dem Neffen des Marius, der sich als Popularer von altem Adel einen Namen gemacht hatte. Um alle Projekte der Bündnispartner auch gegen den Senat verwirklichen zu können, musste der beliebte Caesar ins Konsulat von 59 v.Chr. gebracht werden. Unter dem Schatten des „dreiköpfigen Ungeheuers" (Varro) bestimmten Gewalt und Leerlauf den politischen Alltag. Die traditionelle, im Senat manifestierte Kollektivherrschaft des Adels verlor zusehends an Ansehen und Gehorsam.

Gallischer Krieg 58-51 v.Chr.

Caesar verschaffte sich in fast zehnjährigem Krieg in Gallien, der wegen einer Nichtigkeit vom Zaun gebrochen wurde, die Loyalität seiner Soldaten. **(Abb. 36)** Diese Heeresklientel wurde wichtig, als das Dreierbündnis endete. Crassus war 53 v.Chr. in Carrhae gefallen, als er von seiner Provinz Syrien aus Krieg gegen die Parther führte. Julia, Caesars Tochter und Frau des Pompeius, starb, die Freundschaft der mächtigen Männer zerbrach. 52 v.Chr. war Pompeius *Consul sine collega*; zwei Jahre später ließ er vom Senat beschließen, dass Caesar ohne Armee als Privatmann nach Rom zurückkehren sollte. Doch dieser fürchtete, vom Senat zur Rechenschaft gezogen zu werden. Seine *dignitas* verbot es ihm, sich zu stellen. Er marschierte also mit Truppen in Italien ein, überschritt am 11./12. Januar 49 v.Chr. den Rubikon, ein Bürgerkrieg begann.

36: Symbole des Sieges über die Gallier. Trophäe; darunter links und rechts zwei Gefangene sitzend. Denar des Diktators Caesars, Rom, 46/45 v.Chr. (RRC 468/2)

Pompeius und der Senat hatten offenbar nicht mit einer Invasion gerechnet und flohen nach Griechenland. Caesar zwang zunächst Pompeius' Legaten in Spanien zur Kapitulation (Dezember 49 v.Chr.) und setzte dann den „Republikanern" (Optimaten) nach, er konnte sie bei Pharsalos (Thessalien, August 48 v.Chr.) zur Schlacht zwingen. Nicht zuletzt dank seiner geschulten Reiterei konnte Caesar die Legionen des Senats besiegen, ein Teil der Senatoren entkam. Pompeius wurde auf Geheiß eines Ptolemäers am Gestade Ägyptens erdolcht. Caesar verfolgte die Anhänger der Senatspartei, in Thapsus kam es erneut zur Schlacht (April 46 v.Chr.), Caesar siegte, der prominente „Republikaner" Cato (der Jüngere) gab sich selbst den Todesstoß. Weitere Kampfhandlungen gab es in Spanien, wo Sextus Pompeius, der Sohn, etliche Anhänger des Vaters um sich geschart hatte. Er beherrschte bis zum Jahre 36 v. Chr. das Meer zwischen Spanien und Sizilien.

Bürgerkrieg 49-46 v.Chr.

Caesar ist es aber trotz der gewaltigen Zahl der Legionen, die er kontrollierte, nicht gelungen, eine stabile politische Ordnung zu etablieren. In der Tradition Sullas war er *dictator*, ließ dann seine Diktatur immer weiter verlängern, schließlich auf Lebenszeit. Er hat vielen Anhängern des Pompeius Gnade erwiesen, die berühmte *clementia Caesaris*. Doch die republikanische Ordnung war trotz der Reformversuche Caesars, die beispielsweise die Neuordnung des Kalenders betrafen, zerstört, weil die Grundprinzipien der republikanischen Verfassung nicht mehr beachtet wurden. Eine neue Ordnung war nicht in Sicht, denn das Verhältnis Caesars zur alten Aristokratie blieb unklar.

Caesars Diktatur

Die Diktatur auf Lebenszeit wurde Caesar zum Verhängnis, er wurde an den Iden des März 44 v.Chr. von mehreren Senatoren

Ermordung Caesars

niedergestochen, pikanterweise am Standbild des Pompeius. Doch die wenigen republikanisch gesinnten Senatoren wie Cicero konnten die Senatsherrschaft nicht wiederherstellen, Antonius und Oktavian zogen nun die Fäden. Antonius war mit Caesar zusammen im Jahre 44 v. Chr. Konsul. Seine Macht beruhte bei den Soldaten auf der Loyalität gegenüber Caesar und dem Ruf eines tüchtigen Offiziers. Nach Caesars Tod blieb er Konsul und war in Besitz der Verfügungen Caesars.

Oktavian war hingegen der Privaterbe; er sollte im Auftrag Caesars die Soldaten beschenken und den Rest des Vermögens für sich behalten. Doch auch Oktavian hatte politische Ambitionen, er zog mit privat rekrutierten Truppen in Rom ein, konnte aber zunächst wenig ausrichten. (1. Marsch auf Rom, Nov. 44 v.Chr.) Cicero witterte die Chance, Antonius aus dem Spiel zu drängen, kam auf Oktavian zu und versuchte ihn auf die politische Linie der Senatoren zu bringen, die gegen Antonius eingestellt waren. Als dieses im Jahre 43 v. Chr. fehlschlug, war der letzte Versuch zur Wiederherstellung der Republik gescheitert. Mit dem zweiten Marsch auf Rom (August 43 v.Chr.) erzwang sich Oktavian das Konsulat und machte den Weg für das Triumvirat frei.

Die Kultur der späten Republik

Literatur in Rom

Der Einfluss des Hellenismus auf Rom blieb erhalten. Griechische Kunst kam als Beute weiterhin nach Rom, römische Kunst ist von griechischen Vorbildern stark geprägt. Neue Literaturgattungen traten auf. Römische Dichter wie Catull ahmten die hellenistische Dichtung nach. Neben der historischen Epik spielte nun Lehrdichtung eine wichtige Rolle. In der Prosaliteratur entstand mit dem Bewusstsein der Krise eine antiquarische Literatur, die Wissen konservierte, das verlorenzugehen drohte. In der Geschichtsschreibung traten neben die älteren Ansätze nun dezidiert annalistische, monographische oder autobiographische Zugriffe.

Cicero 106-43 v.Chr.

Viele Literaturgattungen, die es schon zuvor gab, wie etwa Brief und Rede, wurden fortgesetzt und sind im Werk Ciceros (**Abb. 37**) in großer Breite überliefert. Tausende Briefe und mehr als 70 Reden aus seiner Feder geben einen plastischen Einblick in die Entwicklung Roms von der Zeit Sullas bis zu Oktavian. Hier ist vieles zu finden, was aufgrund des knapp bemessenen Platzes in einem Studienbuch nicht zur Sprache kommen kann, die Verschwörung des Catilina beispielsweise oder die ausufernde Gewalt zwischen den Anhängern des Clodius und Milo.

Die philosophischen Werke Ciceros geben einen guten Einblick in die Strömungen hellenistischer Philosophie, die staatsphilosophischen Schriften *De re publica* und *De legibus* sind auch als Analyse der römischen Staatskrise zu betrachten, freilich mit Rückbezug auf Platons gleichnamige Werke *Politeia* und *Nomoi*. Die antike Philosophie hatte seit Platon die Form des Dialogs, das heißt die Inhalte wurden in Gesprächsform dargestellt. Ciceros *De re publica* spielt im Jahre 129 v.Chr., kurz vor dem Tode des jüngeren Scipio Africanus, der sich mit Laelius und einigen jüngeren Zeitgenossen unterhält. Er redet über den besten Staat, die römische Verfassungsgeschichte, die Rolle der Gerechtigkeit im Staat und den Staatslenker. Verfasst hat Cicero das Werk 54-51 v.Chr., es ist uns aber nur fragmentarisch überliefert. Die Schrift *De legibus* wurde von Cicero anscheinend 52/51 v.Chr. begonnen, aber möglicherweise nie vollendet. Die erhaltenen Bücher befassen sich konkreter mit den römischen Verhältnissen, aber auch dem Naturrecht, das in Buch 1 behandelt wird. Buch 2 betrifft Gesetze über Religion, Buch 3 Staatsrecht. Die von Cicero geforderten Gesetze betreffen über weite Strecken solche, die es in Rom früher gegeben hat, die in der Krise der Republik aber offenbar nicht mehr hinlänglich beachtet wurden. Er fordert also beispielsweise:

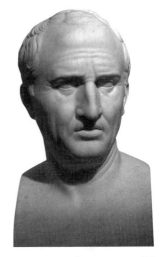

37: Cicero. Porträtbüste von Bertel Thorvaldsen 1799/1800 nach einem römischen Original. Kopenhagen, Thorvaldsens Museum

Cicero als politischer Theoretiker

> Die Zensoren sollen des Volkes Altersstufen, Nachkommen, Familien und Vermögen einstufen, der Stadt guten Bauzustand (*sarta tecta*), die Straßen, die Wasserleitungen, die Staatskasse und die Steuern überwachen und die Teile des Volkes auf die Tribus verteilen, darauf Einkommen, Altersstufen der Reiter und Fußsoldaten, den Nachwuchs einteilen, Junggesellen verhindern, die Sitten des Volkes lenken, schändliches Verhalten im Senat nicht auf sich beruhen lassen. Es sollen jeweils zwei Zensoren sein, sie sollen ihr Amt fünf Jahre lang verwalten. (leg. 3,7; neuer lat. Text nach J.G.F. Powell)

Cicero ist in seinem Werk so vorgegangen, dass er die Gesetzesvorschläge an den Anfang der Bücher gestellt hat, worauf dann ein Dialog mit seinem Bruder und Atticus folgte, der der Erklärung der Gesetzesvorschläge diente. Zu der hier behandelten Zensur finden sich allerdings keine Erläuterungen, der Text bricht dann ab. Was Cicero fordert, entspricht im Großen und

Interpretation

Ganzen der Verfassung der mittleren Republik, teilweise will er ältere Bestimmungen wieder zur Geltung bringen: den Zensus, die Vermögensschätzung, dann die Sorge um Bauprojekte, Steuerwesen und Einschreibung neuer Bürger in die Tribus. Nach Bemerkungen über die Musterung der Soldaten kommt der zunächst etwas verwunderliche Passus, „er soll verhindern, dass es Junggesellen gebe". Das gehörte offenbar zur zensorischen Rüge, junge Männer zur Heirat zu mahnen, vor allem Senatorensöhne. Die Kollegialität und die Amtsdauer der Zensoren scheint ebenfalls traditionell zu sein, wobei man sagen muss, dass die Zensoren nach dem Gesetz von 434 v. Chr. (*lex Aemilia de censura minuenda*) nur noch eine anderthalbjährige Amtsdauer haben sollten, wenn unsere Überlieferung zuverlässig ist. Mit anderen Worten: Cicero hat anscheinend die der Tradition nach bereits 443 v.Chr. eingeführte Zensur wieder auf die ursprüngliche maximale Amtsdauer von fünf Jahren bringen wollen, ohne dass man hier von Dauerzensur sprechen sollte, denn das Grundprinzip der Zensur war, dass die Zensoren so lange im Amt bleiben sollten wie nötig.

Ciceros Zeitkritik

Der Text Ciceros lässt sich auch als Analyse seiner Zeit lesen. Wenn er die Rüge schändlichen Verhaltens im Senat anmahnt, denkt man schnell an die Entgleisungen, zu denen es im 1. Jahrhundert v. Chr. kam. Von einem ordnungsgemäßen, dem *mos maiorum* entsprechenden Ablauf der Senatsversammlungen konnte nicht mehr die Rede sein. Beim Begräbnis des Clodius kam es dann sogar dazu, dass die Kurie, das Versammlungsgebäude des Senats, niedergebrannt wurde. Die Forderung der zweistelligen Zensur mit bis zu fünf Jahren Länge ist in Beziehung zu setzen zu der Anmaßung des Diktators Sulla, um das Jahr 81 v. Chr. eine *lectio senatus* durchzuführen und damit Befugnisse der Zensoren zu oktroyieren. Die nächste reguläre Zensur fand erst unter dem Konsulat des Pompeius (70 v.Chr.) statt. Clodius ließ 58 v.Chr. die Befugnisse der Zensur einschränken. Cicero wendet sich also gegen solche Missbräuche, er fordert eine Rückbesinnung auf die alte Tradition.

Das Ende der römischen Republik ist häufig Gegenstand historischer Forschung wie populärer Darstellung geworden. Mit einem gewissen Bedauern hat man das Dahinscheiden einer außenpolitisch so erfolgreichen *res publica* gesehen, die aristokratische Herrschaft in nahezu perfekter Form dargestellt hat. Ihr Niedergang sollte aber nicht vergessen lassen, dass die römische Republik rund 400 Jahre funktioniert hat – nicht jeder Staat kann auf ein solches Alter zurückblicken.

Literatur

- Bleckmann, Bruno, *Die römische Nobilität im ersten Punischen Krieg. Untersuchungen zur aristokratischen Konkurrenz in der Republik*, Berlin 2002.
- Bleicken, Jochen, *Die Verfassung der Römischen Republik. Grundlagen und Entwicklung*, 7. Aufl. Paderborn u.a. 1995 (ND 2008; guter Abriss der Institutionen und ihrer Entwicklung; Reflektion über die Dauer der Republik).
- Christ, Karl, *Sulla. Eine römische Karriere*, 2. Aufl. München 2003.
- Flaig, Egon, *Ritualisierte Politik. Zeichen, Gesten und Herrschaft im Alten Rom*, 2. Aufl. Göttingen 2004 (Beiträge zur Nobilität, dem Triumph, der *pompa funebris*, Spielen usw.).
- Fuhrmann. Manfred, *Cicero und die römische Republik. Eine Biographie*, 4. Aufl. Düsseldorf u.a. 1997 (mehrfach wiederaufgelegte, gut lesbare Kurzdarstellung; zu *De legibus* vgl. den Kommentar von Andrew Dyck, Ann Arbor 2004, dort S. 449-454).
- Gelzer, Matthias, *Pompeius. Lebensbild eines Römers*. Neudr. der Ausg. von 1984, mit einem Forschungsüberblick und einer Erg.-Bibliogr. von Elisabeth Herrmann-Otto, Stuttgart 2005 (zuerst 1944 und 1959).
- Heftner, Herbert, *Der Aufstieg Roms. Vom Pyrrhoskrieg bis zum Fall von Karthago (280 – 146 v. Chr.)*, 2. Aufl. Regensburg 2005 (ausführliche Darstellung mit Angabe der wichtigsten Quellen, ideal zur Referatsvorbereitung).
- Heftner, Herbert, *Von den Gracchen bis Sulla. Die römische Republik am Scheideweg 133 – 78 v. Chr.*, Regensburg 2006.
- Hölkeskamp, Karl-Joachim, *Senatus populusque Romanus. Die politische Kultur der Republik – Dimensionen und Deutungen*, Stuttgart 2004.
- Jehne, Martin, *Caesar*, 3. Aufl. München 2004.
- Linke, Bernhard, *Die römische Republik von den Gracchen bis Sulla*, Darmstadt 2005.
- Rawson, Elizabeth, *Intellectual life in the late Roman Republic*, London 1985 (Sozial- und Literaturgeschichte der Wissenschaften).
- Rüpke, Jörg, *Domi militiae. Die religiöse Konstruktion des Krieges in Rom*, Stuttgart 1990.
- Sehlmeyer, Markus, *Stadtrömische Ehrenstatuen der republikanischen Zeit. Historizität und Kontext von Symbolen nobilitären Standesbewusstseins*, Stuttgart 1999.
- Stockton, David, *The Gracchi*, Oxford 1979.
- Syme, Ronald, *Die römische Revolution. Machtkämpfe im antiken Rom*, 2. Aufl. Stuttgart 2003 (Neuauflage des zuerst 1939 in Oxford erschienenen Klassikers).
- Walter, Uwe, Rom in der Mittleren und Späten Republik, in: *Der Große Ploetz*, 35. Aufl. Göttingen 2008, S. 220-256.

3.3 Der Prinzipat und die römischen Provinzen

Kaiserzeit als Epoche

Moderne Darstellungen der Geschichte der Republik enden im Allgemeinen mit Caesar. Kaiserzeitliche und spätantike Sammlungen von Kaiserbiographien beginnen mit Caesar oder Oktavian/Augustus. Die Abgrenzung Republik/Kaiserzeit vorzunehmen fällt nicht ganz leicht. Die letzten Versuche, die Republik, also die Kollektivherrschaft der Aristokratie durch den Senat und die Magistrate, wiederherzustellen, fanden 44/43 v.Chr. statt, als Cicero den jungen Oktavian für die Prinzipien der alten *res publica* zu gewinnen glaubte. Als sich Oktavian mit Antonius verbündete, war die Republik endgültig untergegangen. Der Triumviratszeit kommt somit eine Scharnierfunktion zu. Den Prinzipat kann man sinnvoll 27 v.Chr. beginnen lassen.

Triumviratszeit Nov. 43-33 v.Chr.

Die „Erben" Caesars, Oktavian und Antonius, und der altgediente General Lepidus ließen sich durch Volksbeschluss als *triumviri rei publicae restituendae* einsetzen, eine neu geschaffene Magistratur – im Gegensatz zu den nur konventionell so genannten Triumvirn des Jahres 60 v.Chr. Zunächst wurden Proskriptionen in der Tradition Sullas durchgeführt, denen auch Cicero am 7. Dezember 43 v.Chr. zum Opfer fiel. Antonius konnte die Armee der Mörder Caesars, Brutus und Cassius, bei Philippi besiegen (Oktober 42 v. Chr.) und verblieb im Osten des Imperiums.

Naulochos 36 v.Chr.

Oktavian und Lepidus verwalteten die westlichen Provinzen und versuchten, Sextus Pompeius zu ergreifen, der das westliche Mittelmeer mit seiner Flotte beherrschte. Nachdem sie ihn bei Naulochos besiegt hatten, erhob Lepidus Anspruch auf Sizilien. Deshalb wurde er von Oktavian entmachtet beziehungsweise mit der Stellung des *pontifex maximus* abgefunden. In der Folgezeit steigerte sich der Antagonismus zwischen Oktavian und Antonius, in dessen Zuge Oktavian Propaganda gegen seinen Kollegen betrieb und ihn orientalischer Neigungen und gemeinsamer Herrschaftspläne mit Kleopatra bezichtigte. Das Triumvirat lief aus (31.12.33) und es kam zu einem Bürgerkrieg (32/31 v.Chr.).

Die Neuordnung des Augustus

Aktium 31 v.Chr.

Nach dem militärischen Sieg über Antonius, der als ein Sieg über Kleopatra bezeichnet wurde, ordnete Oktavian zunächst die Verhältnisse in Ägypten, dann begab er sich nach Rom. Dort führte er im Jahr 28 v.Chr. eine *lectio senatus* durch, das heißt er prüfte wie ehemals die republikanischen Zensoren die sittliche Eignung der auf etwa 1000 Köpfe angeschwollenen Senatorenschaft. Politisch missliebige und überforderte Gestalten wurden entfernt, es blieben nur diejenigen, die Oktavian loyal waren, also überwiegend Anhänger Caesars. Doch Oktavian, der immer noch aufgrund eines militärischen Sonderkommandos regierte, machte nicht den Fehler Caesars, dieses in eine tyrannisch klingende Form der Herrschaft (Diktatur oder Königtum) zu überführen. Er strebte eine grundsätzliche Neuordnung des Staates an.

Säuberung des Senats 28 v.Chr.

Im Januar 27 v.Chr. ließ Oktavian den Senat zusammenkommen. Er gab seine 31/30 v.Chr. gewonnene Allgewalt zurück. Der Senat „bat" Oktavian daraufhin, den Staat nicht dem Chaos zu überlassen, sondern für eine begrenzte Zeit (10 Jahre) die Aufsicht über einen Teil des Reichsgebietes, namentlich die noch nicht befriedeten und daher mit Truppen versehenen Grenzprovinzen, zu übernehmen.

Begründung des Prinzipats 27 v.Chr.

Oktavian stellte sich in die republikanische Tradition, denn weder für den Sieger und Inhaber aller tatsächlichen Macht noch für die ausgezehrte Aristokratie war die politische Neuordnung, die wir mit Recht als monarchische begreifen, anders sagbar denn als *res publica*, als wiederhergestellte (*restituta*) staatliche Ordnung. Ohne etwas von seinem überlegenen Reichtum, seiner realen Macht im sozialen Raum (Klientelen und Soldaten) und seiner Amtsvollmacht aufzugeben – er blieb weiter Konsul und damit sowohl in Rom wie auch in den Provinzen handlungsfähig –, gewann der neue Herr an Legitimität, indem Senat und Volk ihn nunmehr beauftragten, die Verantwortung für den größeren Teil des Reiches zu übernehmen, und indem sie ihm mehrere sinnfällige Ehren und Privilegien zuerkannten; zu ihnen gehörte der Name Augustus. Der Princeps trug nunmehr den Namen Impe-

res publica restituta

38: Die Titulatur des Augustus

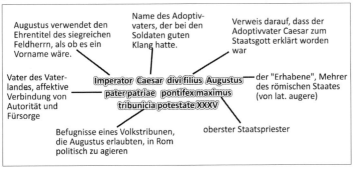

rator Caesar (Sohn eines Gottes) Augustus (**Abb. 38:** Vollständige Titulatur des Augustus in Anlehnung an eine Inschrift aus Südfrankreich von 12 n.Chr., *Inscriptiones Latinae Selectae* Nr. 112).

> **Legitimität** meint die 'Rechtmäßigkeit' einer politischen Ordnung; sie bedeutet sowohl die tatsächliche Anerkennung der Ordnung als einer angemessenen durch die Beteiligten (Untertanen, Bürger) als auch die normativ festgelegte Anerkennungswürdigkeit auf der Grundlage allgemein verbindlicher Prinzipien (Sendung durch Gott; Einsetzung durch akzeptierte Verfahren wie etwa Wahlen; Besitz rechtlicher Befugnisse; Begrenzung der Macht durch Gesetze). Legitimität macht Herrschaft verbindlich und lässt sie durch Konsens und Akzeptanz, ohne übergroßen Zwangsapparat funktionieren.

potestas und *auctoritas*

In seinem Tatenbericht (RGDA 34) erklärt Augustus seine Machtstellung so: Er habe zwar lediglich dieselbe Amtsvollmacht (*potestas*) wie seine jeweiligen Kollegen in einer Magistratur besessen, aber alle an *auctoritas*, das heißt sozialem Ansehen, übertroffen. Dem Senat und der Aristokratie ließ Augustus ihr soziales Ansehen und die politischen Rituale (Wahlen, Debatten, Abstimmungen). Die Mitarbeit der hohen Herren war unentbehrlich, denn sie verstanden es aus ihrer Standestradition heraus, Herrschaft darzustellen und zu repräsentieren.

Verteilung der Provinzen

Der alte *cursus honorum*, die Laufbahn der Magistraturen, blieb erhalten. Wer Konsul gewesen war, konnte im Anschluss wie zu Zeiten der Republik als Prokonsul in eine Provinz gehen und die Statthalterschaft, die „Senat und Volk" zu vergeben hatten, ausüben; andere hochrangige Senatoren versahen als Legaten des Augustus die Statthalterschaft in einer „kaiserlichen" Provinz (mit einem abgeleiteten proprätorischen *imperium*). Da Augustus weder die Absicht noch die Möglichkeit hatte, eine von der Aristokratie unabhängige Administration aufzubauen, brauchte er die Sprösslinge der alten Elite, um das Reich zu kontrollieren. Wer tüchtig und loyal war, konnte auch unter dem neuen Regime Karriere machen.

Prinzipat als verkappte Monarchie

Auf der Ebene der rechtlich definierten Gewalten war Augustus Konsul oder Prokonsul und damit kein Monarch, sondern *primus inter pares*, oder wie man damals sagte *princeps*. Dementsprechend nennen wir diese Ordnung Prinzipat. Was am Prinzipat monarchisch war, hatte keinen rechtlichen oder herrschaftlichen Titel: die Verfügung über ein gewaltiges Vermögen, die eidlich beschworene Loyalität der Soldaten, die Anhänglichkeit und Dankbarkeit der Bevölkerung in Rom, Italien und den Provinzen, die kultische Verehrung. Die Soldaten hatten sich längst daran gewöhnt, einem einzelnen Imperator zu gehorchen und nicht mehr dem Senat; die stadtrömische Bevölkerung erwartete von ihrem neuen Patron Zuwendung, Respekt und Unterstützung. Und die Bewohner Italiens und der leidgeprüften Provinzen waren gern bereit, jeden, der den Bürgerkrieg beendete und dafür sorgte, dass man wieder in Frieden leben und arbeiten konnte, als Retter und gegenwärtigen Gott zu verehren. Ein namentlich nicht bekannter Überlebender der schrecklichen Triumviratszeit brachte es in der Grabrede auf seine Ehefrau auf den Punkt: „Nachdem der Weltkreis befriedet, das Gemeinwesen wiederhergestellt war, wurden uns von da an ruhige und glückliche Zeiten zuteil." (Laudatio Turiae II 25f.)

In Rom selbst behielt Augustus den politischen Apparat in der Hand, weil er wie schon zuvor jedes Jahr das Konsulat bekleidete. Als über diese unrepublikanische Praxis Unmut laut wurde, gab er das Amt auf und ließ sich stattdessen 23 v.Chr. die Befugnisse eines Volkstribunen verleihen. Damit konnte er Senatssitzungen und Volksversammlungen einberufen und leiten. In den Provinzen agierte er als Prokonsul, und niemand nahm Anstoß daran, dass er auch in die Provinzen regelnd eingriff, die formal Senat und Volk gehörten. Augustus behielt selbstverständlich alle Machtmittel, vor allem die alleinige Verfügung über das Heer, und jeder wusste das auch. Dennoch lehnte sich die Regelung an die republikanische Tradition der Machtteilung und Machtbegrenzung an – auch wenn Augustus ja mehrere Amtsgewalten in sich vereinigte und die zeitlichen Begrenzungen nur eine Formsache waren. Entscheidend war: Die im Bürgerkrieg und damit illegal erworbene Macht war nunmehr in eine rechtliche Form gekleidet. Das war nicht nur ein Spiel mit alten Begriffen. Vielmehr bildete die rechtliche Form einen wichtigen Teil der bewussten Selbstbindung, der sich Augustus unterwarf – eine übergeordnete Instanz gab es ja nicht. Die Selbstbindung bestand politisch in dem Angebot des Monarchen an den senatorischen Adel, mit ihm zusammen und nach Regeln, die zumindest dem Grundsatz nach in der republikanischen Tradition verankert waren, in berechenbarer Manier die Herrschaft auszuüben.

tribunicia potestas

39: Denar des Lentulus, Rom, 12 v.Chr. (RIC I² Augustus Nr. 415)

Augustus verstand es, seine Herrschaft in Bilder zu gießen. Manche Fragen, die sich der heutigen Forschung stellen, waren für Augustus ohne Belang. Eine Münze des Jahres 12 v.Chr. zeigt, wie Augustus zur Rechten (mit dem Schild, dem *Clipeus Virtutis*) die Statue links (im Hüftmantel) mit einem Stern versieht. (**Abb. 39**) In Caesar-Biographien wird die Münze zumeist so gedeutet, dass Augustus ein metallenes *sidus Iulium* an einer Caesar-Statue anbringt.

> **sidus Iulium:** Im Jahre der Ermordung Caesars wurde bei den *ludi victoriae Caesaris* (Juli 44 v.Chr.) ein Komet gesichtet, den Augustus in seiner Autobiographie als die Seele Caesars deutete, das julische Gestirn, benannt nach der Familie der Julier. Caesar sei in den Himmel entrückt worden. Im Januar 42 v.Chr. wurde Caesar dann offiziell unter die Staatsgötter aufgenommen, Oktavian wurde zum *Divi filius*, dem Sohn des Vergöttlichten.

In Agrippa-Biographien wird die linke Figur auf der Münze aber als Abbildung Agrippas gedeutet, der im Jahre 12 v.Chr. gestorben war, als die Münze verausgabt wurde. Augustus' Schwiegersohn gehörte zur Familie, man hätte ihn also auch durchaus mit dem *sidus Iulium* kennzeichnen können. Doch stellte sich für den antiken Betrachter der Münze die Frage überhaupt? Die Münze ist eines von vielen Dokumenten des Kultes der Herrscherfamilie und es ist ganz egal, welcher von beiden, ob Caesar oder Agrippa, dargestellt wurde; Augustus umgab die Seinen mit einer göttlichen Aura.

Die Herrschaft des Augustus begründete eine lange Zeit des inneren Friedens. Nach dem Jahrhundert der Bürgerkriege konnte das Reich sich erholen. Auf diplomatischem Wege erhielt Augustus die in der Schlacht bei Carrhae (53 v.Chr.) verlorenen Legionsadler von den Parthern zurück. Gleichzeitig jedoch hat Augustus als der größte Eroberer der römischen Geschichte zu gelten. Er fügte dem Reich Ägypten hinzu und sicherte die Nordgrenze Italiens und die bis dahin gefährdete Landverbindung nach dem Osten, indem er den Alpen- und Donauraum erobern ließ und die Grenze bis an die Donau vorschob. Spanien wurde endgültig befriedet, und sogar Germanien war möglicherweise zwischen 9 v.Chr. und 9 n.Chr. bis zur Elbe römische Provinz, bevor die Niederlage des Varus und die Einsicht, dass hier Kosten und Risiko den Gewinn an Beute und Sicherheit überstiegen, für den Rückzug auf die Rheinlinie sorgten.

Augustus als Eroberer

3.3 | Der Prinzipat und die römischen Provinzen

Der Princeps sorgte zudem für eine prachtvolle Ausgestaltung der Stadt, die erst jetzt zu der marmornen Stadt wurde, die das Hollywoodkino uns präsentiert. Die Lebensmittelversorgung wurde gesichert, die Wasserleitungen wurden restauriert. Schwierigkeiten gab es aber, einen geeigneten Nachfolger zu finden. Alle geeigneten Kandidaten, beispielsweise seine Enkel oder sein Schwiegersohn Marcellus, verstarben in jungen Jahren. So blieb nur der ungeliebte Stiefsohn Tiberius, dem beim Tode des Augustus im Jahre 14 n.Chr. die Herrschaft zufiel. Da die Stellung des Princeps nicht vererbt werden konnte, versah Augustus die jeweils

Reorganisation der Stadtverwaltung

40: Das Statuenprogramm des Forum Augustum. Die Statuennischen sind oval eingezeichnet. Eine Zuweisung der vorhandenen Inschriftenreste ist nicht mehr möglich, so dass viele der Angaben hypothetisch bleiben. Größere Nischen sind in der Mitte der Exedren zu finden (Aeneas, Romulus und Remus). Die Statue links des Mars Ultor Tempels war überlebensgroß bzw. kolossal, sie könnte Caesar, den Divus Iulius, dargestellt haben.

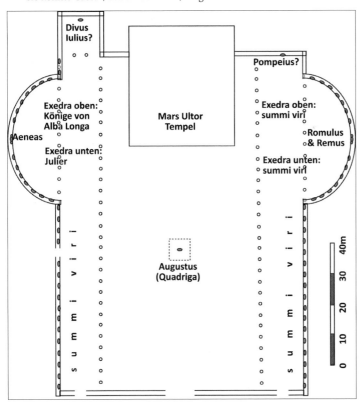

ins Auge gefassten Nachfolgekandidaten mit den Amtsgewalten, die er auch selbst innehatte. Sie mussten sich in der Öffentlichkeit zeigen und vor dem Heer bewähren. Als Erbe auch des riesigen Vermögens hatte der endgültige Nachfolger dann alle Chancen, von Heer, Garde, Senat und Volk als neuer Princeps akzeptiert zu werden.

Forum Augustum — Augustus vollendete das Forum seines „Vaters" und baute auch ein eigenes, das Forum Augustum **(Abb. 40)**. Neben dem imposanten Mars-Tempel war das Statuenprogramm von besonderer Wichtigkeit. Es zeigt die Ahnen der julischen Dynastie und die Helden der Republik. Die *exempla* der römischen Republik wurden durch diese Statuengalerie normiert, ja kanonisiert; sie wurden zu *summi viri*. Neue *exempla* kamen in der Kaiserzeit kaum hinzu, gute Kaiser wurden *exempla* qua Amt. Die Möglichkeit, durch einen Sieg hohes Ansehen in der Bürgerschaft zu erlangen, wurde dadurch beschränkt, dass nur noch Angehörige des Kaiserhauses *imperium* hatten. Nur sie konnten triumphieren. Kaiser Augustus verstand es, Traditionen der Republik wiederaufleben zu lassen, die längst tot geglaubt waren, oder faktische Neuerungen als Restauration zu verkaufen. Die römischen Wert- und Glaubensvorstellungen wurden idealisiert und wenn möglich in rituelle oder architektonische Form gegossen. Viele Bauten wurden in marmorner Form erneuert. Unter Augustus entstanden in Rom neuartige Bildprogramme; Bauten Caesars wurden vollendet, republikanische Markthallen und Tempel erneuert. Ehrenbögen erinnerten an die Siege des Kaiserhauses.

Die Außenpolitik im frühen Prinzipat

Die Provinzen Roms — Augustus hatte – in der Nachfolge Sullas – die Verwaltung der Provinzen reorganisiert, die in unregelmäßigen Abständen seit dem späten 3. Jahrhundert v.Chr. zum römischen Reich hinzugekommen waren, ohne dass der Senat ein schlüssiges Konzept für dieses Weltreich gehabt hätte. Augustus teilte das von seinem „Vater" eroberte Gallien in drei Provinzen auf (das Grenzgebiet am Rhein lassen wir außer Acht). Ägypten war durch die Eroberung Alexandrias (30 v.Chr.) in römischen Besitz gelangt. Augustus ließ das Land direkt durch Ritter verwalten. Die innere Verwaltungsstruktur aus der Ptolemäer-, teilweise sogar noch der Pharaonenzeit blieb aber erhalten.

Die Nachfolger des Augustus eroberten weitere Gebiete, wenn dies lukrativ erschien und die Sicherheit verbesserte. Tiberius, der

3.3 | Der Prinzipat und die römischen Provinzen

als General maßgeblich für die militärischen Erfolge des Augustus verantwortlich war, Teile des freien Germaniens erobert hatte, zeigte in seiner eigenen Regentschaft kein Interesse an Expansion. Claudius eroberte Britannien und machte das Klientelkönigreich Mauretanien zur Provinz.

Außenpolitik der Dynastie des Augustus

Domitian bündelte Roms Besitzungen in Germanien, schuf zwei Provinzen Germania inferior und superior; Augustus hatte nur Militärbezirke mit starker Truppenpräsenz eingerichtet. Germania superior wurde durch den Limes vor germanischen Angriffen geschützt. Noch einmal setzte das Reich zur großen Expansion unter Trajan an. Seine blutigen Siege in Dakien, im heutigen Rumänien, wurden auf der Trajanssäule dokumentiert. Er war auch im Nahen Osten aktiv, eroberte Armenien, Mesopotamien und nabatäisches Gebiet (Provinz Arabia), doch diese überehrgeizigen und finanziell ruinösen Eroberungen mussten schon von Trajans Nachfolger Hadrian aufgegeben werden.

Größte Ausdehnung des Reiches unter Trajan

Italien war keine Provinz, sondern Gebiet der römischen Bürger. Rom war und blieb die Hauptstadt. Sie war längst aus der republikanischen Mauer, der sogenannten Servianischen Stadtmauer (4. Jhd. v.Chr.), hinausgewachsen. Die Kaiser residierten auf dem Palatin. Was hielt dieses Imperium zusammen? Das römische Reich hatte im 2. Jhd. v.Chr. eine Krise erlebt, nun hatte Augustus in der Nachfolge Sullas eine grundsätzliche Neuordnung geschaffen, die Verwaltung und Verteidigung der Provinzen betraf. Doch zunächst blieben die Völker, die das Imperium vereinte, heterogen. Rom schaffte es aber, die Fremden allmählich zu integrieren.

Rom, die Hauptstadt

> **Romanisierung**: „Wandlung des politisch und ethnisch buntscheckigen Reiches zu einer einheitlich römischen Welt". (...) „Annahme römischer Lebensformen durch Fremde" (...) „Ausrichtung des allgemeinen Lebensstils, der Arbeits- und Sprachgewohnheiten, der religiösen Anschauungen und der Gegenstände täglichen Bedarfs auf Rom" (Bleicken 1994, S. 34f.)

Man darf sich Romanisierung aber nicht allein als Prozess vorstellen, der von Rom aus mit rechtlich-administrativen Maßnahmen betrieben wurde. Die Provinzialen näherten sich selbst auch den Römern an. Die Oberschicht wurde am schnellsten integriert; zunächst erhielten fremde Adlige das Bürgerrecht, später in Einzelfällen sogar das Recht, sich in Rom um Ämter zu bewerben. Der römische Polytheismus führte ebenfalls dazu, dass Integration leicht möglich war, weil man die Götter der Fremden mit griechisch-römischen zu identifizieren verstand (zu dieser *interpretatio Romana* s.u. Kap. 3.4). Das Imperium Romanum war also nicht nur ein Weltreich, sondern auch ein Raum, in dem sich die griechisch-römische Kultur immer mehr ausbreitete und eine gemeinsame Identität schuf.

Die Gesellschaft der Kaiserzeit

Der Senat in der Kaiserzeit

Die Gesellschaft der Kaiserzeit bestand aus Senatoren, Rittern, Personen mittleren Ranges (zu denen auch Provinzialen zählten) und der Unterschicht. Der Senat zählte seit Augustus wieder 600 Senatoren; die Magistraturen, die zur Aufnahme Berechtigten, waren oft titular („Suffektkonsul"), das heißt die Betreffenden hatten das Amt nur kurze Zeit ausgeübt, um die formale Voraussetzung für einen höheren Posten in der Reichsadministration zu erfüllen. Magistrate wurden nur mit Zustimmung des Kaisers ernannt. Zunächst hatte es im Senat noch einzelne kritische Geister gegeben, die Augustus aber schnell entfernen ließ. „Opposition" äußerte sich meist durch Passivität; manche Aristokraten senatorischen Ranges nahmen ihre öffentlichen Pflichten nicht oder kaum mehr wahr und betätigten sich in anderen Bereichen, z.B. der Literatur.

Macht und Ohnmacht der Senatoren

Die Machtlosigkeit des Senats nach der Ermordung Caesars, Caligulas und nach dem Selbstmord Neros zeigt, dass die Eigeninitiative dieses Gremiums nur noch gering war. Die Fähigkeit, aus eigenem Antrieb zu handeln, hatte dieser Kreis verloren, weil sich notwendiger Weise alles auf den Kaiser ausrichtete und man durch betonte Beflissenheit dessen Gunst zu erwerben suchte. Eine Form adliger Konkurrenz waren auch die hässlichen Anklagen wegen angeblicher Verbrechen oder Pläne gegen den Kaiser (Majestätsprozesse). Einzelne konnten unter Umständen Einfluss auf den Kaiser ausüben, der nach den Kompromiss von 27 v.Chr. die Existenz des Senats nicht in Frage stellte; vielfach suchte der Kaiser auch den Rat der Senatoren. Ein so großes Reich konnte er nicht allein regieren; bekanntlich gab es in keiner Phase der Weltgeschichte einen Absolutismus, jeder König oder Kaiser stützte sich auf die eigene Familie und weitere Personen, die nicht unbedingt von Adel sein mussten. In Rom waren das zeitweise sogar Freigelassene im Hause des Kaisers, ferner Personen aus dem Ritterstand.

Neben den Sekretären und Dienern konnten alle Angehörigen des Kaiserhauses, auch die Frauen, Einfluss auf den Kaiser nehmen. Die senatorisch-ritterliche Aristokratie war hingegen nur gelegentlich im Palast des Princeps anzutreffen, bei Gastmählern beispielsweise. Weitere Bereiche der Interaktion von Kaiser und Senat lagen in der Rechtspflege. Kaisergericht und Senatsgericht bestanden nebeneinander, das heißt der Kaiser trat viele juristische Entscheidungen an den Senat ab. Der Kaiser kontrollierte aber die Zusammensetzung des Senats in der Nachfolge des Zensors, so wie es bereits Augustus im Jahre 28 v.Chr. getan hatte. Insofern ist es irreführend, mit Theodor Mommsen von einer Dyarchie (Zweierherrschaft) des Kaisers und des Senats zu sprechen, denn die Handlungsmöglichkeiten des Senats waren eingeschränkt und vor allem nicht unangefochten.

Interaktion von Kaiser und Senat

Der Ritterstand war aus den Berittenen im römischen Heer, den *equites* (von lat. *equus*) hervorgegangen. Die Zugehörigkeit wurde durch Augustus geregelt: Mindestvermögen, Ritterring, schmaler Streifen an der Tunika. Der Ritterstand stellte – wie schon in der Republik – eine Art „zweite Aristokratie" dar, mit den Senatoren durch Heiraten und Geschäftsbeziehungen vielfach verbunden. Der Kaiser konnte auch Personen seines Vertrauens zu Rittern ernennen, die dann im Laufe der Zeit eine neue Verwaltungsschicht bildeten.

Die Ritter

Dekurionen nannte man die Ratsherren der Städte, die als Träger der städtischen Selbstverwaltung für das Reich ganz unentbehrlich waren. Der Begriff leitet sich davon her, dass solche Städte ebenfalls eine *curia*, ein Rathaus, besaßen, in dem die angesehensten Bürger mit entsprechendem Vermögen über die städtische Politik entschieden.

Die Dekurionen

Mittel- und Unterschicht machten den größten Teil der Bevölkerung des römischen Reiches aus. Besser gestellt waren Ärzte, Produzenten von Luxusartikeln, Handwerker, Kaufleute, auch die gut versorgten Veteranen. Über diese Leute geben die Quellen nicht viel her – die Beschreibung ihres Lebens hätte vermutlich nicht viele Leser gefunden. Die Unterschicht bestand aus Soldaten, Gelegenheitsarbeitern und Bauern ohne eigenes Land, das heißt kleinen Pächtern, aber auch aus Sklaven. Ähnlich wie in Griechenland handelte es sich um Kriegsgefangene oder deren Angehörige; manche Regionen exportierten Sklaven, die am Rande des Imperiums eingefangen worden waren. Eine zunehmende Bedeutung gewannen aber die hausgeborenen Sklaven (*vernae*).

Mittel- und Unterschicht

Die Julisch-Claudische und die Flavische Dynastie

Julisch-Claudische Dynastie 14-37 n.Chr.
Die Julisch-Claudische Dynastie heißt so, weil Tiberius von Vaterseite der Familie der Claudier entstammte, während Oktavian/Augustus offiziell den Namen C. Iulius Caesar führte. Die Familienverhältnisse sind nicht leicht zu überschauen, da sich des öfteren Namen wiederholen. Die ältere Agrippina, Mutter des Kaiser Gaius (Caligula, 37-41 n.Chr.), ist von der jüngeren zu unterscheiden, deren Sohn Nero der letzte Vertreter der Dynastie war (54-68 n. Chr.). Dazwischen lag die Herrschaft des Claudius (41-54 n.Chr.).

Tiberius 14-37 n.Chr.
Tiberius war Sohn der Livia, der zweiten Frau des Augustus, aus erster Ehe mit Ti. Claudius Nero. Er wurde eher zufällig Kaiser, da alle von Augustus vorgesehenen Nachfolger wegstarben. Trotz großer militärischer Erfolge, unter anderem in Germanien, lebte Tiberius lange Jahre fern von Rom. Seine Regentschaft stand somit unter keinem guten Stern. Später überließ er die Amtsgeschäfte dem Prätorianerpräfekten Sejan, der aber 31 n.Chr. unter dem Vorwurf der Verschwörung hingerichtet wurde. Dass es sich im Prinzipat um eine politische Ordnung handelte, die die republikanischen Gepflogenheiten beibehalten sollte, geriet allmählich aus der Sicht. So delegierte Tiberius die Wahl der Magistrate an den Senat. Der Prinzipat wurde immer mehr zu dem, was wir Monarchie nennen.

Caligula 37-41 n.Chr.
Caius Caligula war Nachfolger des Tiberius. Sein Spitzname bedeutet „Stiefelchen", die er als Kind bei der Rheinarmee trug, der Truppe seines Vaters Germanicus'. Nach guten Anfängen entwickelte sich Caligulas Herrschaft zum schlechteren, er nahm autokratische Züge an, ließ sich gar als Gott verehren, was bislang nur in den östlichen Provinzen üblich gewesen war. Die spätere Literatur stellte ihn als verrückt dar, doch wollte er nach mehreren Verschwörungen den Senatoren vielleicht auch nur zeigen, dass sich Kaiser und Aristokratie keineswegs „auf gleicher Augenhöhe" befanden. Caligula wurde Anfang 41 v. Chr. ermordet.

Claudius 41-54 n.Chr.
Da es keinen Sohn oder sonst ins Auge springenden Nachfolgekandidaten gab, wurde der gelehrte, aber oft als Dummkopf hingestellte Onkel Claudius von den Prätorianern, der stadtrömischen Garde, zum Kaiser ausgerufen. Er stellte das Vertrauen in den Prinzipat wieder her, hatte auch außenpolitische Erfolge. Im Jahre 54 v. Chr. kam er zu Tode, möglicherweise auf Betreiben der jüngeren Agrippina, die ihren Sohn Nero an die Herrschaft bringen wollte.

Nero 54-68 n.Chr.
Der junge Nero stand zunächst unter dem Einfluss seines Lehrers Seneca und des Prätorianerpräfekten Burrus. Fünf gute Jah-

re stehen am Anfang seiner Herrschaft, wie der spätantike Historiker Aurelius Victor zu Recht hervorgehoben hat. Dann gab er sich seinen musischen Interessen und Launen hin, so dass er 68 n.Chr. entmachtet wurde und sich das Leben nahm.

Das öffentliche Bild von der Julisch-Claudischen Dynastie ist im Wesentlichen durch Romane und Hollywood-Produktionen gekennzeichnet. Bücher wie „Ich, Claudius" oder „Quo vadis" zeichnen ebenso wie die einschlägigen Caligula-Filme ein verzerrtes Bild, das schon auf die antike Literatur zurückgeht, vielfach auf Suetōn, der im 2. Jahrhundert Kaiserbiographien schrieb. Diese waren sehr stoffreich und gut informiert, doch darf darüber nicht vergessen werden, dass Suetōn mit der Biographie eine Form der Unterhaltungsliteratur aufgriff, die teilweise in übertreibender Art und Weise ein Kaiserbild bietet, das mit dem historischen Kaiser wenig gemein hat. Es ist deshalb für die historische Forschung von essentieller Notwendigkeit, auch die Parallelquellen heranzuziehen, darunter Tacitus, den griechischen Historiker Cassius Dio und Aurelius Victor. *Die Problematik der Kaiserbiographien*

Im Jahre 68 v. Chr. hatte sich Kaiser Nero das Leben genommen oder besser gesagt von einem Sklaven nehmen lassen; er kam der Ermordung durch die unzufriedenen Soldaten damit zuvor. Der in Spanien stationierte General Galba hatte sich unmittelbar zuvor zum Kaiser erhoben. Fortgeschrittenen Alters, konnte er sich gegen die weiteren Usurpatoren, die Generäle Otho und Vitellius, nicht durchsetzen, aber auch diese scheiterten. Vespasian, zuvor Statthalter und Befehlshaber in Syrien, als vierter Kandidat wurde 69 Kaiser und begründete die flavische Dynastie. Titus, der älteste Sohn Vespasians und sein Nachfolger, beendete dessen Renommierprojekt, den Bau eines gewaltigen innerstädtischen Amphitheaters, das heute als Kolosseum bekannt ist. Der Vesuvausbruch des Jahres 79 n.Chr. stellte ihn vor eine Bewährungsprobe, die er so gut wie damals möglich meisterte. Der jüngere Bruder Domitian machte vor allem die Reichsadministration effektiver und kann als kompetenter Kaiser gelten; allerdings nahm er nur noch wenig Rücksicht auf die Aristokratie und wurde daher von dieser als Tyrann gebrandmarkt. *Vierkaiserjahr und flavische Dynastie, 68-96 n.Chr.*

Wirtschaftliche Entwicklung

Zu den wirtschaftlichen Verhältnissen der Kaiserzeit gibt es reichhaltige Quellen, die einzelne Handelsgüter, die Infrastruktur oder die Situation in den einzelnen Provinzen betreffen. Theoretische

Literatur zur Ökonomie kannten die Römer (im Gegensatz zu den Griechen) so gut wie gar nicht. Die modernen Ansichten über die wirtschaftliche Entwicklung in der Kaiserzeit divergieren deshalb sehr stark. Namhafte Gelehrte wie Michael Rostovtzeff, Tenney Frank und Francesco de Martino sind zu ganz unterschiedlichen Einschätzungen gekommen. Einigkeit besteht darin, dass die Landwirtschaft nach wie vor große Bedeutung hatte. Im Verlaufe des 1. Jahrhunderts n.Chr. gelangte das Kaiserhaus zu immer größerem Landbesitz. Die Oberschicht war durch die Bürgerkriege großen Wandlungen unterworfen, manche Familien waren gänzlich ausgelöscht. Ihr Land wurde an Veteranen verteilt oder ging an den Kaiser. Auch die Majestätsprozesse, die besonders unter Tiberius, Caligula und Nero überhand nahmen, brachten dem Kaiser Land, da der Besitz der Verurteilten dem Fiskus zufiel. Weil die Versklavung im Laufe der „Befriedung" des römischen Weltreichs abnahm, begannen soziale Veränderungen in der Zusammensetzung der Landarbeiter – von diesem Kolonat wird unten (4.2) noch die Rede sein.

Die gesamtwirtschaftliche Entwicklung ist schwerer zu fassen. Im 1. und 2. Jahrhundert hat nach dem Ende der Bürgerkriege eine Konsolidierung eingesetzt. Erst im 3. Jahrhundert gab es stärkere Transformationen. Der Begriff der Reichskrise passt für die wirtschaftliche Entwicklung nicht, denn die Schwäche des Prinzipats in der Zeit der Soldatenkaiser hat keine allumfassende Wirtschaftskrise hervorgerufen. Neuere Forschungen zeigen, dass in manchen Provinzen kaum negative Auswirkungen der Herrschaftskrise zu spüren waren. Als Beispiel ein Bericht zum Thema Geldwirtschaft in der Stadt Rom:

> Er (Kallistus) war Sklave eines gewissen Karpophorus, eines Christen aus der Hofhaltung des Kaisers. Karpophorus vertraute ihm als Christen eine nicht unbeträchtliche Geldsumme an und trug ihm auf, Bankgeschäfte zu machen. Er nahm das Geld und errichtete ein Wechselgeschäft in der sogenannten Piscina publica. Es wurden ihm im Laufe der Zeit viel Depositengelder von Witwen und Brüdern auf den guten Namen des Karpophorus hin anvertraut. Er brachte alles durch und kam in Schwierigkeiten. Es fand sich einer, der dieses Gebaren dem Karpophorus hinterbrachte; dieser sagte nun, er werde Rechnungslegung von Kallistus verlangen. Da Kallistus dies erfuhr und die ihm von seinem Herrn drohende Gefahr voraussah, machte er sich aus dem Staub und floh dem Meere zu; da er in Portus ein Schiff klar zur Abfahrt traf, bestieg er es, um die Fahrt, gleichviel wohin, mitzumachen. ([Hippol.], haer. 9,12,1-4; üb. K. Preysing)

Dieser griechische Text aus dem frühen 3. Jahrhundert behandelt einen Mann namens Kallistus, der später als Papst Calixt I. bekannt wurde. Er entstammt einer Schrift über häretische Bewegungen, in der gegen diesen Papst polemisiert wird. Die *Refutatio omnium haeresium* benannte Schrift ist in vielerlei Hinsicht problematisch, die Verfasserschaft Hippolyts ist auch ungesichert, man könnte also von einer pseudo-hippolytischen Schrift sprechen. Auch wenn die Vorwürfe, die hier dem Kallistus gemacht werden – unter anderem die Hinterziehung von Geld – nicht durch andere Quellen bestätigt werden können, ist die Schrift doch als Quelle für das Bankenwesen der hohen Kaiserzeit relevant. Es war demnach möglich, dass ein am Hofe beschäftigter Mann (Karpophorus) eine Bank eröffnete und andere Personen dort beschäftigte, eben unseren Kallistus. Offenbar war diese „Bank" speziell für Christen eingerichtet worden, denn die Kunden werden als Brüder bezeichnet. Als Wort für das Geschäft wird griech. *Trapeza* verwendet, was Tisch, insbesondere auch den Tisch des Geldwechslers bezeichnet. Kallistus wird *Oikētes* genannt, was Sklave heißen kann, aber auch Knecht. Kallistus sah jedenfalls Karpophorus als seinen Herrn an und flüchtete zu Schiff, um der Strafe für den Konkurs der Bank zu entgehen, wurde aber gefangen und von seinem Herrn zur Arbeit in einer Mühle verurteilt, was im nicht mehr abgedruckten Text zu lesen ist.

Die Geschichte bietet – unabhängig von der Historizität der Vorwürfe gegen Kallistus – Hinweise auf bestimmte ökonomische Verhältnisse, deren Faktizität nicht bezweifelt werden muss. Demnach gab es Christen, die so viel Geld besaßen, dass sie es bei anderen deponierten. *Piscina publica* kann entweder einen ganz bestimmten Ort, ein ehemaliges Wasserreservoire an der Porta Capena meinen, oder die nach ihm benannte 12. Region der Stadt Rom, in der noch andere Wirtschaftszweige zu finden waren. Sozial-, kirchen- und rechtshistorisch interessant ist, dass jemand mit Zwangsarbeit bestraft wurde – aber nicht mit der Todesstrafe.

Die Stadt war der Raum für die meisten Wirtschaftsbetriebe, wenn man von den Gutshöfen auf dem Lande absieht. Rom als Zentrum eines Weltreichs zog viele Menschen an. Neben dem öffentlichen Leben waren natürlich Produktion und Handel in einer solchen Großstadt von größter Wichtigkeit. Die Versorgung mit Getreide musste gewährleistet sein, ansonsten war die Stellung des Kaisers gefährdet. Anlieferung und Weiterverarbeitung des Getreides waren also ein wichtiger Wirtschaftsfaktor, wofür der Kaiser eigens einen *praefectus annonae* bestellt hatte. Dieser kümmerte sich um den Erwerb in den Provinzen (vor allem Africa und Ägypten), die Verschiffung nach Ostia (und später Portus)

Die Art der Quelle

Banken in der hohen Kaiserzeit

Städtische Wirtschaft in Rom

und die Verarbeitung. Obst, Gemüse, Fleisch und Käse aus einheimischer Produktion wurden auf den römischen Märkten angeboten, freilich nicht mehr auf dem *Forum Romanum* wie in der frühen und mittleren Republik, sondern auf den *Macella*. Die Basiliken waren eher der Ort für Rechtsgeschäfte und Arbeitsvermittlung.

Neben dem Lebensmittelsektor war die Produktion von Gebrauchsgütern wie Keramik von Bedeutung. Zudem wurden luxuriösere Gefäße nach wie vor aus Griechenland importiert. Die umfangreiche Bautätigkeit der Kaiser kam den Handwerkern zugute: Der Bau von Aquädukten oder Thermen beschäftigte viele Menschen; das Transportgewerbe dürfte die meisten Arbeitsplätze gestellt haben. Rom hatte eine ideale Infrastruktur: Gelegen an einer flachen Stelle des Tiber war es Knotenpunkt von Land- und Seewegen. In der Kaiserzeit wurde an der Tibermündung ein zweiter Hafen gebaut, Portus genannt (nordwestlich von Ostia, vgl. Abb. 30, S. 118). Der Handel im Mittelmeerraum florierte. Nach dem Ende der Seeräuberplage durch die Maßnahmen des Pompeius gab es jedenfalls keine äußere Bedrohung mehr. Die Windverhältnisse ermöglichten allerdings nicht zu jeder Jahreszeit den schnellen Transport der Güter. Der Landweg war viel beschwerlicher, aber auch hier haben die Römer mit ihrem Wegenetz, den *viae publicae Romanae*, eine deutliche Verbesserung erzielt.

Infrastruktur Roms

Städtewesen und Romanisierung

Das römische Städtewesen beruhte auf diversen rechtlichen Abstufungen. *Urbs* bedeutete immer die Stadt Rom, die Hauptstadt. Die anderen Städte römischer Bürger waren *municipia* oder *coloniae*. Doch gab es auch städtische Siedlungen ohne besondere Rechte, die man *civitates* nannte.

Rechtsformen römischer Städte

- *Municipium* war in der Republik Bezeichnung für Halbbürgergemeinden in Italien; seit Augustus wurden damit alle Gemeinden römischer oder latinischer Bürger im Reich bezeichnet, die nicht Kolonien waren. Die latinischen Bürger hatten dieselben Rechte, die man im frühen Rom den verbündeten Latinern zugestanden hatte, also weniger als die Römer selbst. Später wurde auch Städten außerhalb Italiens dieses Halbbürgerrecht zugebilligt. Wer in einer solchen Stadt ein hohes Amt übernahm, erhielt dafür das römische Bürgerrecht.

- *Colonia* war eine Stadt, die mit Plan neu gegründet wurde. Wer sich dort ansiedeln wollte, wurde mit einem Landlos ausgestattet. In der mittleren Republik war damit die Verpflichtung verbunden, die neue Stadt und Rom überhaupt gegen Feinde (wie die Samniten) zu verteidigen. Später dienten *Coloniae* hauptsächlich der Ansiedlung von Veteranen. In der Kaiserzeit gab es auch sog. Titularkolonien, also bereits bestehende Gemeinden, die als Privileg die Bezeichnung *Colonia* erhielten.
- *Civitas* bezeichnet eine Stadt nichtrömischer Bürger, die mit Rom verbündet war beziehungsweise unterworfen worden war. Solche Städte waren im Allgemeinen steuerpflichtig; es bedeutete eine Auszeichnung, wenn eine Stadt für frei erklärt wurde; sie durfte nämlich ihre eigene Verwaltung behalten (*civitas libera*).

Die ersten beiden Kategorien von Städten waren durch und durch römisch, was man an bestimmten städteplanerischen Entscheidungen und Typen von Bauwerken sah. (**Abb. 41 und 42**). Die Städte der unterworfenen Völker wurden erst allmählich zu Städten im modernen Sinn. Zentralsiedlungen von Völkern, die oft eher dörflichen Charakter hatten, wurden durch den Kontakt zu den Römern zur Stadt, wobei Romanisierungsmaßnahmen der Römer eher indirekt wirkten: durch die Stationierung Latein sprechender Soldaten oder typisch römische Bauten. Wichtiger war die Selbstromanisierung (engl. *romanisation*), das heißt die freiwillige Anpassung der Provinzialen an die Lebensart der Römer.

Kulturkontakte und Romanisierung

Etliche Provinzen im Westen des Imperium Romanum sind schon in der mittleren Republik erobert worden. Der Romanisierungsgrad war entsprechend hoch, ohne dass wir in dieser frühen Phase die Mechanismen der kulturellen Beeinflussung genau beobachten könnten. Deutlicher ist das Bild für Gallien und Germanien. Die erste Provinz in dieser Region, die Gallia Narbonnensis, wollen wir dabei außer Acht lassen, da dieses Gebiet durch Massilia, eine griechische Kolonie, früh in das etruskische und griechische Handelsnetz einbezogen war. Diese Region konnte bereits in der frühen Kaiserzeit kaum noch von Italien unterschieden werden. Es soll hier um Roms Beziehung zu Kelten und Germanen gehen.

Gallia Narbonnensis

Schon die Unterscheidung der in Mitteleuropa ansässigen Völker führt zu Problemen. Gerade links und rechts des Rheins ist diese Unterscheidung nicht so klar gewesen, wie Caesar suggeriert. Er behandelt Kelten und Germanen in seinem *Bellum Gal-*

Kelten und Germanen

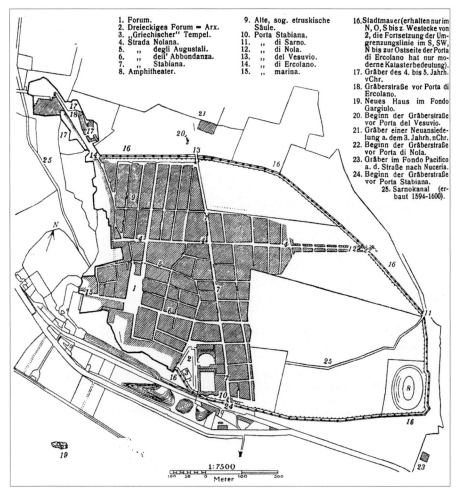

41: Plan von Pompeji.

licum in getrennten Exkursen. Über die Kelten konnte Caesar mit größerer Autorität sprechen als über germanische Stämme, mit denen er nur sehr punktuell in Berührung gekommen war. Das Bewusstsein der Unterschiede zwischen den einzelnen Gruppen schärfte sich erst durch den Kontakt mit Dritten, in diesem Fall den Römern. Anders gesagt: Die Stämme wurden sich ihrer kulturellen Zugehörigkeit erst dadurch bewusst, dass ein mächtiger

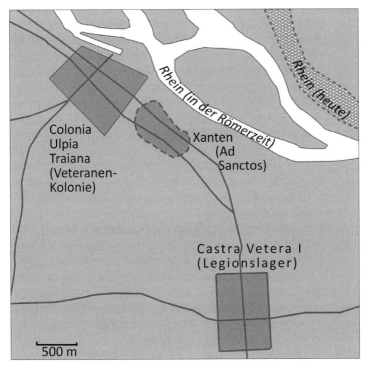

42: Xanten: Plan der Umgebung. Legionslager bestanden seit dem 1. Jahrhundert n.Chr., die Veteranenkolonie wurde von Trajan gegründet. Um 600 n.Chr. wurde am Orte eines Märtyrergrabes (ad sanctos, bei den Heiligen) die mittelalterliche Stadt gegründet.

Gegner ihren Zusammenhalt erforderlich machte. Das galt v.a. für die Kelten, während die Germanen als Einheit eine Fiktion Caesars waren.

Nachdem Augustus das von Caesar eroberte Gallien reorganisiert hatte, kamen verstärkte Romanisierungsprozesse in Gang. Ältere keltische *Oppida,* also von Kelten gegründete Städte, nahmen immer mehr die Gestalt römischer Munizipien an. Die Verhältnisse in Germanien waren andere, zudem ist die territoriale Abgrenzung schwierig. Später unterschieden die Römer zwischen den Provinzen und dem „freien" Germanien. Dieses Gebiet ist keinesfalls so zu definieren, dass dort nur Germanen gelebt hätten. Auch Kelten waren anzutreffen, gerade im süddeutschen Raum. Und „die" Germanen waren natürlich auch keine Nation in heutigem Sinn, sondern bestanden aus einer

Germanien

Vielzahl an Stämmen. Ihre Bezeichnung als *Germani* ist seit der Gesandtschaft der Häduer, die in Rom Hilfe gegen die Helvetier erbaten, gebräuchlich (58 v.Chr.). Caesar bezeichnete mit Germanen Personen, die von der anderen Seite des Rheines die Kelten bedrohten.

Barbaren — Kelten wie Germanen waren für die Römer „Barbaren", das heißt unkultivierte, unzivilisierte Personen. Auf diese Fremden projizierte man Vorurteile. Stereotype Beschreibungen von Barbaren – sie tränken keinen Wein, trügen Hosen, seien tapfer, aber nicht bedacht usw. – wurden ungeprüft übernommen, das heißt die römische Beschreibung der Germanen ist eher Zeugnis für Barbarentopik als für die ethnologische Realität.

> **Topik**: Ansammlung bestimmter Charakteristika, die man einer Sache in der Literatur gewöhnlich beimaß; Topoi sind „Gemeinplätze", also vorgeprägte Beschreibungen, Clichés.

Germanien unter Caesar und Augustus — Die Germanen wurden in eine Reihe mit den nichtgriechischen Gegnern der Römer gestellt wie z.B. den Kelten oder Illyrern. Nähere Bekanntschaft mit „Germanen" machten die Römer – wenn man die Raubzüge der Kimbern und Teutonen um 105 v.Chr. einmal ausklammert – erst durch die beiden Rheinübergänge Caesars 55 und 53 v.Chr. Es handelte sich dabei um Strafexpeditionen gegen Stämme, die den Rhein überschritten hatten, nach Caesars Meinung dazu aber nicht berechtigt waren. Unter Augustus wurde dann eine systematische Erkundung und Eroberung vorgenommen. Zunächst wandte er sich gegen die unmittelbar nördlich der Alpen siedelnden Stämme. Um 15 v.Chr. war dieses Alpenvorland erobert und die Provinz Noricum eingerichtet. Unter militärischer Gewalt blieb Rätien, das wohl erst unter Tiberius als Provinz eingerichtet wurde. Rätien erstreckte sich vom Bodensee bis nach Passau und Regensburg. Der Inn wurde die Grenze zu Noricum. (**Abb. 43**)

Expeditionen des Drusus — Drusus begann im Jahre 12 v.Chr. mit der Erkundung der Nordsee vom Niederrhein aus. Dabei blieb er vor den ostfriesischen Inseln liegen – die Ebbe hatte ihn überrascht. Er fuhr die Ems ein Stück hinauf und erkundete See- und Landwege. Später ging Drusus militärisch vor. Von Mainz aus durchschritt er mit seinen Truppen das Gebiet der Chatten im heutigen Hessen und das der Cherusker in Westfalen. Er kam in der Nähe der Saalemündung, also rund 25 km südlich vom heutigen Magdeburg, an die Elbe. Der Elbübergang scheiterte. Im Laufe der Operationen stürzte

3.3 | Der Prinzipat und die römischen Provinzen

43: Germanien um 100 n.Chr. Eingezeichnet sind zudem die beiden augusteischen Siedlungen von Waldgirmes und Hedemünden sowie die Plätze Kalkriese (Ort der Varus-Schlacht, 9 n. Chr.) und Kalefeld-Oldenrode (Gefecht im frühen 3. Jahrhundert n.Chr.).

Drusus vom Pferd und erlag seinen Verletzungen. Sein Bruder Tiberius führte den Krieg fort.

Es ist eine lang diskutierte Frage, welche Pläne Augustus für Germanien hegte. Drusus und Tiberius hatten Nord- und Mitteldeutschland unter römische Kontrolle gebracht, das Alpenvorland war schon etwas länger römisch. Was sollte nun aus den Gebieten im Norden werden? Augustus dachte offenbar darüber nach, aus der militärisch verwalteten Zone ganz oder teilweise eine Provinz zu machen; es gibt auch Indizien, dass dies tatsächlich geschah. Militärlager wie die in Waldgirmes (bei Wetzlar) und Hedemünden (südlich von Göttingen) wurden befestigt, offenbar sah man sich mancherorts an der Schwelle vom Militärlager zur Stadt; Augustus entsandte Varus, vielleicht um weitere Vorbereitungen zu treffen. Dazu kam es nicht mehr.

Waldgirmes, Hedemünden

Varus-Schlacht 9 n.Chr.

Im Jahre 9 n.Chr. wurden die drei Legionen des Varus fast vollständig aufgerieben. Verantwortlich dafür war Arminius, der als „Hermann der Cherusker" zum Erinnerungsort deutscher Geschichte wurde. Er hatte militärische Erfahrung in der römischen Armee gesammelt, bekam das römische Bürgerrecht verliehen, hatte sich dann aber gegen die Römer gestellt. Mit den Cheruskern und anderen Stämmen lockte er die Römer in einen Hinterhalt, der aber wohl nicht im heutigen Teutoburger Wald lag – ein Gebirge, das lange den Namen Osning trug. Zwischen dem Kalkrieser Berg und dem großen Moor griff Arminius Varus' Legionen an (ca. 20 km nördlich des heutigen Osnabrück). Die Kämpfe zogen sich mehrere Tage hin, die römischen Legionäre wurden zum größten Teil getötet. Zahlreiche archäologische Spuren (Münzen, Waffen, Bekleidung, Ausrüstung) sind erhalten geblieben. Germanicus besuchte später das Schlachtfeld (Tac. ann. 1,61).

Die Einrichtung der Provinzen Germania inferior (Statthaltersitz Köln) und Germania superior (Statthaltersitz Mainz) unter Domitian stellte einen Kompromiss dar: Auf eine weiträumige Eroberung bis zur Elbe wurde verzichtet, aber Rom erhielt den Anspruch aufrecht, östlich des Rheins und nördlich der Donau Ordnungsmacht zu sein und eine Zivilisation aufzubauen. Köln war zunächst Siedlung der Ubier, die Agrippa 38 v.Chr. unterworfen hatte. Unter

Germaniae et Belgica

Claudius wurde es *Colonia Claudia Ara Agrippinensium* (50 n.Chr.). Mainz war seit 13 v.Chr. Militärlager, daneben entstand eine städtische Siedlung. Der Westen des heutigen Rheinland-Pfalz und das Saarland lagen in der römischen Provinz Belgica, deren Hauptort Trier war, die *Colonia Augusta Treverorum,* noch heute mit römischen Thermen, dem berühmten Stadttor (Porta nigra), einem Amphitheater und einer Palastaula beschenkt.

Der Handel mit den Germanen

Das darf aber nicht darüber hinwegtäuschen, dass viele dörfliche Siedlungen im Inneren Germaniens von kulturellen Einflüssen der Römer unberührt blieben. Handelsverkehr gab es bis an die Elbe, von der Donau her bestand auch die alte Bernsteinstraße weiter. Der Limes stellte keine Schranke für den Handel dar, war aber ein Kontrollmechanismus, der im 2. Jahrhundert gut funktionierte.

> **Limes:** Römische Grenzbefestigung und Markierung der Grenze zwischen Zivilisation und Barbaricum. Der obergermanische Limes bestand aus einem hölzernen Zaun, der nur an bestimmten, mit Wachtürmen versehenen Stellen durchlässig war. Im Hinterland befanden sich Kastelle. In anderen Bereichen des römischen Reiches waren die Limites nur punktuell befestigt, zum Beispiel im Falle des orientalischen Limes.

In den östlichen Provinzen des Imperium Romanum herrschten ganz andere Bedingungen. Griechisch geprägte Städte (Póleis) gab es seit archaischer Zeit: Apoikien ebenso wie hellenistische – häufig dann seleukidische – Gründungen. Manche Regionen hatten eine besondere Verwaltungsstruktur, zumal Ägypten, dessen wirtschaftliche Stärke in dem traditionellen Leben mit der Nilschwemme zu finden war. Augustus behielt dort die ptolemäischen Verwaltungsstrukturen bei. Städte an der Levante waren Ausgangspunkt der Christianisierung; die Römer kamen in den Provinzen Kleinasiens mit Christen stärker in Berührung als in Rom, wo diese nach schlimmen Erfahrungen unter Nero im Verborgenen agierten (s.u. S. 182-186).

Die östlichen Provinzen

Humanitäres Kaisertum und Severische Dynastie

Nach dem Tode des Domitian begann mit Nerva eine Ära, in der Blutsverwandtschaft für die Herrschaftsweitergabe nicht mehr die oberste Priorität hatte. Früher sprach man daher vom Adoptivkaisertum, doch zeigt sich bei näherer Betrachtung, dass die meisten der Kaiser weitläufig verwandt waren und die Adoption des Besten zum Nachfolger nur eine Ideologie war. Die Bezeichnung „humanitäres Kaisertum" kam auf, weil das Imperium im 2. Jahrhundert wirtschaftlich und kulturell in Blüte stand und von Zeitgenossen als beste aller denkbaren Ordnungen gepriesen wurde (Aelius Aristides, „Rede auf Rom"). Es gab Kriege an der Peripherie des Reiches, jedoch kaum Aufstände und keine Bürgerkriege. Die Kaiser waren literarisch gebildet, schrieben teilweise sogar selbst. Mark Aurel (161-180 n.Chr.) hinterließ philosophische Selbstbetrachtungen. Selbstbeschränkung des Herrschers und Rücksicht auf die Aristokratie brachten den Bewohnern des Römischen Reiches eine gewisse Ruhe, von Ausnahmen wie den Markomannenkriegen abgesehen. Die Spätantike sah in Mark Aurels Sohn Commodus seinen einzigen Fehler, der nach Auffassung von Edward Gibbon[3] wesentlich zum Niedergang Roms beitrug.

Das humanitäre Kaisertum 96-192 n.Chr.

Commodus 180-192 n.Chr.

In den Thronwirren nach dem Ende des Commodus konnte sich der in Lepcis Magna (Kyrene) geborene Septimius Severus (193-211), der von seinen Truppen erhoben worden war, durchsetzen und die Kaiserherrschaft für die Severische Dynastie erlangen. Verheiratet mit einer Syrerin aus einer Priesterfamilie, zeich-

Die Severer 192-235 n.Chr.

---

[3] Edward Gibbon, *The History of the Decline and Fall of the Roman Empire*, Bd. 1, 1776.

neten sich neue regionale Schwerpunkte seiner Bautätigkeit ab, eben Nordafrika und Syrien. Erfolgreiche Kriege in Mesopotamien lassen ihn als guten Kaiser erscheinen. Seine Nachfolger Elagabal und Caracalla förderten insbesondere die orientalischen Kulte. Unter Caracalla wurde das römische Bürgerrecht nun auch außerhalb Italiens zum Regelfall.

> **Constitutio Antoniniana:** Kaiserliches Edikt des Jahres 212, benannt nach dem Familiennamen Caracallas. Verleihung des Bürgerrechts an alle freien Bewohner des Reiches, wodurch den Provinzialen bessere rechtliche Bedingungen gegeben wurden. Da im selben Zuge die Erbschaftssteuer verdoppelt wurde, wuchsen die Staatseinnahmen deutlich.

Severus Alexander (222-235) war der letzte Kaiser der Severischen Dynastie, auf die eine lange Phase von Soldatenkaisern folgte. Die relativ guten wirtschaftlichen Verhältnisse der Severerzeit blieben aber vermutlich noch bis zur Mitte des 3. Jahrhunderts erhalten.

Literatur

- Bleicken, Jochen, *Augustus*, Berlin 1998 u.ö. (monographische Biographie, die nach ausführlicher Darstellung des Aufstiegs Oktavians viele Sachthemen behandelt, die für Augustus relevant waren).
- Bleicken, Jochen, *Verfassungs- und Sozialgeschichte des Römischen Kaiserreiches*, 2 Bde., 4./3. Aufl. Paderborn 1995/1994.
- Botermann, Helga, *Wie aus Galliern Römer wurden*, Stuttgart 2005.
- Christ, Karl, *Geschichte der römischen Kaiserzeit von Augustus bis zu Konstantin*, 5., durchges. Aufl. mit erw. und aktualisierter Bibliographie, München 2005.
- Flaig, Egon, *Den Kaiser herausfordern. Die Usurpation im Römischen Reich*, Frankfurt/Main 1992.
- Johne, Klaus Peter, *Die Römer an der Elbe. Das Stromgebiet der Elbe im geographischen Weltbild und im politischen Bewusstsein der griechisch-römischen Antike*, Berlin 2006.
- Kolb, Frank, *Die Stadt im Altertum*, München 1984 (ND Düsseldorf 2005) (nach wie vor die beste Kurzdarstellung zum Städtewesen).
- *Das Römische Reich und seine Nachbarn. Die Mittelmeerwelt im Altertum IV*, hg. von Fergus Millar, Frankfurt 1966 u.ö.
- *Europäische Wirtschafts- und Sozialgeschichte in der Römischen Kaiserzeit*, hg. von Friedrich Vittinghoff, Stuttgart 1990 (Handbuch der europäischen Wirtschafts- und Sozialgeschichte 1) (Sachthemen und Provinzen).

- *Die Varusschlacht – Wendepunkt der Geschichte?* Hg. von Rainer Wiegels, Stuttgart 2007 (gut illustrierte Darstellung neuer Fundorte im Germanien der augusteischen Zeit).
- Winterling, Aloys, *Caligula*, 3. Aufl. München 2004.

Kulturen der Kaiserzeit – Antike und Christentum 3.4

Um das Jahr 1850 fasste Ludwig Friedländer, damals Professor in Königsberg, den Plan, ein umfassendes Werk über die römische Kulturgeschichte der Kaiserzeit zu schreiben, das dann seit 1861 in mehreren Bänden und wiederholten Auflagen erschien: „Darstellungen aus der Sittengeschichte Roms in der Zeit von Augustus bis zum Ausgang der Antonine". Dieses Werk ist ein bemerkenswertes Zeugnis des damals herrschenden Positivismus. Friedländer hatte die lateinischen und griechischen Quellen mehrfach gelesen und nach kulturhistorischen Realien exzerpiert. Da er hierauf große Mühe verwandte und gelegentlich auch Inschriften und Bildquellen heranzog, gelang ihm im Laufe der Zeit eine Darstellung, die – ähnlich wie die Neubearbeitung der *Realencyclopädie* von August Pauly durch Georg Wissowa und andere – eine mehr oder minder vollständige Auflistung der Quellen (zum städtischen Leben, dem Kaiserhof, den Frauen oder den Schauspielen) bot.

Friedländers Sittengeschichte Roms

Ein solches Vorhaben würde heute verwundern. Die monolithische Konzentration auf die stadtrömischen Verhältnisse ohne jegliche Reflexion darüber, was überhaupt Kultur sein soll, wird dem heutigen Forschungsstand nicht mehr gerecht. Das römische Reich war multikulturell, die antike Kultur der Griechen und Römer im engeren Sinn nur ein Teil davon. Andererseits ist die Gliederung allein nach kulturanthropologischen Gesichtspunkten für ein Studienbuch, das der ersten Orientierung dienen soll, unangemessen. So ist hier ein Kompromiss einzugehen: Neben den kulturellen Eigenheiten der Griechen und Römer werden religiöse Impulse betrachtet, die langfristig zu tiefgreifenden Veränderungen des römischen Reiches führten – hier im Wesentlichen zur Christianisierung.

Das Imperium Romanum – multikulturell

Die griechisch-römische Kultur

Die Kultur der römischen Republik war die eines Stadtstaates, auch wenn sie sich im Laufe der Republik in großen Teilen Italiens durchgesetzt hatte, wenn man nicht einen schärferen Begriff wählen will. Die Römer haben im Zuge der Expansion viele Völker dezimiert und ihre kulturelle Identität unterminiert – Etrusker und Samniten könnte man nennen. Römer und Griechen verband hingegen nicht nur ihr Polytheismus. Die Berührungen sind in der Kaiserzeit so stark, dass man von der antiken Kultur spricht. Nicht nur ähnliche Vorstellungen von Göttern und Festen, sondern auch enge Berührungen in Lebensart, Literatur- und Kunstverständnis lassen Alfred Heuß von einer Symbiose der Griechen und Römer in der Kaiserzeit sprechen.

Symbiose der Griechen und Römer

Religiöse Reformen in der Zeit des Augustus bestärkten diese Symbiose noch, denn aus den republikanischen Vergöttlichungstendenzen war inzwischen ein Herrscherkult in hellenistischer Art geworden, wobei Augustus sich hütete, die Fiktion des Weiterbestehens der *res publica* aufzugeben (Prinzipatsideologie). Doch es entstand auch eine Ideologie des Kaiserhauses: Feste, die mit Romulus zu tun hatten, wurden wieder gefeiert, die Abkunft der Julier von Aeneas wurde auch als Begründung römischer Religion verstanden, denn Aeneas hatte aus Troja Kultbilder mitgebracht. Zum anderen wurden neue Kulte etabliert, zunächst der Kaiserkult.

Ideologie des Kaiserhauses seit Augustus

> **Kaiserkult**: Verehrung des *Genius Augusti*, also nicht des lebenden Herrschers; zunächst zusammen mit der Dea Roma. Der verstorbene Kaiser hingegen wurde wie ein Gott verehrt, wenn er vom Senat divinisiert worden war. Während im Osten des Imperiums die Tradition zum Kult des hellenistischen Herrschers bestand, erfolgte die Einführung des Kaiserkultes in den westlichen Provinzen zunächst nur in einzelnen Städten.

Manche Teile der römischen Religion blieben „Lokalreligion" Roms, doch überwog die Aufnahmebereitschaft fremder Traditionen. In der Tat war der Polytheismus ideal, um mit den Unterworfenen zumindest auf dieser Ebene eins zu werden. Nicht umsonst haben die Römer eine *interpretatio Romana* fremder Kulte betrieben.

> **interpretatio Romana:** Einbindung fremder Gottheiten durch Gleichsetzung mit einer bereits verehrten Gottheit; für den ursprünglichen Kult kann dieses zur Folge haben, dass die entsprechende Gottheit auch mit ihrem lateinischen Namen angeredet wird, das heißt *interpretatio Romana* kann auch zur Romanisierung auf religiösem Gebiet führen. (Die Griechen hatten ganz analog eine *interpretatio Graeca* praktiziert)

Antike Religion ist zu definieren als Gesamtheit kultureller Praktiken in Bezug auf die betreffenden Götter, wie Rüpke schreibt. Zwänge wurden hier zunächst nicht ausgeübt – erst als man den Polytheismus und überhaupt den römischen Staat durch Monotheisten gefährdet sah. Rom hielt die Christen für Aufrührer, antike Religion wurde zu einer Loyalitätsreligion, der Bürger musste dem Kaiser und dem Imperium loyal sein. Früher nahm man an, dass die Kulturkontakte zwischen Römern und Provinzialen einseitig waren, die römische Kultur habe dominiert, Rom habe eine Romanisierung bezweckt. Heutzutage lassen viele Belege den Schluss zu, dass auch so etwas wie Selbstromanisierung stattgefunden hat, die Provinzialen haben sich also selbst angepasst. Rom und das Mittelmeer hatten auch schon in früheren Jahren beispielsweise für die Kelten einen kulturellen Reiz ausgeübt. Ökonomische Anreize gab es freilich auch.

Selbstromanisierung

Orientalische Kulte waren den Römern schon in der Republik bekannt. Der Senat ließ um 200 v.Chr. den schwarzen Kultstein der Magna mater nach Rom holen. Auch an der Levante stieß man immer wieder auf unbekannte Kulte, deren Ausübung in Rom aber erst in der Kaiserzeit zunahm. Aus Syrien stammte Elagabal, aus Ägypten der Isis-Kult. In der Armee griff die Verehrung des

Orientalische Kulte

44: Mithras opfert den Stier. Große Relieftafel mit Farb- und Blattgold-Resten. Rom, Museo Nazionale Terme di Diocleziano, spätes 3. Jahrhundert. Gefunden unter der Kirche S. Stefano Rotondo.

Mithras spätestens im 2. Jahrhundert n.Chr. um sich; in der Nähe der Legionslager finden sich Kultgrotten. (**Abb. 44**) Der ursprünglich persische Kult ist von seinen ersten Anhängern im Imperium Romanum, vermutlich Soldaten aus den östlichen Provinzen, adaptiert worden. Da es kaum schriftliche Zeugnisse gibt, ist die Interpretation der Kultbilder schwierig. Das zentrale Relief stellt Mithras als Stiertöter dar. Angaben über die Weihegrade der Anhänger sind möglich, da auch sie abgebildet wurden. Durch das Vergießen des Stierblutes versprachen sich die Anhänger Erlösung.

> **Mysterienkulte**: Die Bezeichnung wird abgeleitet vom attischen Fest der Mysteria, das jährlich im Heiligtum von Eleusis stattfand. Der Teilnehmer wurde in diese Rituale eingeweiht, hatte diese gegenüber Nicht-Eingeweihten aber geheimzuhalten, so dass es sich um einen eher staatsfernen Kult handelte.

Der Mithraskult war ein solcher Mysterienkult; im 2. und 3. Jahrhundert n.Chr. gab es etwa 40 Mithräen in und um Rom, die überwiegend abseits der Straßen lagen. In den Provinzen waren es hunderte solcher Kultstätten. Auch die jüdischen Synagogen in Rom waren in der Kaiserzeit verborgen.

Verbreitung spezifisch römischer kultureller Erscheinungen auch im Osten des Imperiums

Die stadtrömische Kultur der Republik ist oben (3.2) schon exemplarisch behandelt worden. In der Kaiserzeit blieben die Kernbestandteile der Religion erhalten und auch die Vielzahl an Schauspielen im Theater, Circus oder im Amphitheater. Das Theater zeigte Tragödien und Komödien, wobei uns heute nur noch recht geringe Teile dieser Stücke erhalten sind. Im Circus wurden Wagenrennen veranstaltet, die später in Konstantinopel ungeheure Bedeutung erlangten. Die Gladiatorenspiele verbreiteten sich allmählich über große Teile des römischen Imperiums, und es ist keineswegs so, dass die Griechen sie verschmäht hätten.

Pompeji

Einen tiefen Einblick in die Alltagsgeschichte bietet uns Pompeji, das im Zustand des Jahres 79 n.Chr. eingeäschert wurde. Die Ascheschicht war einige Meter dick und erst in der Mitte des 18. Jahrhunderts wurde nach den Überresten gegraben. Durch die Kritik Johann Joachim Winckelmanns (1717-1768) wurde die Konservierung der gefundenen Stücke verbessert. Im Laufe der Jahrzehnte kam das vollständige Areal eines antiken Municipium zum Vorschein: Wohnhäuser, Tempel, Amtsgebäude, ein Amphitheater. Diese Bauten fand man großenteils so vor, wie sie verlassen wurden. Unzählige Kunstwerke, Geräte, Schmuckstücke und

Momentaufnahme des Alltagslebens

Wandmalereien wurde aufgefunden, im benachbarten Herculaneum sogar eine Anzahl an verkohlten Papyri, deren Entzifferung noch in Bearbeitung ist.

Zur Kultur gehört immer auch das gelehrte Leben und die Belletristik. Aus der römischen wie griechischen Literatur sind uns viele poetische und prosaische Werke überliefert, die man noch heute zur Weltliteratur zählt und natürlich noch mehr Texte, die bei sachgemäßer Interpretation auch als Geschichtsquellen dienen können. Die Anfänge der römischen Literatur seit dem 3. Jahrhundert v.Chr. wollen wir hier beiseite lassen, ebenso das frühere Zwölftafelgesetz (450 v.Chr.). Die Hauptepochen der römischen Literatur sind die folgenden:

Antike Literatur als Geschichtsquelle

Zeitraum	Epochencharakteristik (frei nach dem „Handbuch der Lateinischen Literatur", München 1989 ff.)	Beispielautoren (fett: bekanntere Historiker)
ca. 80 – 15 v.Chr.	Klassische Literatur (goldene Latinität)	Cicero, Caesar, **Sallust**, Vergil, Horaz, Ovid, **Livius**
ca. 15 v.Chr. - 115 n.Chr.	Frühkaiserzeitliche Literatur (bis zur silbernen Latinität)	Seneca, **Velleius Paterculus**, Martial, Juvenal, Plinius, **Tacitus**
115-235 n.Chr.	Archaisierende Epoche Einsetzen christlicher Literatur	Fronto, Gellius, **Florus** Tertullian
284-374 n.Chr.	Restauration und Erneuerung: Beginn der spätantiken Literatur	Laktanz, Ausonius, Breviarien (z.B. **Aurelius Victor**)
374-430 n.Chr.	Zeitalter des Theodosius: Blüte der spätantiken Literatur	Hieronymus, **Ammianus Marcellinus**, Ambrosius, Augustinus, **Orosius**
430-735 n.Chr.	Endphase der spätantiken Literatur	Isidor von Sevilla, Beda (Venerabilis)

Die Epochisierung ist von der lateinischen Sprachgeschichte (goldene und silberne Latinität, Archaisierung) ebenso geprägt wie von gesellschaftlichen und religiösen Entwicklungen. Literaturgeschichte ist somit immer auch Sozialgeschichte von Literatur. Die griechische Literatur der Kaiserzeit zeigt deutliche Parallelentwicklungen in den Inhalten. Christliche Texte bedienen sich zuerst der griechischen Sprache, bevor sie ab der Zeit Tertullians zunächst auch auf Latein verfasst werden.

Literaturgeschichte als Sozialgeschichte von Literatur

Die römische Schule konnte in vielem auf die Erfahrungen der griechischen Gymnasien oder der Ephebie zurückgreifen. Nach dem Elementarunterricht, der Lesen, Schreiben und Rechnen umfasste, folgte der Grammatikunterricht. Der Rhetorikunter-

Grammatik- und Rhetorikunterricht

richt der Römer setzte die rhetorische Theorie der Griechen seit der klassischen Zeit fort. Die politische Rede, die im Werk Ciceros einen Höhepunkt gesehen hatte, wurde aber kaum noch gepflegt, Schaureden (Deklamationen) beherrschten den Unterricht. Griechische und römische Kultur standen sich seit dem Hellenismus so nahe, dass die Gemeinsamkeiten überwogen und man übergreifend von Antike redet (vgl. 1.1.). Das schließt die Weiterexistenz anderer Kulturen im Imperium Romanum nicht aus. Vor allem das aus dem Judentum abgeleitete Christentum etablierte sich als eigene Kultur und stellt eine unbedingte Voraussetzung zum Verständnis der Spätantike dar.

Die jüdische Religion

Judentum und Antike

Das Judentum ist seinerseits für die Ursprünge des Christentums von Wichtigkeit, Kulturkontakte mit Griechen und Römern können hier aber nur sehr kursorisch angesprochen werden. Das alte Israel war bereits lange untergegangen, als Alexander diesen Bestandteil des Perserreiches durchquerte; der Großraum Judäa wurde dann Teil des Ptolemäer- beziehungsweise seit 200 v.Chr. Seleukidenreiches. Durch die Schwäche der Seleukiden gewannen die in Judäa ansässigen Juden mehr Autonomie; auch in vielen hellenistischen Großstädten im östlichen Mittelmeerraum wie zum Beispiel Alexandria oder Antiochia am Orontes waren

Diaspora

Juden anzutreffen. Diese Diaspora hatte mit der babylonischen Gefangenschaft 586 v.Chr. begonnen. Mit welchen Kulturen die Juden auch zusammentrafen – durch ihren Monotheismus wichen sie deutlich von den religiösen Vorstellungen der anderen Völker des Altertums ab, was für die kulturelle Entwicklung zunächst wichtig war. Die hellenistische Prägung der Oberschicht sahen die gläubigen Juden eher mit Unbehagen.

Die Seleukiden hatten zeitweise versucht, die Ausübung der jüdischen Religion zu hellenisieren oder sogar ganz zu verbieten. Der

Makkabäeraufstand 167-163 v.Chr.

Makkabäeraufstand war die Folge. Verschiedene Richtungen des Judentums entstanden: die Essener, Pharisäer und Sadduzäer. Alle diese Richtungen hielten sich aber an die Grundfesten des Judentums als Religion: den exklusiven Monotheismus, den Bund des Volkes Israel mit Gott und die zentrale Stellung des Tempels in Jerusalem.

Mit Pompeius' Neuordnung des Ostens wurde Judäa (**Abb. 45**) zum Klientelkönigtum, das heißt Rom kontrollierte die Königsherrschaft und griff bei Bedarf ein. Geopolitisch gesehen wurde

Pompeius in Judäa

Judäa Bestandteil der Pufferzone zwischen Imperium Romanum

3.4 | Kulturen der Kaiserzeit – Antike und Christentum

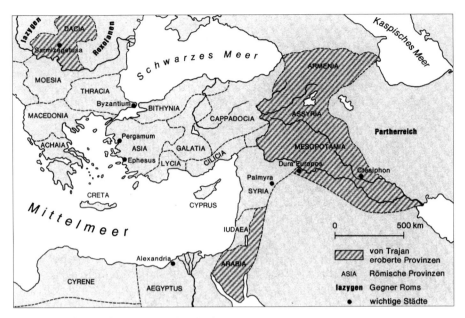

45: Der östliche Mittelmeerraum zur Zeit Trajans

und Partherreich. In den Jahren 40-4 v.Chr. war Herodes Herrscher von römischen Gnaden. Er hatte im Bedarfsfall den Römern Truppen zur Verfügung zu stellen und musste auch die Abgaben eintreiben. Im Verlauf der Kaiserzeit kam es gleich zu mehreren Auseinandersetzungen der Römer mit der Provinz Judäa, die 6 n.Chr. eingerichtet worden war. Ernst Baltrusch erklärt die Konflikte, die zur Zerstörung des Tempels im Krieg 66-70 n.Chr. führten, damit, dass Römer und Juden unter Herrschaft ganz verschiedene Dinge verstanden.

Jüdisch-Römischer Krieg 66-70 n.Chr.

> **Antijudaismus**: Judenfeindliche Einstellung, die zunächst gegenüber Juden in der Diaspora geübt wurde; der Judenhass drückte sich zunächst in Polemik aus, nahm aber im Laufe der Zeit immer häufiger auch gewalttätige Züge an. Systematische Judenverfolgungen waren in der Antike selten (sind aber in Folge des Jüdisch-Römischen Krieges von 66-70 n.Chr. bezeugt). Der Begriff Antisemitismus sollte nicht verwendet werden, da er suggeriert, dass die Motivation des Judenhasses rassistischer Natur ist oder in ihrem Gebrauch einer semitischen Sprache, des Hebräischen, lag; Antijudaismus beruht aber auf Vorurteilen gegenüber der jüdischen Religion.

Synagogen in Rom — Antijudaische Vorstellungen spielten für die Römer im Jahre 66 eine geringe Rolle, es ging um die Niederschlagung des jüdischen Aufstandes. Etliche Synagogen und Grabstätten von Juden in Rom bezeugen die Duldung; archäologische Reste sind spärlich bezeugt, werden in der Spätantike häufiger. Die Synagoge in Ostia mag schon in der hohen Kaiserzeit bestanden haben. Für die weitere historische Entwicklung sind die religiösen Strömungen im Palästina des 1. Jahrhunderts n.Chr. in unserem Zusammenhang wichtiger.

Das Urchristentum

Der historische Jesus — Jesus von Nazareth wurde in die jüdische Religion hineingeboren. Im Folgenden gehe ich auf Jesus als historische Figur ein. Er wurde wohl 4 v.Chr., zu Lebzeiten des Herodes, geboren. Als in der Spätantike die christliche Zeitrechnung (v.Chr./n.Chr.) eingeführt wurde, haben die Kirchenväter sich offenbar verrechnet. Jesu' Muttersprache war aramäisch; möglicherweise war er Zimmermann von Beruf. In fortgeschrittenem Alter wurde er getauft von Johannes, dem Täufer; dieser war Exponent einer der vielen Erneuerungsbewegungen im Judentum. Jesus wurde danach selbst als Wanderprediger aktiv. Offenbar fand er etliche Anhänger, er galt als charismatischer Prediger. Aus der Sicht der paganen Zeitgenossen war er ein Wundertäter, ein *theios anēr*. Seine Anhänger sahen in ihm den Messias, einen *Sotēr* (Retter, Erlöser). Durch das Abendmahl wurde Jesus zum Kultstifter.

> **Pharisäer**: Gruppe von Laien im Judentum, die genaueste Beachtung ritueller Gebote (z.B. der fünf Bücher Mose) forderte. Wer die rituelle Reinheit nicht beachtete, wurde unrein und fand die Verachtung der Pharisäer.

Der Konflikt von Jesus und den Pharisäern führte dazu, dass diese ihn an die Römer überstellten, die ihn als Staatsfeind verurteilten. Für einen Nichtrömer war die Kreuzigung als Todesstrafe üblich, auf dem Kreuz las man INRI, also *Iesus Nazarenus Rex Iudaeorum*. Die Anklage bestand also darin, dass Jesus König von Judäa hätte werden wollen. Er wurde um das Jahr 30 n.Chr. hingerichtet.

Urchristentum — Die folgende Entwicklung des Urchristentums kann hier nicht im Detail nachgezeichnet werden. Nach dem Tode Jesu' begründeten seine zwölf treuesten Anhänger, seine Jünger, die Urgemeinde in Jerusalem. Paulus begann um das Jahr 50 n.Chr. mit seinen Missionsreisen. Auf dem Apostelkonzil wurde die Rolle der Heidenchristen geklärt, womit man die Anhänger des Christentums, die nicht Juden gewesen waren, bezeichnet. Gründungen neuer Gemeinden in Ephesos und Korinth (56/57 n.Chr.) zeigen, dass sich das Christentum nach dem Märtyrertod seines Begründers schnell ausbreitete.

> **Märtyrer**: Person, die für ihre Glaubensvorstellungen zu sterben bereit ist. Da im Polytheismus abweichende religiöse Vorstellungen so gut wie irrelevant waren, wird der Begriff im Allgemeinen für Anhänger monotheistischer Religionen gebraucht. Diese können nach ihrem Märtyrertod dann als „Heilige" oder in ähnlicher Form erinnert und verehrt werden.

Paulus wurde angeklagt und appellierte an den Kaiser. Sein Schicksal ist ungewiss, doch die Verbreitung des Christentums war nicht mehr aufzuhalten. Mit der Ausbreitung des Christentums nahmen kritische Gegenstimmen zu. Der exklusive Monotheismus hinderte die Christen an der Teilnahme am Kaiserkult und an den öffentlichen Festen.

Unter dem späten Nero erlebte die Stadt Rom den verheerendsten Brand aller Zeiten (**Abb. 46**). Die gesamte Innenstadt brannte in sechs Tagen ab, die Wohngebiete nordöstlich des Forum Romanum ebenfalls (*subura*). Besonders verdächtig war, dass kurze Zeit später auf den Gütern des Prätorianerpräfekten Tigellinus erneut ein größerer Brand entstand – er galt als loyaler Gefährte Neros. Als man dann konsequenterweise Nero verdächtigte, ließ der Kaiser Christen verhaften – als Sündenböcke. Der Historiker Tacitus äußert sich so:

Brand Roms (64 n.Chr.)

(2) Aber nicht durch menschliche Hilfeleistung, nicht durch die Spenden des Kaisers oder die Maßnahmen zur Beschwichtigung der Götter ließ sich das böse Gerücht unterdrücken, man glaubte vielmehr fest daran: befohlen worden sei der Brand. Daher schob Nero, um dem Gerede ein Ende zu machen, andere als Schuldige vor und belegte die mit den ausgesuchtesten Strafen, die, wegen ihrer Schandtaten verhasst, vom Volk Chrestianer genannt wurden. (3) Der Mann, von dem sich dieser Name herleitet, Christus, war unter der Herrschaft des Tiberius auf Veranlassung des Prokurators Pontius Pilatus hingerichtet worden; und für den Augenblick unterdrückt, brach der unheilvolle Aberglaube wieder hervor, nicht nur in Judäa, dem Ursprungsland dieses Übels, sondern auch in Rom, wo aus der ganzen Welt alle Gräuel und Scheußlichkeiten zusam-

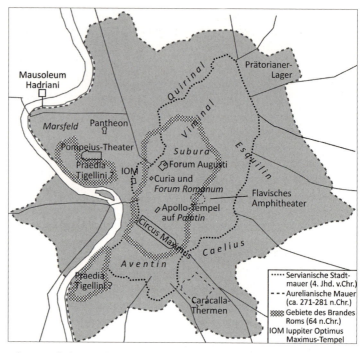

46: Vereinfachter Stadtplan Roms im Jahre 64 n.Chr. (Brand Roms)
Noch nicht vorhandene Gebäude wie das flavische Amphitheater (eröffnet 80 n. Chr.) und die Caracalla-Thermen (211-216 n.Chr.) sind gestrichelt dargestellt. Die Lage der Güter des Tigellinus (praedia Tigellini), auf denen das Feuer ein zweites Mal ausbrach, ist nicht sicher anzugeben – entweder waren sie im südlichen Marsfeld oder im Süden der Stadt am Tiber.

menströmen und gefeiert werden. (4) So verhaftete man zunächst diejenigen, die ein Geständnis ablegten, dann wurde auf ihre Anzeige hin eine ungeheure Menge nicht so sehr des Verbrechens der Brandstiftung als einer hasserfüllten Einstellung gegenüber dem Menschengeschlecht schuldig gesprochen. Und als sie in den Tod gingen, trieb man noch seinen Spott mit ihnen in der Weise, dass sie, in die Felle wilder Tiere gehüllt, von Hunden zerfleischt umkamen oder, ans Kreuz geschlagen und zum Feuertod bestimmt, sobald sich der Tag neigte, als nächtliche Beleuchtung verbrannt wurden. (5) Seinen Park hatte Nero für dieses Schauspiel zur Verfügung gestellt und gab zugleich ein Circusspiel, bei dem er sich in der Tracht eines Wagenlenkers unters Volk mischte oder sich auf einen Rennwagen stellte. Daraus entwickelte sich Mitgefühl, wenngleich gegenüber Schuldigen, die die härtesten Strafen verdient hätten: denn man glaubte, nicht dem öffentlichen Interesse, sondern der Grausamkeit eines einzelnen würden sie geopfert. (Tac. ann. 15,44,2-5; dt. von Erich Heller).

Anlass der Christenverfolgung war gar nicht primär der Brand selbst. Der Kaiser wurde verdächtigt: *quin iussum incendium crederetur* (2). Denn befehlen konnte ja nur eine hochgestellte Persönlichkeit. Die Christen wurden zu Sündenböcken, man warf ihnen schon länger Schandtaten (*flagitia*, 2) vor. Ihre Religion wird von Tacitus gar nicht als solche angesehen, er spricht von *superstitio*, Aberglauben (3). Er wirft den Christen vor, die Menschen zu hassen, also die Nichtchristen. Solche Vorwürfe hat man auch den Juden gegenüber erhoben, die Griechen sprachen von Misanthropie.

Brandstiftung?

In der Tat dürfte es schon im Rom der Neronischen Zeit Vorurteile gegenüber den wenigen Christen gegeben haben, da sie ihren Gottesdienst nicht in der Öffentlichkeit abhielten, was zu Gerüchten Anlass gab. Tacitus selbst, der nach 100 n.Chr. schrieb, kannte Christen möglicherweise aus seiner Statthalterschaft in Asia (112/113 n.Chr.), wo Christen in größerer Zahl anzutreffen waren als in Rom. Diejenigen, die unter Druck gestanden hatten oder denunziert wurden, verurteilte man vor dem Kaisergericht zum Tode. Die genannten Formen der Hinrichtung am Kreuz oder im Amphitheater waren nicht unüblich – man warf zum Tode Verurteilte gern den wilden Tieren vor, was man als *damnatio ad bestias* verklärte. Etwas ungewöhnlich und besonders perfide erscheint, dass man die Christen im Jahre 64 teilweise angezündet hat, was an Hexenverbrennungen des Spätmittelalters und der frühen Neuzeit erinnert.

Der um das Jahr 55 in Gallien geborene Tacitus war kein Augenzeuge, sein Geschichtswerk *Annales* könnte auf den (nicht erhaltenen) Historiker Cluvius Rufus, vielleicht auch auf den älteren Plinius (den bekannten Naturforscher) zurückgehen. Tacitus war offenbar der Meinung, dass Nero die Christen als Sündenböcke verurteilen ließ und selbst an der Brandstiftung beteiligt war. Doch können wir es so genau wissen? Ausgrabungen der letzten Jahre bestätigen, dass der Brand großen Umfang hatte und lassen Brandstiftung vermuten. Von der Behinderung der Löscharbeiten spricht schon Tacitus. Kann Nero gewollt haben, dass große Teile der Stadt zerstört würden? Sein Image war ohnehin nicht gut, nach fünf guten Jahren zu Beginn seiner Herrschaft bröckelte sein Ansehen, da er zu sehr seinen musischen Ambitionen frönte.

Tacitus kein Augenzeuge

Wenig bekannt ist, dass es unter den Christen eine militante Richtung gegeben hat, die mit Brandstiftung die Idee der etwas späteren „Offenbarung des Johannes" in die Tat umgesetzt haben könnte: „die Hure Babylon soll brennen" (Off. 17f.). Eine Schlüsselrolle kommt dem Datum des Brandes zu, dem 19. Juli, mit dem

Militanz im Christentum? man in östlichen Mittelmeerraum apokalyptische Vorstellungen verband, wie Gerhard Baudy bemerkt (Sirius-Frühaufgang). Wir kommen damit zu wenig bekannten Seiten des Christentums, das heutzutage als besonders pazifistisch gilt – was aber nicht unbedingt für seine Anfänge angenommen werden darf. Sikarier und Zeloten waren Gruppen im Judentum, die auch mit Waffengewalt vorgingen. Das alles steht freilich nicht bei Tacitus, sondern in verschiedenen späthellenistisch-jüdischen Prophetien. Baudy kommt zu dem Schluss, die verhafteten Christen seien nicht wegen ihrer Religion von Nero verfolgt worden, sondern als Brandstifter und Aufständische.

Christenverfolgungen im Römischen Reich

Christenverfolgungen Der spätantike Kirchenhistoriker Eusebius sah in Neros Maßnahmen die erste generelle Christenverfolgung. Er zählte neun weitere Verfolgungswellen bis in die Zeit des Kaisers Konstantin. Trotzdem breitete sich das Christentum im 2. und 3. Jahrhundert immer stärker aus. (**Abb. 51, S. 199**) Der Anteil der Christen an der Reichsbevölkerung blieb zunächst gering, um das Jahr 100 n.Chr. waren höchstens 5% der Bevölkerung Christen – eine grobe Schätzung. Damals hätte keiner die genaue Zahl angeben können. Verwunderlich scheint, warum die Ausbreitung doch so relativ schnell erfolgte, wenn man das Judentum zum Vergleich heranzieht. Gründe können sein:

Ursachen der Ausbreitung des Christentums

– Die Form des christlichen Monotheismus, der offener ist als der jüdische; zeitweise wurde der Beitritt zum Judentum vom Kaiser verboten.
– Jesus als Mittlergestalt, der Gott und Mensch zusammendenken lässt und so auch paganen Vorstellungen vom Gottmenschentum (s.o. Mysterienkult, Kaiserkult) nahekam.
– Das hohe soziale Ethos der christlichen Gemeinden, die auch ärmere Menschen aus Nächstenliebe versorgten, was der römische Staat immer weniger vermochte.
– Die Verwendung der griechischen Sprache, die nicht nur im Osten des römischen Imperium verstanden wurde; die Juden hatten erst spät begonnen, ihre Glaubenstexte ins Griechische zu übersetzen. Diese Septuaginta entstand im Verlaufe der hellenistischen Zeit; der jüdische Kult blieb aber immer hebräisch.

3.4 | Kulturen der Kaiserzeit – Antike und Christentum

Die Transformationen, die das Römische Reich im 3. Jahrhundert, der Zeit der Soldatenkaiser, erfuhr, betrafen die Christen besonders schmerzlich, da man sie beschuldigte, durch Verweigerung des Opfers für den Kaiser zu der misslichen militärischen Lage beigetragen zu haben. Unter dem Soldatenkaiser Decius fand eine besonders weitreichende und erstmals auch systematische Verfolgung statt. Im Herbst 249 wurde ein allgemeiner Opferbefehl erlassen: Alle Reichsangehörigen mussten den Staatsgöttern opfern und von den lokalen Behörden Bescheinigungen (**Abb. 47**) ausstellen lassen. Weil viele Christen das Opfer verweigerten, kam es zu Hinrichtungen in bislang ungewohntem Umfang – davon zeugen die Märtyrerakten. Die letzte große Christenverfolgung fand unter Diokletian statt, sein Nachfolger Galerius verhängte dann ein Toleranzedikt (311 n.Chr.), wonach die christliche Religion zumindest erlaubt sei.

In der Zeit der Verfolgungen bildete sich eine feste Struktur der christlichen Gemeinden heraus, in der noch heute bekannte Ämter wie das des Bischofs oder Priesters entstanden. Religiöse Texte über Jesus und die Missionszeit wurden gesammelt, allmählich entstand ein „Neues Testament".

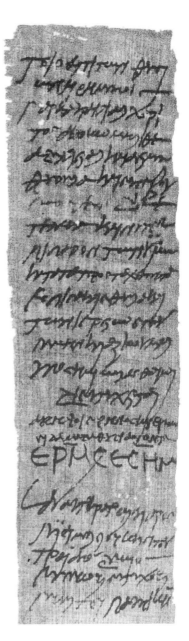

47: Papyrus mit Opferbescheid (anlässlich der Christenverfolgung des Decius; SB 4440; 16. Juni 249 n.Chr.; vgl. http://www.phf.uni-rostock.de/fkw/iaw/papyrologie/index.htm)

Literatur

- Baltrusch, Ernst, *Die Juden und das römische Reich*, Darmstadt 2004 (Anfänge des Judentums und römisch-jüdischer Beziehungen in der späten Republik).
- Baudy, Gerhard J., *Die Brände Roms. Ein apokalyptisches Motiv in der antiken Historiographie*, Hildesheim 1991 (provokante These: militante Christen hätten Rom im Jahre 64 n.Chr. angezündet).
- Dihle, Albrecht, *Die griechische und lateinische Literatur der Kaiserzeit: von Augustus bis Justinian*, München 1989 (Sonderausgabe 1998).
- Étienne, Robert, *Pompeji. Das Leben in einer antiken Stadt*, 5. bibliogr. erg. Aufl., Stuttgart 1998 (La vie quotidienne à Pompéi, Paris 1966).
- Friedländer, Ludwig, *Darstellungen aus der Sittengeschichte Roms in der Zeit von August bis zum Ausgang der Antonine*. Besorgt von Georg Wissowa, 4 Bde., 9./10. Aufl. Leipzig 1919-1922 (ND Aalen 1964; das Handbuch des 19. Jhds. über die römische Kulturgeschichte).
- Fuhrmann, Manfred, *Geschichte der römischen Literatur*, Stuttgart 2005 (gut lesbare Darstellung bis ins 2. Jhd.n.Chr.).
- Galinsky, Karl, *Augustan Culture*, Princeton, NJ u.a. 1998 (eher geistesgeschichtlicher Zugriff, der die Wertvorstellungen der Epoche analysiert).
- *Kirchengeschichte in Einzeldarstellungen*, 2. Aufl. Leipzig 1991 (mehrbändige Reihe mit illustrativen Darstellungen einzelner Epochen von Karl Martin Fischer, Karl-Wolfgang Tröger, Gert Haendler u.a.).
- Meister, Klaus, *Einführung in die Interpretation historischer Quellen* (...) 2, Rom, Paderborn 1999, S. 333-344 (zu der Tacitus-Textstelle über den Brand Roms unter Nero).
- Momigliano, Arnaldo, *Die Juden in der Alten Welt*, Berlin 1992 (insbesondere zum Verhältnis zur griechisch-hellenistischen Kultur).
- Rebenich, Stefan, *Die Christen in der Welt der Römer*, in: Geschichte, Politik und ihre Didaktik 33 (2005) 220-233 (guter Überblick mit Quellen).
- Theissen, Gerd/ Merz, Annette, *Der historische Jesus*, 3. Aufl. Göttingen 2001 (Vorstellung der Quellen und ihrer theologischen Deutungsgeschichte; knappe Hinweise zum hellenistischen Judentum).
- Zanker, Paul, *Augustus und die Macht der Bilder*, 3. Aufl. München 1997 (Zugang von den Bildquellen).

Die Spätantike 4

Die Epochenbezeichnung Spätantike erweckt ebenso wie die „späte Republik" oder das „Spätmittelalter" (ca. 1250-1500) den Eindruck, es habe sich um eine relativ kurze und zudem krisenhafte Phase gehandelt, was in dieser vereinfachten Form nicht zutrifft. Der weströmische Reichsteil hörte zwar im 5. Jahrhundert n.Chr. auf, zu existieren, doch entstand ein Europa der Germanenreiche, das jedenfalls im 6. und 7. Jahrhundert in hohem Maße Kontinuitäten aufwies. Der Beginn der Spätantike wurde früher häufig mit Konstantin gesetzt, den man als ersten christlichen Kaiser (312/324-337) ansah. Sinnvoller ist es, die Phase der Soldatenkaiser (235-284) und der sich anschließenden Tetrarchie hinzu zu nehmen, da wesentliche religiöse, gesellschaftliche und territoriale Wandlungen sonst nicht voll zu verstehen sind. Über das Ende der Spätantike beziehungsweise der Antike schlechthin gehen die Meinungen noch weiter auseinander. Wenn man die Existenz des römischen Reiches als Kriterium nimmt, so könnte man das Ende des weströmischen Reiches 476 als Einschnitt wählen oder auch das Ende der Regierung Justinians I. (565), der von Byzanz aus versuchte, die Reichseinheit wiederherzustellen. Im Anschluss an F.G. Maier und P. Brown wird nun häufiger der enge Zusammenhang des Zeitraumes 400-800 betont, beispielsweise von Chris Wickham.

Problematik der Epochenbezeichnung

Ich möchte die Übergangsphase, die Spätantike genannt wird, in drei Abschnitte aufteilen. Zunächst soll es um die wesentlichen Institutionalisierungen gehen, die mit Theodosius I. (379-395) abgeschlossen sind. Dann folgt die Phase der Bildung erster Völkerwanderungsreiche im 5. Jahrhundert (418 Westgoten, 429 Vandalen, 455 Odoaker, 493 Ostgoten); am Beispiel Justinians wird die Endphase der Spätantike erläutert; nur sehr kurz dauerte sein Versuch, das alte *Imperium Romanum* zu restituieren (ca.534-565/568). In diesem Zusammenhang wird erörtert, welche alternativen Endpunkte der Spätantike denkbar sind.

Vom paganen zum christlichen Imperium (235-395 n.Chr.) 4.1

Mit dem Tod des Kaisers Severus Alexander (222-235) endete die Severische Dynastie. Maximinus Thrax setzte sich als Nachfolger durch, aus dem Soldatenstand und allein aufgrund des Willens der Soldaten, wie Eutrop (9,1,1) später bemerkte (und somit die

Die Soldatenkaiser 235-284 n.Chr. Soldatenkaiser definierte). Häufiger Kaiserwechsel wurde zum Markenzeichen dieser Epoche – in 50 Jahren gab es rund 20 reguläre Kaiser, Dutzende Gegenkaiser und weitere Kaiser in den Palmyrenischen und Gallischen Teilreichen. Usurpation und Attentat waren an der Tagesordnung. Fraglich ist, ob das Imperium Romanum damals wirklich dem Untergang so nahe war, wie spätere Historiker dachten. Eutrop schrieb kurz nach 369 n.Chr.: *Deleto paene imperio Romano* – „Fast wäre das römische Reich vernichtet worden" *(9,9,1)*.

Äußere Bedrohung des Reiches Die Bedrohung des Reiches durch Germanen und Sassaniden, die neue persische Dynastie (224-651 n.Chr.), nahm zu. Germanische Stämme machten die Reichsverteidigung schwierig, gerade wenn der Kaiser auch noch im Inneren des Reiches mit Gegnern zu rechnen hatte. Nicht nur Gallien und die Donauprovinzen waren bedroht, selbst in Italien sah man Germanen. Der germanische Limes wurde angesichts mehrfacher Attacken der Alamannen nach 260 aufgegeben, der orientalische Limes konnte noch eine Zeitlang von Palmyra aus gesichert werden.

Die ältere Forschung sprach im Hinblick auf Prinzipat und Reich im Allgemeinen von einer Reichskrise des 3. Jahrhunderts, die Diokletian beseitigt habe. Der Begriff „Reichskrise" suggeriert aber, dass alle Regionen des Reiches betroffen waren, was so nicht stimmt. Gerade die Provinzen an der Südküste des Mittelmeeres blieben von Invasionen verschont und erlebten teilweise einen wirtschaftlichen Aufschwung. Krisenhafte Erscheinungen traten im Verlaufe des 3. Jahrhunderts zwar immer wieder auf, doch ist *Transformation, nicht Reichskrise* nicht von einer permanenten Krise zu reden, vielmehr von Transformationen, von längeren Entwicklungen. Die Verfassung blieb die alte, aber der einzelne Kaiser war mit der Situation überfordert. In der zweiten Hälfte des Jahrhunderts musste er tolerieren, dass ein Gallisches Sonderreich (260-274) und ein Palmyrenisches Sonderreich (260-272) auf römischem Boden bestanden. Erst Kaiser Aurelian (271-275) beseitigte beide Reiche und ließ eine neue Stadtmauer Roms errichten, die Aurelianische Mauer.

Diokletian 284-305, †313 Als Diokletian im Jahre 284 von Soldaten zum Kaiser erhoben wurde, schien zunächst alles beim alten zu bleiben. Im Jahre 286 ernannte er Maximianus zu seinem Stellvertreter, seinem Caesar. Das war prinzipiell nicht ungewöhnlich, wobei aber vorige Kaiser ihren Sohn als Caesar proklamiert und zum Nachfolger designiert hatten. Im Jahre 296 wurde die erste wichtige Reform realisiert: Von nun an sollten vier Herrscher das römische Reich lenken, die Tetrarchie war erfunden.

	Westen	Osten
Augusti	**Maximianus** (Mailand / Aquileia)	**Diokletian** (Nikomedia)
Caesares	**Constantius (Chlorus)** (Trier / York)	**Galerius** (Sirmium/Thessaloniki)

Maximian wurde Diokletian gleichgestellt, er sollte die Verantwortung für den Westen des Reiches übernehmen. Er wurde unterstützt von Constantius Chlorus, der die Verteidigung am Rhein übernahm. Den Osten des Reiches regierten Diokletian und Galerius, der die Verteidigung der mittleren und unteren Donau sicherte. Zahlreiche Änderungen im Zeremoniell und in der Herrscherpropaganda bestätigten, dass ein neuer Anfang gemacht war. Bis 314 vergrößerte Diokletian beziehungsweise sein Nachfolger Galerius dann die Zahl der Provinzen drastisch, das heißt er teilte die vorhandenen in mehrere kleinere, wovon er sich ebenfalls eine Verbesserung der Verteidigung versprach. Beide Maßnahmen hatten Erfolg. Die Provinzen wurden in 12 Diözesen zusammengefasst (**Abb. 48**), es waren nun über 100. Jede hatte einen Vicarius, der dem Prätorianerpräfekten unterstand. Es gab meh-

Tetrarchie

Reform der Provinzeinteilung

48: Die Neuordnung der Provinzialordnung durch Diokletian

rere neue Präfekturen, Gallia, Oriens und die Reichsmitte (Illyricum, Italia et Africa).

Im Jahre 305 zogen sich Diokletian und Maximian von der Herrschaft zurück, ihre Caesares rückten in die Stellung der Augusti nach und benannten ihrerseits Nachfolger. Als Constantius 306 starb, erhoben die britannischen Legionen seinen Sohn Konstantin zum Augustus, was der Ordnung widersprach. Konstantin wurde aber als Caesar eingesetzt. Als Maxentius, der Sohn Maximians, in Rom die Macht an sich riss, verbündete sich Konstantin mit ihm. Beide waren der Meinung, dass dem Sohn eines Augustus die Herrschaft zustünde und nicht seinem Caesar. Traditionsdenken hatte die tetrarchische Ordnung bereits nach zehn Jahren aufgelöst. Das Bündnis zwischen Konstantin und Maxentius brach und sie standen sich schließlich an der Milvischen Brücke, vor den Toren Roms, gegenüber (312); Konstantin siegte und wurde alleiniger Herrscher über den Westen des Reiches, während Licinius sich im Osten durchsetzte. Nach anfänglicher Harmonie kam es im Jahre 324 zum Streit und zur militärischen Entscheidung; Licinius dankte ab, die Herrschaft eines Augustus war wiederhergestellt.

Scheitern des Herrscherwechsels in der Tetrarchie 306 n.Chr.

Aufstieg Konstantins

Die Stellung des einzelnen Monarchen hatte sich aber bereits zu Zeiten Diokletians gewandelt. Ob aus dem Prinzipat inzwischen ein Dominat geworden war, ist eine Frage, die zu diskutieren ist. Für die Prinzipatsordnung war entscheidend gewesen, dass sich die meisten Kaiser in republikanischer Tradition darstellten, den Senat zumindest um Rat fragten, denn der *princeps* war aus der Stellung des *princeps senatus* heraus erdacht worden. Diese Anfänge gerieten immer mehr in Vergessenheit, schon Caligula und Domitian ließen sich als *dominus et deus* anreden, als Herren über die Römer mit gottgleicher Stellung – und trotzdem sprechen wir nicht von „Dominat". In der Zeit der Soldatenkaiser hatte der Senat nur noch sehr punktuell in die Reichspolitik eingreifen können, der *dominus*-Titel wurde auf Münzen gebräuchlich. Diokletian führte also kein völlig neues Zeremoniell am Hofe ein, sondern setzte Entwicklungen fort, die erst Konstantin zum Abschluss brachte. Die neuen Bestimmungen rückten die spätrömische Kaiserherrschaft eher in die Richtung eines Absolutismus, wobei auf die Begriffskritik (s.o. 160) zu verweisen ist.

Wandel der Kaiserherrschaft

Kein Dominat

Christianisierung

Wichtiger für die Charakterisierung der Spätantike ist die fortschreitende Christianisierung. Unter Galerius, dem Augustus des Ostens (305-311), war es im Jahre 306 und 309 zu den letzten Christenverfolgungen gekommen, die sein Caesar Maximinus

Daia zu verantworten hatte. Im Jahre 311 verabschiedete Galerius das Toleranzedikt, das die Ausübung des Christentums erlaubte, die Christen aber keineswegs förderte. Diese Politik betrieb erst Konstantin, der offenbar durch eine Himmelserscheinung dem Christengott nahegebracht worden war. Diese verklausulierte Ausdrucksweise soll darauf hinweisen, dass Konstantin erst auf der Sterbebett getauft worden ist. Ob es im Jahre 312 eine konstantinische Wende gab, das heißt ob Konstantin bekehrt wurde, oder ob er sich allmählich dem Christentum näherte, wird kontrovers diskutiert. Nur christliche Quellen behaupten, Konstantin habe geglaubt, dass die Himmelserscheinung (die im Übrigen auch als Halo-Effekt erklärt werden könnte) für den Sieg von 312 verantwortlich sei. Faktisch gesichert ist, dass Konstantin die Schilde seiner Soldaten mit einem Zeichen versehen ließ. Laktanz hat später dieses Zeichen als Kombination der griechischen Buchstaben *Chi* (χ) und *Rho* (ϱ) beschrieben, wofür sich die Bezeichnung Christogramm eingebürgert hat, Symbol für Jesus Christus (Lact. mort. pers. 44,5 aus den Jahren 313-316). Der Bischof Eusebius hat in seiner etwas früher erschienenen Kirchengeschichte ein so gestaltetes Zeichen allerdings nicht erwähnt. Bleicken hat die Geschehnisse so gedeutet, dass Konstantin – wenn er denn persönlich durch das Zeichen bekehrt worden sei – dieses jedoch aufgrund der politischen Situation gerade nicht zum Anlass genommen habe, sich energisch zum Christentum zu bekennen. In der Tat mahnte die Bürgerkriegssituation zur umsichtigen Vorgehensweise – Konstantin konnte durch das Bekenntnis zu einer gerade erst tolerierten Religion polarisieren, was nicht in seiner Absicht gelegen haben dürfte. Im Nachhinein wurde Konstantin zum ersten christlichen Kaiser gemacht. Neben den Textquellen zeigen dieses auch Bildquellen wie das Medaillon aus der Münzstätte Ticinum. Dass dieses Medaillon die einzelnen Aussagen des Laktanz bestätigen würde, sehe ich nicht. Freilich zeigt es die christliche Einstellung des Kaisers (nicht seinen persönlichen Glauben oder das Ereignis von 312 n.Chr.).

312 – konstantinische Wende?

Literarische Quellen: Laktanz und Euseb

Bei der Erweiterung der Stadt Byzanz zum neuen Herrschersitz Konstantinopel sah der Herrscher den Bau von Kirchen vor (**Abb. 49**); seine Mutter war Christin, das ist unstritig. Konstantin versuchte, in religiösen Streitfragen (Häresien) schlichtend einzugreifen. Deshalb veranstaltete er 325 n. Chr. ein mehrwöchiges Konzil in Nizäa, dessen Glaubensbekenntnis er jedoch nicht verbindlich machen konnte (was erst Theodosius im Jahre 381 in Konstantinopel gelang). Er vererbte seine Herrschaft an drei Söh-

Konstantin als christlicher Kaiser

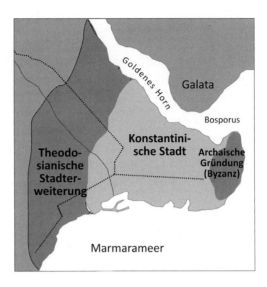

49: Ausdehnung des Stadtgebietes von Byzanz/Konstantinopel. Byzanz war eine Kolonie von Megara unter Beteiligung weiterer Kolonisten, gut geschützt auf der Spitze einer Landzunge. Zunächst oligarchisch regiert, wurde es Mitglied im 1. Attischen Seebund und mithin demokratisch. Im späteren Hellenismus unterstützte Byzanz die Römer und war eine Freistadt, die erst Vespasian in das römische Reich eingliederte. Konstantin I. begann den planmäßigen Ausbau der Stadt. Theodosius II. (402-450 n.Chr.) erweiterte die Stadtfläche nochmals.

ne, von denen sich Constantius II. (337-361) durchsetzte (ab 350 Alleinherrscher). Pikanterweise vertrat er die Glaubensrichtung des christlichen Arianismus, gegen die sich sein Vater im Jahre 325 gestellt hatte.

Auf die sich wandelnde Herrscherideologie ist schon mehrfach verwiesen worden. Das Kaisertum entwickelte sich vom Prinzipat weg, ohne dass die Bezeichnung als Dominat eine überzeugende Alternative wäre. Mehrkaisertum setzte sich durch, Ausnahmen gab es nur in kurzen Zeiträumen (350-355, 361-363, 392-395). Der Kaiser trat in neuen Funktionen auf, er war nicht nur Pontifex maximus der römischen Staatsreligion, sondern auch Schlichter in religiösen Streitfällen der sich immer weiter verbreitenden christlichen Religion. Ein Beispiel: In den nordafrikanischen Provinzen Roms hatten sich Donatisten von den anderen Christen abgespalten.

Herrscherideologie im Wandel

> **Donatismus**: Religiöse und soziale Bewegung im römischen Nordafrika, die sich von den Bischöfen trennte, welche in der Zeit der Verfolgung heilige Schriften den Behörden ausgehändigt hatten und dadurch nach Ansicht der Donatisten die Fähigkeit verloren hatten, Sakramente zu spenden.

Konstantin versuchte auf der Synode von Arles (314) die Konflikte zu schlichten, doch weitete sich die Problematik auch auf weltliche Themen aus, denn die Donatisten haben mit Unterstützung unzufriedener Landarbeiter (*circumcelliones*) die katholischen Bischöfe terrorisiert und später sogar Usurpatoren unterstützt.

Der Senat in Rom spielte in der Spätantike eine geringere Rolle als in der Prinzipatszeit, wofür es mehrere Gründe gab. Konstantin hatte in Konstantinopel einen zweiten Senat einrichten lassen, um den Hauptstadtcharakter zu betonen, der römische Senat bekam Konkurrenz. Aufgaben, die früher ausschließlich Senatoren zukamen, wurden an andere Personenkreise delegiert (zum Beispiel im Heer und der Reichsverwaltung). Rom selbst hatte bereits unter Diokletian und Maximinian die Hauptstadtfunktion an Mailand verloren, wo der Kaiser nun residierte. Von der Reform der Provinzialstruktur unter Diokletian war oben schon die Rede – Italien verlor seinen Sonderstatus.

<small>Senate in Rom und Konstantinopel</small>

Ein weiteres wichtiges Charakteristikum spätantiker Geschichte ist die neue Rolle der Germanen. Im 3. Jahrhundert waren sie als Invasoren eine ständige Bedrohung, die sich aber im Allgemeinen eindämmen ließ. Germanen plünderten zwar im römischen Reich, zogen aber wieder ab. Im 4. Jahrhundert hingegen erreichten migrierende Germanenstämme aus dem östlichen Mitteleuropa Krim und Balkan, wo sie bedingt durch die Bedrohung der Hunnen ab 375 einen Wohnsitz auf römischem Territorium suchten. Auf die Maßnahmen des Kaisers Theodosius in Bezug auf die Goten wird zurückzukommen sein (s. S. 196).

<small>Neue Rolle der Germanen</small>

Julian, der letzte Vertreter der konstantinischen Dynastie, zeigt in seiner Person die religiöse Offenheit, ja die Widersprüche, die noch in der Mitte des 4. Jahrhunderts zu beobachten waren. Obwohl er unter der Obhut des Bischofs Eusebius von Nikomedia christlich erzogen worden war, wandte er sich vom Christentum ab. Er befasste sich mit den alten Kulten und verfasste über diese sogar Bücher, die seine philosophische Bildung zeigen. Die Linie der Dynastie, der er angehörte, war ursprünglich nicht für die Thronfolge vorgesehen; sein Vater war hingerichtet worden; doch

<small>Kaiser Julian 355/361-363</small>

355 wurde Julian überraschend in Mailand zum Caesar ernannt, um die Verteidigung der Rheingrenze gegen Franken und Alamannen zu übernehmen, die Köln und Mainz geplündert hatten. 360 wurde er von seinen Truppen zum Augustus erhoben. Diese Usurpation hatte aber keinen Bürgerkrieg zur Folge, da der rechtmäßige Augustus Constantius II. starb, bevor es zur militärischen Auseinandersetzung kam. 361-363 war Julian alleiniger Augustus; seine Religionspolitik war erwartungsgemäß von Toleranz gegenüber Polytheismen und christlichen Sekten geprägt, er schützte Tempel vor christlichen Übergriffen, beschränkte die Tätigkeit christlicher „Lehrer" auf christliche Kinder. 363 ist er im Kampf gegen die Sassaniden bei Ktesiphon am Tigris gefallen.

Außenpolitische Krise 378/379 n. Chr.

Die Kaiser der folgenden Zeit hatten keine glückliche Hand in der Verteidigung des Reiches und der Sicherung der persönlichen Herrschaft. Kaiser Valens fiel gegen die Goten (378), die Kinderkaiser Gratian und Valentinian II. wurden von Usurpatoren beseitigt († 383) beziehungsweise in den Tod getrieben († 392). Erst

Theodosius 379-395

Theodosius (379-395) konnte eine Konsolidierung des Reiches im religiösen wie im außenpolitischen Bereich bewirken. Deshalb sollen seine Maßnahmen etwas ausführlicher vorgestellt werden. In der Krisensituation des Jahres 378 ernannte der den Westen des Reiches regierende Gratian Theodosius zum *magister militum*. Er sollte die Goten an die Donau zurückdrängen. Im Januar 379 hat Gratian ihn dann als Augustus des östlichen Reiches eingesetzt, das heißt zum Mitkaiser gemacht.

> **magister militum:** „Heermeister", der den militärischen Oberbefehl über die mobilen Truppen, das Recht zur Rekrutierung und die Strafgewalt hatte. Da es im Allgemeinen nur ein oder zwei solcher Heermeister gab, hatten sie große Macht und Verantwortung.

Ansiedlung von Goten

Theodosius überließ den Westgoten Land an der Donau. Es war die erste Ansiedlung von Germanen auf Reichsgebiet (**Abb. 50**). Die Goten hatten sich unterworfen, blieben aber in ihrer Verwaltung autonom. Sie hatten ihr Territorium an der Donau gegen andere Eindringlinge zu verteidigen und auch sonst den Römern Truppen zu stellen. Durch den Vertrag von 382 wurden die Goten Föderaten, die Römer an der Donau mussten ihr Land mit ihnen teilen, was man *hospitalitas* nannte. Dieses Prinzip wurde umgekehrt auch von Germanen angewandt, die seit dem 5. Jahrhundert

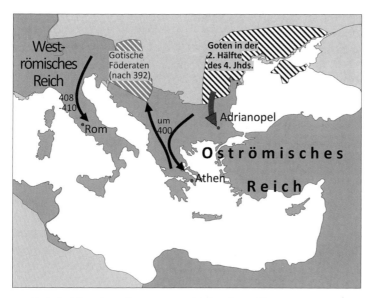

50: Gotische Migrationen im späteren 4. Jahrhundert n.Chr.
Weitere Informationen zum Weg der Goten s.u. S. 206.

auf ursprünglich römischem Gebiet eigene Reiche gründeten und die ehemaligen Besitzer nicht völlig enteigneten, sondern das Land teilten.

Theodosius war im Gegensatz zu seinem Vorgänger Valens ein Anhänger des katholischen Christentums und kein arianischer Christ. Als er die Herrschaft antrat, gab es gleich mehrere Häresien. Mancherorts stritten Bischöfe verschiedener „Konfessionen" um den Bischofsstuhl.

<small>Maßnahmen zur Christianisierung des Reiches</small>

> **Arianer**: Glaubensrichtung im Christentum, die Gottvater, Sohn (Jesus) und den Heiligen Geist unterscheidet, nur als ähnlich (*homoios*) ansieht; begründet von Arius, einem Presbyter aus Alexandria († 336). Die Gegenrichtung sah hingegen Vater, Sohn und Heiligen Geist als wesensgleich (*homousios*) an.

Diese theologischen Fragen könnte man als Haarspalterei abtun, wenn nicht bis ins 6. Jahrhundert n.Chr. viele christianisierte

Germanen Arianer gewesen wären. Es handelt sich also nicht um ein punktuelles Problem, sondern um eine Frage, die die Völkerwanderungszeit mitbestimmte. Theodosius erließ im Februar 380 ein Glaubensedikt, das die Wesensgleichheit als Glaubensinhalt festlegte. Zur Durchsetzung des Ediktes berief er ein Konzil nach Konstantinopel (381).

> **Konzil**: Versammlung von Bischöfen, die im 3. Jahrhundert nach dem Muster der (weltlichen) Provinzialsynode entsteht; zu unterscheiden sind Konzilien, an denen nur Bischöfe der betreffenden Provinz teilnahmen, und die großen ökumenischen Konzilien, von denen in der Spätantike sieben stattgefunden haben (die ersten 325 und 381, unter Vorsitz des Kaisers). Die Beschlüsse bezeichnet man als *canones*.

Schon im Januar 381 hatte Theodosius ein Gesetz gegen Häretiker erlassen. Das Konzil sollte nun das Glaubensbekenntnis von Nizäa bestätigen und zudem einen neuen Bischof in Konstantinopel einsetzen. 150 Bischöfe kamen nach Konstantinopel, aber keine aus dem Westen des Reiches. Die Beschlüsse von 325 wurden bestätigt, die Zuständigkeit der Bischöfe auf ihre Provinz beschränkt, die Beschlüsse des Häretikers Maximus für ungültig erklärt.

Bekämpfung von Häresien, Gesetze gegen Heiden

Theodosius hat im Gegensatz zu Konstantin die Konzilsbeschlüsse mit Erfolg durchsetzen können. Zudem ging er nun auch konsequenter gegen andere Religionen vor. Das Glaubensdekret vom Februar 380 wandte sich nur gegen christliche Häresien. Aber im Dezember 381 wurden Tieropfer zur Eingeweideschau verboten. Im Jahre 391 wurde dann jegliche öffentliche Opfertätigkeit untersagt, was einem Verbot der polytheistischen Religion gleichkam. Man sollte sich dabei im Klaren sein, dass die gesetzliche „Norm" in der Antike nur bedingt in die Praxis umgesetzt werden konnte, da es an Strafverfolgungsinstanzen mangelte. Im letzten Drittel des 4. Jahrhunderts gab es im östlichen Teil des Imperiums etliche größere Städte, in denen der Anteil der Christen bereits über 50% betrug. Doch auf dem Lande blieben heidnische Kulte lange erhalten, weshalb man sie auch als *pagan* bezeichnet.

> **Pagan**: Polytheistisch, aber im pejorativen Sinne; *pagani* = die Leute vom Lande (von *pagus*, die Heide), die noch nicht Christen geworden waren.

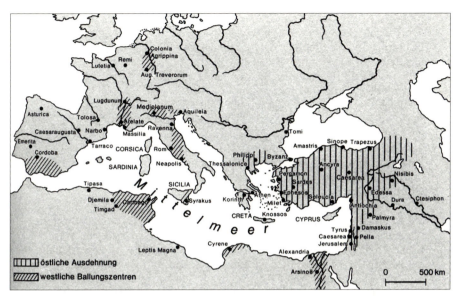

51: Ausbreitung des Christentums am Ende des 3. Jahrhunderts n.Chr.

Der Papst Gelasius I. (492-496) hat ein ganzes Buch den *Lupercalia*, einem angeblich von Romulus eingeführten Fest, gewidmet, weil sich Christen an ihnen beteiligten, was der Papst missbilligte. Auch in den östlichen Provinzen haben sich einzelne Kulte noch lange halten können. Das „Hellenic Religion and Christianization c. 370-529" betitelte Buch von Trombley (1993) gibt zahlreiche Beispiele dieses Phänomens. Als sich das Christentum mit Theodosius durchgesetzt hatte, also Staatsreligion geworden war, wurden andersgläubige als „Hellenen" (Griechen) tituliert. Die christlichen Bewohner des östlichen Imperiums hießen nun Rhomaioi, also Römer.

Die Christianisierung ist in der bisherigen Darstellung vorwiegend als ein Prozess des Nachlassens von staatlichen Verfolgungsmaßnahmen beziehungsweise der Einigung auf eine einzige Christologie vorgestellt worden. In Anbetracht der Größe des Imperiums und mangels geeigneter Medien hat die Verbreitung der Kunde von der christlichen Religion Jahrhunderte gedauert (**Abb. 51**). Im 1. Jahrhundert setzt die Mission mit den Jüngern ein, am Ende des Jahrhunderts werden Aufzeichnungen über den Lebensweg Jesu in Umlauf gebracht, die Evangelien. Zu diesem Zeitpunkt sind Christen vor allem in den Küstenstädten

Wege der Ausbreitung des Christentums

der Levante und einigen größeren Städten Griechenlands sowie in Rom anzutreffen. Das heißt es gibt dort christliche Gemeinden, über deren Größe keine genauen Angaben zu machen sind. Im 2. Jahrhundert kommen Gemeinden in Anatolien, am Schwarzen Meer, in Alexandria, Karthago, Madaura, Vienne und Lyon hinzu. Von diesen einzelnen Gemeinden verbreitet sich im 3. Jahrhundert das Christentum in weiteren Städten betreffender Provinzen. Die Verbreitung erfolgt offenbar über Mittelmeerhäfen und Flüsse. Vienne und Lyon liegen an der Rhône; im 4. Jahrhundert spielte die Donau eine gewisse Rolle, wobei dieser Grenzfluss zunächst aber nicht durch Bischöfe auf Konzilien vertreten ist.

Die Bischöfe

Der Bischof ist in der Frühphase zunächst nicht mehr als ein Gemeindevorsteher; erst unter Theodosius wurde eine territoriale Aufgliederung in Kirchenprovinzen geschaffen und die Tätigkeit der Bischöfe auf ihre unmittelbare Umgebung beschränkt. Bischöfe im Sinne von Metropoliten gab es nur in wenigen Großstädten wie Rom, Konstantinopel und Alexandria. Durch das Abbröckeln römischer Herrschaft ab dem 5. Jahrhundert wurde das Aufgabenspektrum der Bischöfe breiter, worauf der Mittelalter-Band der „Orientierung Geschichte" ausführlicher eingeht. Viele christliche Bewegungen, die schon in der Spätantike entstanden sind, das Mönchtum etwa, werden dort ebenfalls behandelt.[4]

Identität von Nichtchristen in der Spätantike

Die Christianisierung forderte die „Römer" heraus, den eigenen Standpunkt zu überdenken. Doch wer war überhaupt Römer? Die Griechen haben sich, wie oben gezeigt (2.2.), erst in der archaischen Zeit als zusammengehörige Gruppe mit besonderen Gebräuchen, Göttern und Geschichten empfunden, da sie von außen als *ein* Volk angesehen wurden. In der römischen Geschichte ist der Zeitraum schwerer anzugeben, in dem sich die gemeinsame Identität geprägt hatte. Die stadtrömische Religion dürfte sich noch in der Königszeit gefestigt haben, aber die Sprache war Wandlungen unterworfen, aus dem Latinischen sollte die Literatursprache Latein erst noch werden. Römische Kultur hatte essentiell mit gemeinsamen Geschichten zu tun, die mündlich überliefert sein können, doch wird Schriftlichkeit zumeist als notwendige Rahmenbedingung angesehen. Hat sich römische Identität noch in der vorrepublikanischen Phase gebildet? Oder erst mit längeren schriftlichen Texten wie dem altlateinischen Zwölftafelgesetz?

---

[4] Gerhard Lubich, *Das Mittelalter,* Paderborn u.a. 2009.

Die Frage wäre, ob es analog zu Homēr in Rom bereits identitätsstiftende Erzählungen gab, die gemeinsames Agieren von „Römern" zeigten. Die Existenz einer lyrischen Kultur, die Nevio Zorzetti bereits im 5. Jahrhundert v.Chr. in Rom vermutet, ist mangels Quellen nicht beweisbar. Die *carmina convivalia* könnten theoretisch historische Themen aufgegriffen haben, doch schon Barthold G. Niebuhr (1776-1831) scheiterte am Beweis (Heldenliedtheorie). Die Zwölf Tafeln bestrafen das Singen von *carmina maledica*, das meint wohl eher bösen Zauber. Mit dem Einsetzen römischer Literatur in der ersten Hälfte des 3. Jahrhunderts v.Chr. können wir mit Sicherheit historische Rückerinnerung diagnostizieren, auch wenn zunächst Dramatik die römische Literatur bestimmte. Worauf war diese Verschriftlichung zurückzuführen? Um das Jahr 300 v.Chr. traten neben die Ehrenstatuen von Triumphatoren auch Denkmäler, die historische Figuren ehrten. Für solche Bildnisse habe ich die Bezeichnung Memorialstatuen vorgeschlagen, weil sie nicht zu erklären sind, ohne dass es einen gesellschaftlichen Konsens über die Wichtigkeit betreffender Figuren gegeben hätte. Es handelt sich um mythische Gestalten, die *exempla*-Charakter hatten: Romulus und Remus, die Könige, Horatius Cocles. Auch wenn keine genaue Datierung möglich ist, so gehören diese Statuen definitiv vor den Beginn der Prosaliteratur in Rom um das Jahr 200 v.Chr. (Fabius Pictor). Im Allgemeinen werden sie aber bereits mit der Entstehung der Nobilität in Verbindung gebracht, die sich auf altrömische Tugenden besonders stützte.

Rückblick: Anfänge römischer Identität in der Republik

Die *exempla* aus der römischen Geschichte wie auch die römische Lebensart waren von der Verfassung Roms mehr oder minder unabhängig. Als die Republik untergegangen war, kamen kaum noch neue *exempla* hinzu, die Kaiser erinnerte man vornehmlich, wenn sie divinisiert worden waren (*principes boni*). Die Annehmlichkeiten römischer Zivilisation waren es gewesen, die den Prozess der Selbstromanisierung ausgelöst haben. Inhalte römischer Bildung wie die *exempla* wurden dann ebenfalls rezipiert.

Überdauern der römischen *exempla* in der Kaiserzeit

Als das Christentum in der Spätantike zunächst toleriert und dann immer stärker gefördert wurde, trat nicht nur eine neue Religion auf. Geschichtsbewusstsein und Lebensweise waren völlig anders geartet. Die Christen lebten in einer Heilsgeschichte, ihre Identität gründete sich auf die später als Neues Testament bekannten Texte. Der Konflikt bestand in der Ablehnung bestimmter religiöser Handlungen. Die Weigerung der Teilnahme am Kaiserkult hatte in Phasen der Christenverfolgung dazu ge-

Probleme der Christen mit der griechisch-römischen Identität

führt, dass Christen sogar zum Tode verurteilt wurden. Das Opfer als Bestandteil römischer Staatsreligion war den Christen überhaupt unmöglich. Besonders drastisch wurde dieses in Rom artikuliert, als die Zahl christlicher Senatoren zunahm. Zur Eröffnung der Senatssitzungen war es nämlich üblich, der Victoria an ihrem Altar im Senatsgebäude zu opfern. Konservative Kreise hielten dieses Opfer als staatserhaltende Maßnahme für unbedingt nötig, denn Victoria war die Siegesgöttin, die nach traditionellem Verständnis den Römern zum Sieg verhalf.

Beispiel: Der Streit um den Victoria-Altar

Kaiser Julian hat das Opfer auf dem Victoria-Altar wieder eingeführt. Daraus ist zu schließen, dass einer seiner Vorgänger es abgeschafft haben muss, vermutlich Constantius II. (337-361). Virulent wurde das Problem, als sich polytheistische und christliche Senatoren um eine endgültige Klärung der Frage an den Kaiser Gratian (367-383) wandten. Dieser ließ den Altar im Jahre 379 wieder entfernen. Der Senator und Stadtpräfekt Symmachus vertrat in einem Schreiben an Kaiser Valentinian II. (375-392) die Position der paganen Senatoren. In dieser Auseinandersetzung merkte Symmachus zum Verhältnis zu den Christen an:

„Wir sehen die gleichen Sterne, der Himmel ist uns gemeinsam, das gleiche Weltall schließt uns ein." (Symm. rel. 3; übers. R. Klein)

Symmachus gegen Ambrosius

Der Senator berief sich auf die römische Tradition, griff aber auch auf neuplatonische Argumente zurück. Sein christlicher Gegenspieler, der Bischof Ambrosius, stellte die Grundannahme in Frage, dass römische Siege nur auf die Opfer an Victoria zurückzuführen seien. Er erklärte Roms Aufstieg zur Weltherrschaft mit der *virtus* der Römer. Beide Kontrahenten waren hervorragend rhetorisch geschult. Sie hatten Grammatik und Rhetorik studiert, wie es in der Oberschicht üblich war. Ambrosius war erst spät zum Christentum übergetreten, er hatte zuvor einen hohen Verwaltungsposten inne, er war *consularis Aemiliae et Liguriae*, das heißt Statthalter einer Provinz in Norditalien. Bischof war er mehr oder weniger durch Zufall geworden, weil am Statthaltersitz in Mailand Streit um die Besetzung des Bischofsstuhls aufkam und man ihn bat, das Amt zu übernehmen. Ambrosius hatte eine leichte Aufgabe, denn Gratian und Valentinian II. waren Christen. Gratian hatte 379 zusammen mit Theodosius den Titel des *pontifex maximus* abgelegt. Er hat 381 ein Edikt zur Einschränkung paganer Kulte erlassen, das oben bereits erwähnt wurde.

Im Streit um den Victoria-Altar hat sich gezeigt, dass beide Seiten mit denselben Waffen kämpften. Auch die Christen bedienten sich der antiken Rhetorik. Im Bedarfsfall wurden die paganen *exempla* um biblische erweitert, das variiert je nach Autor und Thema. Die christliche Religion hat also vielfach die alten paganen Schulinhalte übernommen, eine konkurrierende christliche Schule ist nicht entstanden. Christliche Identität und antike (pagane) Tradition mussten also nicht immer im Widerspruch stehen. Die christliche Literatur setzte viele pagane Gattungen fort. Bestimmte Autoren scheinen im Nachhinein besonders viel für das Weiterleben der antiken Kultur im Christentum getan zu haben:

- Hieronymus setzte die Chronik des Bischofs Eusebius fort und vermehrte die Hinweise auf zeitgleiche Ereignisse weltlicher Geschichte.
- Augustinus versuchte zu widerlegen, dass die Plünderung Roms durch Goten im Jahre 410 Folge der abgebrochenen staatlichen Opfer war; er überlieferte in seiner Schrift *De civitate Dei* zudem viele wertvolle Detailinformationen über die antike Religion.
- Orosius beschäftigte sich in seinem *Historiae adversum paganos* betitelten Werk über weite Strecken mit römischer Ereignisgeschichte, um zu zeigen, dass es auch schon zu Zeiten der Ausübung der römischen Religion oft militärische Niederlagen gegeben habe. Sein Buch war im Mittelalter sehr populär.

Christen übernehmen Teile der antiken Kultur

Die Zeit des Kaisers Theodosius und seiner Söhne (379 ff.) hat – vergleichbar nur mit dem augusteischen Zeitalter – eine große Zahl bedeutender literarischer Werke hinterlassen. Seit der Mitte des 3. Jahrhunderts waren manche Gattungen überhaupt nicht mehr gepflegt worden. Jetzt gab es wieder Epik, Lyrik, auch eine umfassende Darstellung der römischen Geschichte seit Nerva, die Ammianus Marcellinus verfasste. Die *Historia Augusta* hat in Form eines historischen Romans, wie wir heute sagen würden, die biographische Kaisergeschichte in eine unterhaltende Form gebracht, deren historischer Wahrheitsgehalt noch weiterer Forschungen bedarf. Wissenschaftliche Bücher aller Art erschienen, Geographie, Grammatik, Medizin. Die christliche Literatur prägte neue Gattungen wie Predigt oder Bibelepik. Die Bibel selbst wurde von Hieronymus neu übersetzt und teilweise kommentiert. Was wir Bibel nennen, gewann überhaupt erst im 4. Jahrhundert eine kanonische Gestalt. Diese produktive literarische Zeit deckt sich ungefähr mit der literarischen Aktivität des Augustinus. Zu seinen frühesten Schriften zählt ein (nicht erhaltener) Panegyricus auf den Kaiser Valentinian II. von ca. 384/386 n.Chr. Zur Zeit seines Todes (430) geht die literarische Kreativität insgesamt wieder zurück, „epigonale" Züge treten auf.

Blüte der Literatur

Christliche Literatur

Augustinus

Theodosius und Ambrosius

Usurpationen

Um auf Theodosius zurückzukommen: Der Kaiser hat wichtige Weichenstellungen in der Außenpolitik und in der Religionspolitik vorgenommen. Kurz erwähnt werden soll sein Konflikt mit Ambrosius, der kritisiert hatte, dass Theodosius ein Massaker unter der Zivilbevölkerung von Thessalonike im Jahre 390 nicht verhindert hatte. Der Kaiser wurde gezwungen, öffentlich Buße zu tun – ein Novum, wenn auch nicht unbedingt ein Gang nach Canossa. Mehrfach hat Theodosius in die Angelegenheiten des westlichen Reiches eingreifen müssen, da Usurpatoren die Macht ergriffen hatten. Maximus hatte schon 383 in Gallien usurpiert, Theodosius besiegte ihn 388 und erhielt zum Dank einen glorreichen Empfang in Rom; Pacatus rühmte den Kaiser in einem geschichtskundigen Panegyricus. 392 hat der *magister militum* Arbogast (ein Franke) nach dem mysteriösen Tod des Kaisers Valentinian II. den römischen Senator Eugenius als Augustus eingesetzt. Auch diese beiden Usurpatoren konnte Theodosius besiegen. Bezeichnend ist, dass ein Germane diese Herrschaftskrise auslöste. Die Beteiligung des Eugenius wurde in der älteren Forschung als letzter Akt einer „heidnischen Reaktion" gesehen. Das greift zu kurz. Sicher, die römischen Senatoren versuchten im Streit um den Victoria-Altar und auch durch die Beteiligung an der Usurpation des Arbogast ihren Einfluss wiederherzustellen, doch die „Last pagans" gehören ins 5. und 6. Jahrhundert. Der römische Senat repräsentierte schon lange nicht mehr Rom oder das Römische Reich.

Literatur

Spätantike allgemein
– *Late Antiquity. A Guide to the Postclassical World*, hg. von Glen W. Bowersock/Peter Brown/Oleg Grabar, Cambridge, Mass. 1999 (Essays und lexikalischer Teil).
– Brown, Peter, *Welten im Aufbruch: Die Zeit der Spätantike von Mark Aurel bis Mohammed*, Bergisch Gladbach 1980 (das zuerst London 1971 erschienene Buch ist als wichtiger Anstoß zur Intensivierung der Erforschung der Spätantike anzusehen; vgl. Band 72 der Zeitschrift *Symbolae Osloenses* (1997)).
– Demandt, Alexander, *Die Spätantike. Römische Geschichte von Diocletian bis Justinian 284-565 n. Chr.* (HdA III 6), 2. Aufl. München 2007 (Sonderausgabe ohne Fußnoten 2008).
– Heuß, Alfred, Antike und Spätantike, in: Kunisch, Johannes (Hg.), *Spätzeit. Studien zu den Problemen eines historischen Epochenbegriffs*, Berlin 1990, S. 27-90 (wiederabgedruckt in: Gesammelte Schriften II. Römische Geschichte, Stuttgart 1995, 1375-1438).
– Maier, Franz Georg, *Die Verwandlung der Mittelmeerwelt*, Frankfurt 1968.

- Martin, Jochen, *Spätantike und Völkerwanderung*, 3. Aufl. München [u.a.] 1995 (= 4. Aufl. 2001; nach wie vor eine gute Einführung).

Vom paganen zum christlichen Imperium (235-395 n.Chr.)
- Bleckmann, Bruno, *Konstantin der Große*, Reinbek bei Hamburg 1996.
- Bleicken, Jochen, *Constantin der Große und die Christen*, München 1992 (dagegen Klaus Bringmann, Historische Zeitschrift 260, 1995, S. 21–47).
- Brandt, Hartwin, *Geschichte der römischen Kaiserzeit. Von Diokletian und Konstantin bis zum Ende der konstantinischen Dynastie (284-363)*, Berlin 1998 (mit guten Interpretationen auch der Bildquellen).
- Bringmann, Klaus, *Kaiser Julian*, Darmstadt 2004.
- Brown, Peter, *Augustinus*, München 2000 (mit Nachträgen zur ersten englischen Auflage (1967) auf S. 383-429).
- Döpp, Siegmar, *Die Blütezeit lateinischer Literatur in der Spätantike (350-430 n.Chr.)*, Philologus 132 (1988) S. 19-52.
- *Handbuch der lateinischen Literatur. Band 5*, hg. von Reinhart Herzog/Peter L. Schmidt, München 1989 (weit mehr als eine Literaturgeschichte im üblichen Sinn).
- *Der Streit um den Victoriaaltar. Die dritte Relatio des Symmachus und die Briefe 17, 18 und 57 des Mailänder Bischofs Ambrosius*, hg. von Richard Klein, Darmstadt 1972.
- Leppin, Hartmut, *Theodosius der Große*, Darmstadt 2003.
- Sehlmeyer, Markus, *Geschichtsbilder im Umbruch vom paganen zum christlichen Imperium. Römische Geschichte in den spätantiken Breviarien*, Habilitationsschrift Universität Rostock 2008.
- Sommer, Michael, *Die Soldatenkaiser*, Darmstadt 2004.

Die Zeit der Völkerwanderung bis zum Ende Westroms (5. Jhd.) 4.2

Der Einfall der Hunnen nach Europa (375 n.Chr.) wird gern als eigentlicher Beginn der „Völkerwanderung" angesehen. Das greift zu kurz. Migrationen germanischer Stämme gab es ab dem 2. Jahrhundert n.Chr. Die Hunnen übten Druck auf diese, inzwischen auf der Krim und am Balkan angekommenen Stämme aus. Das hätte früher oder später passieren können, jedenfalls waren weder die Alanen, ein iranisches Volk an der Wolga, noch die Goten in der Lage, ihr Territorium gegen die mit Pfeil und Bogen bewaffneten Hunnenreiter zu verteidigen. Diese waren mongolischer Herkunft und werden in den Quellen als Nomaden dargestellt, die auch von der Jagd lebten. Ammianus, der ausführlichste Historiker des 4. Jahrhunderts, behandelte die Lebensweise der

Migrationen

Die Hunnen

Hunnen in einem ausführlichen Exkurs, der fast nur aus Barbarentopik besteht, das heißt er bediente sich der Stereotype, mit denen schon Herodot die Skythen beschrieben hatte, „Barbaren", die vor Christi Geburt nördlich der Krim ansässig gewesen waren. Die Hunnen besiegten 375 einen Teil der Goten, der zur Heeresfolge gezwungen wurde. Auch zuvor hatten die Hunnen von asiatischen Völkern Hilfstruppen gefordert, so dass sie sich in der äußeren Gestalt deutlich von den germanischen Invasoren abhoben. Eine Staatsbildung beabsichtigten die Hunnen zunächst offenbar nicht – auf Attila wird zurückzukommen sein (S. 208).

Die Goten als Beispiel

Die Einigung des Theodosius mit den Goten ist im vorigen Kapitel geschildert worden. Ein kurzer Rückblick auf die Geschichte der Goten sei gestattet, die hier exemplarisch für die vielen Germanenstämme der Völkerwanderungszeit behandelt werden. Ihr ursprüngliches Herkunftsgebiet ist nicht genau anzugeben, Südschweden ist diskutiert worden. Archäologisch fassbar sind sie im Raum zwischen Oder und Weichsel, aus dem sie um 200 gen Süden aufbrachen. Die Motive dieser Migration sind nicht mehr nachzuvollziehen. In dem Gebiet nordwestlich des Schwarzen Meeres ließen sie sich nieder, plünderten gelegentlich die römischen Balkanprovinzen; über das Schwarze Meer unternahmen sie Beutezüge.

Ost- und Westgoten

Die Trennung der Goten wird zuerst 291 n.Chr. erwähnt, genauer gesagt werden die westlichen Goten als Tervingen bezeichnet (Paneg. II[3],17,1). Die Ostgoten wurden im 4. Jahrhundert Greutungen genannt (z.B. von Ammianus Marcellinus). Wie es zu diesem „parting of the ways" unter den Goten kam, ist nicht ganz klar, vielleicht haben die unterschiedlichen Lebensräume die Teilung ergeben (wenn die Etymologie *Tervingi* = Waldleute stimmt). Strenggenommen kann man von West- und Ostgoten erst sprechen, als sich die beiden Gruppen Könige gaben; Alarich ist als erster König der Westgoten bekannt. Der Begriff der Westgoten ist übrigens modern – sie nannten sich *Visigoti*, was soviel wie „edle Goten" bedeutet.

Wulfila, der Gotenbischof

Teile der Tervingen haben offenbar auch als Hilfstruppen der Römer gedient, jedenfalls kamen einige Goten in Kontakt mit dem Christentum. Es ist auch denkbar, dass Christen von den Goten verschleppt worden waren und missionierten. 325 nahm der gotische Bischof Theophilus am Konzil von Nizäa teil, doch bekannter ist Bischof Wulfila, der die paraphrasierende Übersetzung der Bibel ins Gotische begann. Zur Mitte des 4. Jahrhunderts waren Christen unter den Goten noch deutlich in der Minderheit, zeitweise waren sie vertrieben beziehungsweise unerwünscht.

Wulfila wurde von Constantius II. aufgenommen. Beide waren Arianer. Die gotische Bibelübersetzung trug dazu bei, dass sich die arianische Konfession unter den Germanen verbreitete, wo sie auch nach dem Konzil von Konstantinopel (381) weiterhin eine große Rolle spielte.

Nach dem Tode des Kaisers Theodosius (395) kamen seine unmündigen Kinder Honorius im Westen und Arcadius im Osten auf den Thron. Solche Kinderkaiser stellten insofern ein Problem dar, als andere Personen die Fäden zogen. Es gelang den Kinderkaisern auch im Erwachsenenalter selten, sich dieser Berater zu entledigen. Der Gotenkönig Alarich I., der die römischen Föderaten anführte, hatte im Jahre 395 Griechenland geplündert, der Heermeister des Westens, Stilicho, war dagegen eingeschritten. Alarich plünderte weiter, wurde sogar von Arcadius zum Heermeister des Illyricum ernannt.

Kinderkaiser

Im Herbst 401 griff Alarich erstmals Italien an, belagerte Anfang 402 Kaiser Honorius in Mailand. Der Ostkaiser Arcadius konnte nur ohnmächtig zusehen beziehungsweise hatte mit anderen Problemen zu tun. Stilicho konnte zumindest verhindern, dass Alarich Mailand eroberte. Er schloss dann mit Alarich einen Föderatenvertrag. Inzwischen waren weitere, überwiegend germanische Stämme mit dem Ziel, ein Reich am Mittelmeer zu begründen, an die Rhein- und Donaugrenze gestoßen:

Alarich als Föderat

Germanen und Alanen überschreiten den Rhein, 406/407 n.Chr.

- **Vandalen** aus dem Oderquellgebiet übertraten 406/407 den Rhein und erreichten 409 Spanien. Stilicho konnte das nicht verhindern, da seine Truppen in Italien gebunden waren. 429 setzten Vandalen unter Geiserich nach Nordafrika über.
- **Sueben** waren aus dem Moldauraum über den Rhein gegangen und siedelten dann in Nordwestspanien.
- **Alanen**, ursprünglich im Gebiet zwischen Schwarzem Meer und Kaspischen Meer beheimatet, zogen mit den Hunnen nach Mitteleuropa; nach Überschreitung des Rheins Ansiedlung in der Aremorica, das heißt an der gallischen Westküste. Ihr größter Teil zog mit den Vandalen weiter nach Nordafrika.
- **Burgunder**, die von der Weichselmündung her in das vormals von Alamannen besetzte Gebiet gezogen waren, siedelten sich in der Gegend von Worms am Rhein an; 413 ist ein König namens Gundahar überliefert, an den die Figur des Gunther im Nibelungenlied erinnert.

Alarich hatte offenbar eine große Zahl an Personen um sich geschart, überwiegend Westgoten, so dass er nun auch Verantwortung für diese Familien (und nicht nur seine Krieger) trug. Deshalb versuchte er, bessere Bedingungen für sich und die Goten auf diplomatischen Wege zu erlangen. Er strebte die Ansiedlung der Goten in Noricum an, doch führten diese Bemühungen nicht zum Erfolg, weshalb Alarich am 24. August 410 mit neuerlich verstärkten Truppen Rom eroberte und es drei Tage lang plünderte. Der Versuch, mit Schiffen nach Nordafrika überzusetzen, scheiterte, und Alarich starb kurz darauf.

Alarich erobert Rom, 410 n.Chr.

Die Plünderung Roms blieb zwar ohne unmittelbare Konsequenzen für Italien und die römische Herrschaft, hatte aber einen enormen symbolischen Effekt. Wie bereits erwähnt kam es nach dem „Fall Roms" zu paganen Vorwürfen, die Nichtbeachtung der Opfer habe zum Untergang geführt, weshalb Augustin mit der apologetischen Schrift *De civitate Dei* antwortete. Die Situation im Westreich um das Jahr 410 war aufs Ganze gesehen verheerend: Germanenstämme hatten den Rhein überschritten, 408 ging die Provinz Britannien verloren. Flavius Constantius wurde zum Heermeister ernannt und überließ den Westgoten Aquitanien. Die Politik des Abschlusses von Föderatenverträgen setzte Aëtius fort, der führende Heermeister. Die Hunnen hatten inzwischen eine Föderation eigener, iranischer und germanischer Stämme gebildet, die Mittel- und Osteuropa bis zum Kaukasus umfasste. Attila (434-453) hat die hunnischen Stämme geeint und einen festen Wohnsitz in der Theißebene errichtet, über den der oströmische Gesandte Priskos berichtet hat: ein großes Dorf mit vielen Hütten, der hölzerne Palast, ein steinernes Badehaus. Der römische Heermeister Aëtius hatte inzwischen ein Bündnis mit den Westgoten geschlossen. Als die Hunnen mit massiven Truppen nach Gallien zogen, kam es zur Schlacht auf den Katalaunischen Feldern in der Nähe von Châlons-sur-Marne – eine genauere Ortsangabe ist nicht mehr möglich. Die Hunnen unterlagen, mussten sich zurückziehen und verschwanden nach dem Tod Attilas (453) aus Europa. Aëtius wurde von Valentinian III. eigenhändig ermordet (454).

Krise des Westreichs 406-410 n.Chr.

Aëtius, Heermeister 429-454

Schlacht auf den Katalaunischen Feldern 451 n.Chr.

Das Reich der Westgoten konnte sich weiterentwickeln, da es nach Attilas Ende keinen ernst zu nehmenden Gegner in Westeuropa mehr gab. Es wird auch als Tolosanisches Reich bezeichnet, da die Stadt Tolosa (Toulouse) sein Zentrum war (Abb. 56, S. 218). Die Goten assimilierten sich, näherten sich der gallo-römischen Zivilisation an. Sprache, Religion und Rechtsgewohnheiten wurden prinzipiell beibehalten, aber der Codex Euricianus zeigte schon das Ausmaß des römischen Einflusses. Diese Gesetzessammlung der Könige Eurich und Alarich II. war bereits auf Latein abgefasst. Gesetze wurden in Rom seit den *tabulae XII*

Das tolosanische Reich der Westgoten 418-507 n.Chr.

zusammengestellt. Von dem Plan des Kaisers Theodosius, *alle* römischen Gesetze zu sammeln, wurde aber nur das Corpus der Kaisergesetze (Codex Theodosianus) verwirklicht, das Privatrecht wurde nicht neu kompiliert.

> **Codex Theodosianus:** Sammlung aller kaiserlichen Konstitutionen (Gesetze) von 312 bis 438; initiiert und veröffentlicht von Theodosius II., dem oströmischen Kaiser (408-450). Einzelne Mängel der Kompilation sind unübersehbar, doch wurde das Kaiserrecht nun leichter zugänglich, so dass Rechtssicherheit entstand. Gegliedert war der Codex in 16 Bücher, dann nach Unterthemen und einzelnen Kaisern (insg. über 3000 Gesetze).

Die *Lex Romana Visigothorum* des Westgotenkönigs Alarich II. fasste die gesetzgeberischen Maßnahmen der Goten in Gallien zusammen. Sie ist Zeugnis der erfolgreichen Selbstromanisierung der Westgoten, die von ihren Königen initiiert wurde, und blieb bis zum Ende des letzten Westgotenreiches gültig. In der staatlichen Organisation und Verwaltung knüpften die Goten an die Strukturen an, die in der Provinz Aquitania II vorhanden waren.

Die Gesellschaft der Spätantike unterschied sich deutlich von derjenigen des Prinzipats. Senatoren behielten zwar hohes Ansehen, waren aber im Westen politisch eher einflusslos, da der Kaiserhof nicht mehr in Rom residierte. Sie konzentrierten sich auf ihre Tätigkeit als Großgrundbesitzer und waren nun vor größere Aufgaben gestellt, da die Aufrechterhaltung der Landwirtschaft und die Verteidigung vor Germanen und anderen Aggressoren vom Westkaiser im 5. Jahrhundert nicht mehr gewährleistet werden konnte. Somit kam ihnen in der Region ihrer Gehöfte (*villae rusticae*) eine einflussreiche Position zu. Die Magistratur bestand zwar weiter, doch vielfach waren die Ämter nur noch als Ehrenämter anzusehen. Jedoch, wenn jemand ein hohes Amt wie den Konsulat errungen hatte, dann ließ er typischerweise zur Erinnerung ein Konsulardiptychon herstellen.

Die Gesellschaft der Spätantike

> **Diptychon:** Doppeltäfelchen aus Elfenbein anlässlich der Ernennung zu einem Amt; die Tafeln bildeten den oder die Amtsinhaber ab und nannten Namen und Titulatur.

Die Diptychen sind somit – neben Inschriften – eine wichtige Quelle für die Laufbahn einer Person. Als Beispiel soll hier Rufius

52: Diptychon des Rufius Probianus

Rufius Probianus als Beispiel für einen Senator

Probianus dienen **(Abb. 52)**. Er ist auf beiden Seiten in seiner richterlichen Tätigkeit dargestellt. Die Schreiber zur Linken und zur Rechten sind unverhältnismäßig klein dargestellt. In den unteren Feldern sind Vertreter der streitenden Parteien abgebildet – zwischen ihnen steht ein kleiner Tisch mit einem Gegenstand, möglicherweise einem Tintenfässchen. Die Person ist nur durch die Inschrift (auch in CIL XIII 10032) bekannt. Wann Probianus *vicarius urbis Romae* war, ist aus anderen Quellen nicht zu ermitteln, das heißt hier können nur stilistische und inhaltliche Kriterien einen Hinweis geben. W. Enßlin (Probianus 4, RE 23,1 (1957) 41) hält die Datierung in die Jahre 399-402 für plausibel. Da aber christliche Symbole völlig fehlen, wäre eine frühere Datierung durchaus denkbar, wenn nicht sogar wahrscheinlicher (um 380?). Die Abkürzung VC bedeutet „vir clarissimus". In der Hierarchie der Senatoren war das der dritte Rang (nach *vir spectabilis* und *vir illustris*).

Im Ansehen der Christen standen die Bischöfe am höchsten, was nicht ausschließt, dass ein christlicher Senator Bischof werden konnte. Ursprünglich war der Bischof nicht mehr als der von der Gemeinde gewählte Vorsteher, also die in der kirchlichen Hierarchie am höchsten stehende Person (vor Presbytern, Diakonen, Lektoren). Ab dem 3. Jahrhundert bekamen Bischöfe in manchen großen Städten Funktionen, die über die Gemeinde hinausgingen (Metropolitanbischöfe). Spätestens unter Damasus (366-384) hat der Bischof von Rom den Primat über alle anderen Bischöfe. Im Verlauf der Spätantike erhielten die Bischöfe auch juristische Rechte in ihrem Bistum („Bischofsgericht").

<small>Bischöfe, v.a. der Bischof von Rom, der Papst</small>

Über die gesellschaftliche Mitte haben wir deutlich weniger Informationen als über die Oberschicht. Handwerker, Veteranen und vermögende Freigelassene gehörten dazu. Die Sklaverei ging in der Spätantike zurück. Im 4. Jahrhundert setzte sich zumindest die Auffassung durch, dass einem christlichen Sklaven der Freikauf angeboten werden müsse. In der Unterschicht waren mehr oder minder besitzlose Stadtbewohner und Landarbeiter zu finden. Neben freien Bauern nahmen die Kolonen an Zahl zu.

<small>Mittel- und Unterschicht</small>

> **Kolone** (lat. *colonus*): Bauer eines fremd bestimmten Hofes, der dem Großgrundbesitzer einen Teil der Erträge abzugeben und Arbeitsleistungen für diesen zu erbringen hatte. Vorform mittelalterlicher Grundherrschaft, denn die *coloni* waren in der Spätantike oft an die Scholle gebunden, das heißt sie hatten kein Recht des Wegzugs, waren aber auch vor der Vertreibung von dem von ihnen bewirtschafteten Land geschützt.

Das Leben in der Völkerwanderungszeit war voll von Unwägbarkeiten. Die römische Herrschaft wurde schwächer, Rom konnte nicht mehr alle Territorien verteidigen, Fremde, hauptsächlich Germanen, wurden unter dem Prinzip der *hospitalitas* aufgenommen (als Föderaten). Der östliche Reichsteil war von solchen Ansiedlungen weniger betroffen, aber im Westen lebten die Menschen teilweise in Angst um ihre Existenz. Als ein Beispiel soll die Situation im Großraum Italien in der 2. Hälfte des 5. Jahrhunderts vorgestellt werden. Italien war seit Diokletian Provinz beziehungsweise sogar in viele kleinere Provinzen unterteilt. Mittel- und Süditalien bildeten mit den Inseln Korsika, Sardinien und Sizilien die weltliche Diözese *Italia suburbicaria*. Sitz des Vicarius war Rom

<small>Italien in der Spätantike</small>

– wir haben oben Probianus als Beispiel kennengelernt. Die *Italia annonaria* umfasste nicht nur Norditalien, sondern auch Teile des östlichen Alpenraumes, Noricum, bis nach Augsburg; Sitz des *vicarius* war Mailand.

Die Kaiserherrschaft im westlichen Imperium, zu dem Italien, Africa und Gallien im weitesten Sinn (mit Spanien) gehörten, war durch Kinderkaiser geschwächt. Heermeister wie Aëtius gaben den Ton an. Sein Nachfolger wurde von dem Vandalen Geiserich, der ein Reich in Nordafrika gegründet hatte, besiegt. Rom wurde 14 Tage lang geplündert. In der Folgezeit spielte Ricimer als Heermeister des Westens eine bedeutende Rolle. Rom wurde 472 ein drittes Mal geplündert. Der germanische Söldnerführer Odoaker (auch Odowaker) diente unter Ricimer in Italien, wurde dann von Söldnern zum König erhoben. Er setzte den (letzten) weströmischen Kaiser Romulus Augustulus ab – das Kaisertum hatte längst seine Bedeutung verloren, nun herrschte Odoaker als Patricius über Italien.

Plünderung Roms durch Vandalen 455 n.Chr.

Absetzung des Romulus Augustulus 476 n.Chr.

> **Patricius**: Zunächst Titel des führenden Heermeisters im weströmischen Reich, dann desjenigen Barbarenherrschers, der Italien besaß. Der Titel wurde vom oströmischen Herrscher vergeben, der damit die Unterordnung des Herrschers im Westen zum Ausdruck bringen wollte, was nicht immer den realen Machtverhältnissen entsprechen musste.

Die Absetzung des Romulus Augustulus bedeutete keinen Einschnitt, das weströmische Reich hatte seit der Mitte des 5. Jahrhunderts immer mehr an Macht verloren, es war Spielball germanischer Herrscher wie Geiserich oder von Heermeistern wie Ricimer. Über die konkrete Machtstellung Odoakers verraten die Quellen nicht viel, er stand in jedem Fall in der römischen Tradition. Doch gewannen in seiner Regierungszeit die Gebiete römischer Föderaten wie der Westgoten vollständige Autonomie.

Odoaker als Patricius Italiens 455-493

Das Reich des Syagrius wird mitunter als die letzte Bastion des „Römertums" angesehen. Er beherrschte das nördliche Gallien und erkannte Odoaker als König von Italien nicht an. Da er keine Hilfe vom oströmischen Kaiser Zenon erhielt, konnte er weder Odoaker entmachten noch verhindern, dass sich die Franken unter Chlodwig sein Reich 486 einverleibten. Doch auch Odoaker herrschte nur noch kurze Zeit. 493 wurde er vom Ostgoten Theoderich getötet, der dann ein etwas langlebigeres Reich in Italien

Die Situation in Gallien: Syagrius, Chlodwig

etablieren konnte. Auch er war *patricius* und ging als Dietrich von Bern (=Verona) in die Sagenwelt der Nibelungen ein.

In der Zeit des Syagrius-Reiches löste sich die Verwaltung der Provinzen zusehends auf. Als Beispiel kann die Provinz Noricum dienen, die ehemals zur Italia annonaria gehört hatte. Die germanischen Rugier, die nördlich der Donau angrenzten, hatten bislang halbwegs einträchtig mit den Römern in Noricum gelebt. Dort wurde – und wir wissen nicht genau warum – ein Mönch namens Severin aktiv, den man später Severin von Noricum nannte. Nur aufgrund seines persönlichen Ansehens konnte er Personen aus Rätien nach Noricum retten.

Severin von Noricum († 482)

Sein Schüler und Biograph Eugippius kam 488 mit Teilen der Bevölkerung Noricums nach Italien. Die Mönche folgten und begründeten bei Neapel ein Kloster (um 492), in dem Eugippius dann später Abt wurde. Die Lebensbeschreibung Severins aus seiner Feder ist Zeugnis der vielfältigen Bedrohungen in der Völkerwanderungszeit, muss aber auch als Heiligenbiographie verstanden werden. Da Parallelquellen so gut wie gänzlich fehlen, ist der Grad der Idealisierung nicht immer feststellbar. Eugippius lässt Severin des Öfteren Dinge voraussehen, die dann auch immer eintrafen.

Eugippius über Severin

Per idem tempus, quo Romanum constabat imperium, multorum milites oppidorum pro custodia limitis publicis stipendiis alebantur; qua consuetudine desinente simul militares turmae sunt deletae cum limite, Batavino utcumque numero perdurante: ex quo perrexerant quidam ad Italiam extremum stipendium commilitonibus allaturi, quos in itinere peremptos a barbaris nullus agnoverat. (Eug. Sev. 20,1)

Zur selben Zeit, als das Römische Reich noch bestand, wurden Soldaten in vielen Städten für die Bewachung der Grenze aus öffentlichen Mitteln ernährt; als diese Gewohnheit außer Gebrauch kam, sind zugleich die Regimenter mit der Grenze aufgelöst worden, wobei aber die Truppe in Passau wie auch immer aushielt; von dieser hatten sich einige nach Italien aufgemacht, um den letzten Lohn für die Mitstreiter zu holen, in Bezug auf die aber niemand gemerkt hatte, dass sie von Barbaren niedergemetzelt worden waren.

Was lässt sich aus dieser Quelle entnehmen? Die Soldzahlung für die in Passau verbliebenen Soldaten war nicht mehr erfolgt. Das muss mit dem Ende des weströmischen Kaisertums 476 zusammenhängen, wobei aber nicht auszuschließen ist, dass in der Kasse noch für ein paar Monate Sold war. Da die Soldaten offenbar gewillt waren, den Schutz der Grenze weiterhin zu versehen, sandten sie ein paar Reiter gen Süden, die dann aber Barbaren in die Hände fielen. Ganz unabhängig von der im Text folgenden

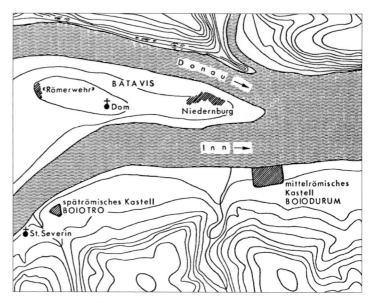

53: Passau zur Zeit Severins von Noricum

Archäologische Belege

Vorhersage des Todes der Männer, der in Passau noch nicht bemerkt worden war, ist diese Schilderung auch aufgrund archäologischer Erkenntnisse glaubhaft. Die Grundmauern des spätrömischen Kastells in Passau sind teilweise erhalten, der Ort wird Boiotro genannt (Eug. Sev. 22,1 und 36,1). Das mit starken Mauern und Türmen versehene Kastell war trapezförmig; die Seite zum Inn war ca. 65 m breit, es erstreckte sich ca. 45 m das Ufer hinauf (**Abb. 53**). Ungewiss ist, ob die im Text genannten Soldaten das Kastell genutzt haben, archäologische Funde aus dem späteren 5. Jahrhundert sind rar. Hölzerne Einbauten weisen auf eine sekundäre Nutzung, manche denken an die Mönche um Severin. Die Johannes-Kirche, die Eugippius erwähnt, ist mit der dem Kastell unmittelbar benachbarten heutigen Severinskirche zu identifizieren; Ausgrabungen haben einen spätantiken Vorgängerbau bestätigt.

Auch wenn das weströmische Reich nicht mehr bestand, galt Italien als ein halbwegs sicherer Ort, wenn man die Situation mit Gallien oder den ehemaligen Provinzen nördlich der Alpen vergleicht. Nicht nur Römer und Romanen, das heißt die romanisierte Bevölkerung germanischer oder keltischer Herkunft, litten unter den Folgen der germanischen Migrationswellen; viele Ger-

4.2 | Die Zeit der Völkerwanderung bis zum Ende Westroms

manen konnten überhaupt nicht darüber bestimmen, wohin es sie verschlug – man denke an die Goten, die Alarich I. anzusiedeln versuchte. Hierfür soll ein Beispiel aus der Zeit um 500 n.Chr. dienen.

Auf dem Gebiet der spätantiken Provinz Flaminia et Picenum an der nördlichen Adria ist der Ort Ficarolo zu finden, der sich beim Übergang der Via Aemilia minor über den Po befindet. Ficarolo ist ca. 70 km Luftlinie von Ravenna entfernt. Auf dem Friedhof von Chiesazza, der zwischen Ficarolo und Trento liegt, sind auch spätantike Gräber gefunden worden. Das Grab der von Ausgräbern als „Dame von Ficarolo" benannten Person weist eine äußerst interessante Kombination von Fundstücken auf. (**Abb. 54**) Die Frau, die ca. 35-50 Jahre alt geworden ist, hatte Gewandfibeln, die sie

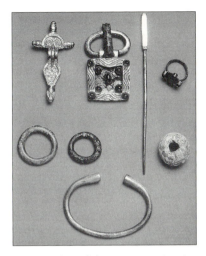

54: Der Schmuck der Dame von Ficarolo

aufgrund ihres abgeriebenen Zustandes vermutlich ihr Leben lang genutzt hat. Es sind Stücke, die von den Gepiden hergestellt wurden, einem ostgotischen Stamm, der an der Donau siedelte. Haarnadel und Armreif ähneln alamannischen Grabbeigaben. Wenn das Grab aus der Zeit um 510/520 stammt, dann dürfte die Frau um das Jahr 470/475 geboren sein. In jungen Jahren hat sie die Fibeln erhalten, die ihre Herkunft angeben: Sie war Gotin. Die alamannischen Stücke lassen sich nur erklären, wenn die Frau im südwestdeutschen Raum gelebt hat; sie könnte, das bleibt hypothetisch, einen Alamannen geheiratet haben, nachdem ihre Familie dorthin weitergezogen ist. Ihre letzten Jahre hat sie aber in Ficarolo verbracht, vermutlich in einem dem Grab benachbarten Hof, der ursprünglich als Gasthof und Station für den Pferdewechsel gedient haben könnte. Die Strecke ist auf der *Tabula Peutingeriana* verzeichnet.

Die Dame von Ficarolo – Beispiel für die Erschließung des Lebens einer Germanin

> **Tabula Peutingeriana:** Schematische Darstellung der wichtigsten Straßen der spätantiken Welt in Form einer farbig bemalten, über 6 m langen und gut 30 cm breiten schematischen Karte; nur in einer mittelalterlichen Kopie erhalten, benannt nach dem Besitzer, dem Augsburger Humanisten Conrad Peutinger (1465-1547).

Es wäre jedenfalls nicht ungewöhnlich, wenn die wohlhabende Frau in unmittelbarer Nähe ihres Wohnortes beigesetzt worden wäre. Die Dame von Ficarolo ist ein Beispiel für Migration und Akkulturation. Man hat ihren Lebensweg in Zusammenhang gebracht mit den Alamannen, die der Italien beherrschende Ostgotenkönig Theoderich (s.u. Kap. 4.3.) im Jahre 506 aufgenommen hat. Das liegt im Bereich des Möglichen, ist aber nicht beweisbar.

Migration und Akkulturation

Am Ende des 5. Jahrhunderts hatte Westeuropa eine völlig andere Gestalt als etwa 50 Jahre zuvor (**Abb. 55**). Das Imperium Romanum gab es nicht mehr, doch waren aus ihm etliche germanische Reiche entstanden, die zunächst eine gewisse Kontinuität hervorbrachten, so dass die Verwaltung und Rechtsordnung des Imperium Romanum nach Möglichkeit in ähnlicher Form bewahrt wurde. Die Westgoten hatten das zumindest in ihrem Tolosanischen Reich verwirklichen können, die merowingischen Franken machten ebenfalls Anstalten. Die lange Phase der Migrationen ist somit nicht nur als Konfrontation zwischen Römern und „Barbaren" zu fassen. Akkulturationsprozesse hatten eingesetzt, ohne dass die Römer dafür hätten Sorge tragen müssen. Diese Prozesse dauerten in manchen Regionen über ein Jahrhundert, doch gab es im 6. Jahrhundert, wie wir sehen werden, in vielen Gebieten des Imperium Romanum wieder eine literarische Kultur, die aber nun eher regionalen Charakter hatte und allmählich zu den Nationen der Romania führte.

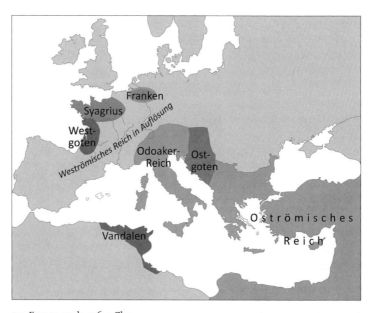

55: Europa nach 476 n.Chr.

Literatur

- Büsing-Kolbe, Andrea/ Büsing, Hermann, *Stadt und Land in Oberitalien*, Mainz 2002 (u.a. auch zu Ficarolo).
- Fischer, Thomas, *Noricum*, Mainz 2002 (farbig bebilderter Band einer Reihe, die die römischen Provinzen vorstellt [Orbis Provinciarum]).
- Heather, Peter J., *Der Untergang des Römischen Weltreichs*, Stuttgart 2007 (gut lesbare Darstellung bis ins 5. Jhd. n.Chr.).
- Homeyer, Helene, *Attila. Der Hunnenkönig von seinen Zeitgenossen dargestellt*, Berlin 1951 (Versuch, die Biographie Attilas anhand der oft abgelegenen Quellen darzustellen).
- Jones, A.H.M., Der römische Kolonat, in: *Sozial- und Wirtschaftsgeschichte der römischen Kaiserzeit*, hrsg. von Helmuth Schneider, Darmstadt 1981, S. 81-99 (zum Wandel in der ländlichen Sozialstruktur).
- Rosen, Klaus, *Die Völkerwanderung*, 2. Aufl. München 2003 (kenntnisreiche Darstellung aus Perspektive der literarischen Quellen).
- *Von der Spätantike zum frühen Mittelalter: aktuelle Probleme in historischer und archäologischer Sicht*, hg. von Joachim Werner/Eugen Ewig, Sigmaringen 1979 (Aufsätze, die sich auf die spätantiken Provinzen am Rhein und am Oberlauf der Donau, v.a. Noricum mit Passau, beziehen).
- Wolfram, Herwig, *Die Goten von den Anfängen bis zur Mitte des 6. Jhds.*, 3. Aufl. München 1990 (Handbuch; ausführlich zum tolosanischen Reich).

Ende der Antike? Die Goten und Byzanz (6.-8. Jhd.) 4.3

Das letzte Kapitel befasst sich mit einer Zeit, die auch als Beginn des Frühmittelalters gesehen wird. Am Ende wird es um die Frage gehen, welche Kontinuitäten die Zusammensicht des 5. bis 8. Jahrhundert als sinnvoll erscheinen lassen. Die Gotenreiche, die bereits im letzten Kapitel vorgestellt wurden, sollen nun in ihrer Entwicklung weiterverfolgt werden. Das Westgotenreich unterlag 507 dem Angriff der Franken unter Chlodwig in der Schlacht von Vouillé (bei Poitiers). Die Franken, die im 4. Jahrhundert ein eher kleineres Reich am Niederrhein etabliert hatten, breiteten sich im 5. Jahrhundert immer mehr nach Westen aus. Nun konnte Chlodwig auch Toulouse erobern und brachte das westgotische Kernland Aquitanien in seinen Besitz. Er hatte als katholischer Christ gegen die arianischen Westgoten gekämpft und den Sieg davongetragen. (**Abb. 56**) Da die Westgoten aber die Provençe und Teile Spaniens erobert hatten, ging ihr Reich nicht unter, sondern verlagerte nur sein Zentrum. Die Königsherrschaft war geschwächt,

Expansion der Franken

Verlagerung des Westgotenreiches nach Süden

56: Das toletanische Reich der Westgoten

zeitweise regierte der Ostgote Theoderich auch über das Westgotenreich.

Theoderich war um 490 vom oströmischen (byzantinischen) König Zenon beauftragt worden, das Odoaker-Reich in Italien zu beseitigen; wahrscheinlich wollte Zenon die Ostgoten loswerden. Theoderich besiegte und tötete 493 Odoaker; die Goten nahmen Italien nach dem Prinzip der Forderung von *hospitalitas* in Besitz. Die Stellung Theoderichs war formal gesehen die des Statthalters in byzantinischem Auftrag, doch in der Verwaltung und Außenpolitik hatte er alle Freiheiten. Er bediente sich der römischen Verwaltungsprinzipien und konnte in Ravenna, seinem Regierungssitz, eine rege Bautätigkeit entfalten.

Theoderichs Ostgotenreich 493-526/540

Mit dem Senat in Rom, der auch zu Zeiten Odoakers weiter bestanden hatte, gab es zunächst eine gedeihliche Zusammenarbeit. In dieser Zeit war Cassiodor als Quästor für die amtlichen Schreiben und Erlasse Theoderichs zuständig, das heißt er brachte diese in eine stilistisch dem Senat angemessene Form. Später hat er die von ihm redigierten Schreiben als Sammlung herausgebracht, Cassiodors *Variae*. Die über 400 Dokumente aus der Zeit der Ostgotenkaiser sind für uns eine unschätzbare Quelle. Gegen Ende der Regierungszeit Theoderichs bildete sich aber eine senatorische Opposition in Rom. Die Senatoren Boëthius und

Cassiodors *Variae*

4.3 | Ende der Antike? Die Goten und Byzanz

Symmachus, beide Literaten, wurden zum Tode verurteilt, was die Zeitgenossen als ungerechtfertigte Härte angesehen haben. Im Streit um die Besetzung des Bischofsstuhles in Rom agierte Theoderich nicht immer konsequent, jedenfalls wurde (ein anderer) Symmachus „Papst". Theoderich lebte bis 526, seine Söhne setzen die Herrschaft der Goten in Italien fort.

Schisma in Rom 498-506

Im westgotischen Spanien waren durch die Schwäche des Königtums aristokratisch gelenkte Teilherrschaften entstanden, die erst Leovigild wieder beseitigen konnte. Kantabrien und die Umgebung Córdobas kamen wieder unter die Herrschaft des Westgotenkönigs, der seine Söhne mit in die Herrschaft einbezog. Er war der *Augustus*, seine Söhne die *Caesares*, wenn man so sagen will. Die Nähe zur römischen Herrscherideologie wurde bewusst gesucht. Leovigild hatte einen Thron, eine besondere Gewandung, ein eigenes Feldzeichen – wie einstmals Kaiser Julian. Ein *comes notariorum* führte die Akten wie in Byzanz. Die westgotischen Münzen waren in lateinischer Sprache beschriftet und nicht nur das: Sie waren in der Siegesthematik auch mit römischen Münzen des 4. Jahrhunderts verwandt (und nicht mit zeitgenössischen byzantinischen Münzen). Toledo erfüllte immer mehr die Funktionen einer Hauptstadt, zudem wurde in Reccopolis neu gebaut – schon der Name zeigt die antike Tradition. Die „Polis" war benannt nach Leovigilds jüngstem Sohn, Reccared. Archäologische Funde stellen die wichtigste Quelle dar, denn die literarischen Quellen der Westgotenzeit haben einen Schwerpunkt im Bereich christlicher Schriftstellerei, zum Beispiel Heiligenbiographien oder Konzilsakten. Autoren wie Julian von Toledo oder Isidor von Sevilla haben etliche Werke unterschiedlichen Zuschnitts hinterlassen. Auch wenn man – ähnlich wie am Anfang der griechischen Geschichte – im 7. Jahrhundert das Gefühl hat, in eine Art von *Dark Age* zu geraten, täuscht der Eindruck, da viele Quellen einfach noch nicht ausgewertet sind. Landwirtschaftliche Aufzeichnungen auf Schiefer-Platten sind in zwei Fällen bekannt, es gibt kaum Literatur darüber.

Die Dynastie des Westgoten Leovigild 568-603

Toledo und Reccopolis

Quellen zur Geschichte der Westgoten

Das Reich von Byzanz hatte sich seit 395 n.Chr. immer stärker getrennt entwickelt. Vermutlich hatte Theodosius überhaupt nicht beabsichtigt, eine Reichsteilung hervorzurufen, aber es kam so, da die weströmischen Kaiser, oft Kinderkaiser, von den Heermeistern der Herrschaft enthoben wurden, wodurch das weströmische Reich zu existieren aufhörte. Odoaker und Theoderich standen noch in engeren Beziehungen zu Byzanz, doch verfolgten sie eine eigene Politik. (**Abb. 57**) Im Osten hatte Byzanz mit anderen Pro-

Das oströmische Reich (Byzanz)

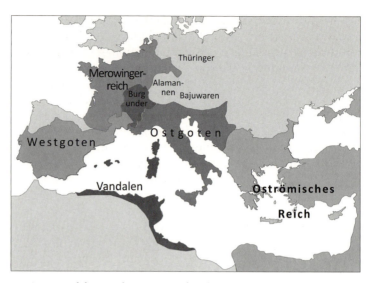

57: Europa und der Mittelmeerraum 526 n.Chr.

Bedrohung durch die Sassaniden

blemen zu tun, nicht Germanen, sondern Sassaniden. Die Grenzkonflikte mit dem persischen Reich waren nicht neu, doch bestanden diplomatische Beziehungen. Gegen Tributzahlungen konnte Byzanz die Sassaniden mehrfach zum Friedensschluss bewegen. Kaiser Justinian (527-565) hatte zunächst auch mit inneren Unruhen wie dem Nika-Aufstand zu tun, der aber schnell niedergeschlagen wurde.

> **Nika-Aufstand:** Revolte der Zirkus-Parteien der Blauen und Grünen, die Hypatios zum Gegenkaiser ernannten und mit der Parole „Nika!" (= „Siege !") in der Stadt Konstantinopel brandschatzten; binnen zehn Tagen schlug Justinian den Aufstand nieder, ca. 30.000 Tote waren zu beklagen.

Kriegszüge gegen die Germanenreiche 534-552 n.Chr.

Aus nicht eindeutig bestimmbaren Motiven wandte sich Justinian gegen das Vandalenreich in Nordafrika. Sein General Belisar besiegte die Vandalen in zwei Feldschlachten in der Nähe Karthagos (534). Der rasche Erfolg motivierte Justinian offenbar zu weiteren Kriegszügen, zunächst gegen die Ostgoten; 536 wurde Rom, 540 die Hauptstadt Ravenna eingenommen. 552 wurden die Goten in Italien endgültig geschlagen. Von den langwierigen

Kriegshandlungen erzählt der Historiker Prokop, der Sekretär Belisars war. Die byzantinische Verwaltung wurde in Nordafrika und Italien eingerichtet. Justinian hatte damit ein Reich geschaffen, dass wesentlich größer als das Oströmische Reich unter seinem Vorgänger war, die Größe des Imperium Romanum im 4. Jahrhundert freilich nicht erreichte. Der ganze gallische Raum von Britannien bis Spanien fehlte Justinians Reich, auch das Donaugebiet war unter bayrischer beziehungsweise awarischer Herrschaft. Langobarden und Araber warfen das byzantinische Reich bald nach Justinians Tod auf seine ursprüngliche Größe zurück, doch die Kodifikation des römischen Rechts im Auftrag Justinians blieb.

> *Corpus iuris civilis:* Zusammenstellung älterer wie jüngerer staats- und privatrechtlicher Bestimmungen durch Kaiser Justinian, entstanden 530-535. Bezeichnung aber erst ab 1583 überliefert.
> - Justinian hatte zunächst die **Digesten** (auch Pandekten genannt) im Jahre 533 in Kraft setzen lassen. Exzerpte juristischer Schriften vom 1. bis zum 3. Jhd. n.Chr. wurden überarbeitet und systematisiert. In 50 Büchern werden überwiegend privatrechtliche Fragen behandelt. Die römischen Gesetze wurden bis zur Einführung nationaler Gesetzbücher wie des Code Napoleon (1804) bzw. des Bürgerlichen Gesetzbuches (1.1.1900) verwendet.
> - Der **Codex Iustinianus** bestand – ähnlich wie der des Kaisers Theodosius II. – aus Kaisergesetzen. Er enthält Gesetze der Kaiser seit Hadrian (117-138). In zwölf Büchern wurden die Gesetze zu 765 Themen zusammengestellt, wobei veraltete Gesetze gestrichen und Widersprüche beseitigt wurden.
> - **Institutiones** heißt ein Rechtslehrbuch, das allgemeinere Grundsätze enthält und auch geltendes Recht war.
> - Unter dem Titel **Novellae** stellte Justinian neue Gesetze zusammen, die den Codex Iustinianus ergänzen sollten (535 n.Chr.).

Obige Beispiele aus der Entwicklung der gotischen Reiche beziehungsweise des frühen Byzanz sind exemplarisch zu verstehen. Es gab weitere spätantike Reiche, das fränkische (merowingische), das burgundische (bis 534) oder das langobardische (bis 774). Dutzende von Daten sind im Schrifttum der Moderne für den Endpunkt der Antike vorgeschlagen worden:

Ende der Antike

476	Letzter weströmischer Kaiser, Romulus Augustulus, abgesetzt
499	(katholische) Taufe Chlodwigs, des Frankenkönigs
565	Tod Justinians, der die Reichseinheit habe wiederherstellen wollen
568	Italien wird langobardisch
um 580	Römischer Senat nicht mehr existent
642	Alexandria wird islamisch
711	Ende des Westgotenreichs in Spanien
754	Pippinsche Schenkung (Begründung des Kirchenstaats)
800	Karl der Große römischer Kaiser (gekrönt vom Papst)

Die Vielzahl der möglichen Antworten auf den Endtermin der Antike zeigt, dass die im 5. oder 6. Jahrhundert genannten Daten nicht auf allgemeine Zustimmung trafen. Meines Erachtens ist es sinnvoller, Kriterien zu benennen, die für eine „lange" Spätantike (bis ins 8. Jahrhundert) als Epoche sprechen, beziehungsweise Faktoren zu finden, die definitiv außerhalb dieser Antike liegen. Im Hinblick auf das Imperium ist beispielsweise festzustellen, dass viele Staaten der Völkerwanderungszeit in ihrer Verwaltungspraxis größere Kontinuitäten als Innovationen erkennen lassen. Die lateinische und die griechische Sprache blieben in vielen Bereichen Amtssprachen, Latein im Rechtswesen, auf Münzen der Germanenreiche und im westlichen Christentum, Griechisch für das Christentum in der östlichen Hälfte der Mittelmeerwelt. Weiterhin gab es die römische Kaiseridee, die gesellschaftliche Dichotomie hielt an, beides auch Folgen der Akkulturation von Römern und „Barbaren", die seit dem 4. Jahrhundert stattgefunden hat.

Kontinuitäten in den Germanenreichen

Die prinzipiell ähnlichen wirtschaftlichen Rahmenbedingungen hatten schon Dopsch auf die Idee gebracht, die Kontinuität bis ins 8. Jahrhundert zu betonen.[5] Chris Wickham hat jüngst der Mittelmeerwelt des 5.-8. Jahrhunderts eine ausführliche vergleichende Untersuchung gewidmet. Die Regionalisierung der Steuereintreibung führte zu einem vereinfachten Verfahren in den Germanenreichen, doch Steuern wurden – wie unter den Römern – erhoben. Städtische Aristokratien wurden transformiert, bildeten sich teilweise neu. Das Städtewesen überhaupt

Die Jahre 400-800 als Epoche der Wirtschafts- und Sozialgeschichte

---

[5] Alfons Dopsch, *Wirtschaftliche und soziale Grundlagen der europäischen Kulturentwicklung aus der Zeit von Cäsar bis auf Karl den Großen*, 2. Aufl. Wien 1923-1924.

entwickelte sich weiter nach römischem Muster, die Siedlungskontinuität war groß. Aber die Grundherrschaft mittelalterlicher Prägung war noch nicht voll entwickelt.

Wenn es so große Kontinuitäten gab, warum fand dann auch die Spätantike irgendwann ihr Ende? Es ist zum einen die Neuartigkeit der Institutionalisierung des Christentums in Form von (Rom-zentrierten) Nationalkirchen, zum anderen der Islam. Die christliche Religion hatte zunächst unter kaiserlichem Schutz gestanden, dann war das Christentum zu einer Art von Staatsreligion geworden. Konfessionelle Streitpunkte führten zu mehr oder weniger autonomen Kirchen in den Germanenreichen, die eigene Synoden veranstalteten, zum Beispiel das (bis 589 arianische) Westgotenreich. Noch Kaiser Justinian beanspruchte, geistliches Oberhaupt des Römischen Reiches zu sein, was den Bischof in Rom wenig berührte. Die Entwicklung von Nationalkirchen, die dem Papst untertan waren, ging langsam seit dem 7. Jahrhundert vor sich. Missionstätigkeit in England führte im Jahre 601 zur Begründung des ersten Erzbistums, auch in Gallien konnte der Papst aufgrund des Fehlens eines Primas selbst Kontrolle über die religiösen Angelegenheiten ausüben. Die fränkisch-päpstliche Zusammenarbeit führte dann auch zu der Begründung einer weltlichen Herrschaft des Papstes durch die Pippinsche Schenkung (754), die nach dem gleichnamigen Frankenherrscher benannt ist.

Kontinuitätsbrüche

Nationalkirchen

58: Die Ausbreitung des Islam

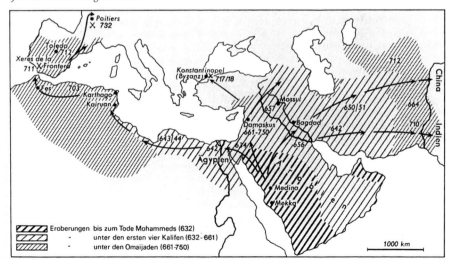

Islam

Mohammed hatte in den Jahren 622-632 eine religiöse Bewegung angestoßen, die heute Weltreligion ist, den Islam. Neben dem Frankenreich und Byzanz wird der Islam im Mittelalter den dritten Machtfaktor darstellen. Dafür verantwortlich war vereinfacht gesagt die Pflicht zur Expansion (nicht Mission), die als religiöser Einsatz (Djihad) gesehen wurde. Von Arabien aus eroberten die Kalifen große Teile der östlichen Mittelmeerwelt. (**Abb. 58**) Nordafrika geriet noch im 7. Jahrhundert in islamischen Besitz, 711 fiel das Westgotenreich, was aber auch ein Zeichen von dessen Schwäche war.

Monotheismen haben die antike Welt völlig umgestaltet. Man könnte sagen, dass das Christentum zu einer Transformation der Antike geführt hat und eine Epoche „Spätantike" begründet hat. Der Islam hingegen sah zunächst keine kulturelle Integration vor.

Literatur

- Angenendt, Arnold, *Das Frühmittelalter. Die abendländische Christenheit von 400 bis 900*, 3. Aufl. Stuttgart u.a. 2001.
- Brown, Peter, *Die Entstehung des christlichen Europa*, München 1996 (TB 1999; der englische Titel *The Rise of Western Christendom: Triumph and Diversity AD 200-1000* gibt gut wieder, welche Bedeutung der Spätantike als Übergangszeit – hier von 800 Jahren – gegeben wird).
- Cameron, Averil, *The Mediterranean World in Late Antiquity : AD 395 – 600*, London u.a. 1993 ND 2003.
- Claude, Dietrich, *Adel, Kirche und Königtum im Westgotenreich*, Sigmaringen 1971.
- Enßlin, Wilhelm, *Theoderich der Große*, 2. Aufl. München 1959.
- *Geschichte der arabischen Welt,* hg. von Ulrich Haarmann/Heinz Halm, 4., überarb. und erw. Aufl. München 2001 (zur Ausbreitung des Islam).
- Kampers, Gerd, *Geschichte der Westgoten,* Paderborn 2008
- Marcone, Arnaldo, A Long Late Antiquity? Considerations on a Controversial Periodization, in: *Journal of Late Antiquity* 1 (2008) S. 4-19.
- Meier, Mischa, *Justinian,* München 2004 (Abriss auf neuestem wissenschaftlichen Stand).
- Wickham, Chris, *Framing the early Middle Ages : Europe and the Mediterranean 400- 800,* Oxford u.a. 2005 (1000 Seiten über die Spätantike).
- Wieacker, Franz, *Römische Rechtsgeschichte II. Die Jurisprudenz vom frühen Prinzipat bis zum Ausgang der Antike im weströmischen Reich und die oströmische Rechtswissenschaft bis zur justinianischen Gesetzgebung. Ein Fragment* (HdA X 3,1), München 2006 (postum erschienen, für stärker Interessierte).

Abbildungsnachweis

1	S. 12	Max Cary/ Eric Warmington, Die Entdeckungen der Antike, Zürich 1966 (Kindler) S. 517
2	S. 13	Ebd. S. 516
3	S. 23	Zeichnung M. Sehlmeyer
4	S. 25	Kurt Benesch, Auf den Spuren großer Kulturen, Gütersloh 1979, S. 77
5	S. 28	Zeichnung M. Sehlmeyer
6	S. 30	Zeichnung M. Sehlmeyer
7	S. 35	Das Alte Griechenland, hg. von Adolf Borbein, Gütersloh 1995, S. 286
8	S. 37	Michael Stahl, Gesellschaft und Staat bei den Griechen: Archaische Zeit, Paderborn 2003, S. 124
9	S. 38	Jochen Bleicken, Die athenische Demokratie, 2. Aufl. Paderborn 1994, vorderer Vorsatz der gebundenen Ausgabe
10	S. 40	Michael Stahl, Gesellschaft und Staat bei den Griechen: Archaische Zeit, Paderborn 2003, S. 90
11/12	S. 41	Münzen und Medaillen AG, Auktion Sammlung Niggeler, 3./4. Dezember 1965, Nr. 276 und Nr. 298 (Sammlung von Fotos, Negativen und Abgüssen antiker Münzen, Goethe-Universität Frankfurt)
13	S. 44	Dahlheim Antike S. 68 unten
14	S. 62	Zeichnung M. Sehlmeyer
15	S. 64	Zeichnung M. Sehlmeyer
16f.	S. 68f.	Michael Stahl, Gesellschaft und Staat bei den Griechen: Klassische Zeit, Paderborn 2003, S. 30 und 64
18	S. 74	Das Alte Griechenland, hg. von Adolf Borbein, Gütersloh 1995, S. 268
19	S. 75	Wikimedia
20	S. 76	Zeichnung M. Sehlmeyer
21	S. 79	Zeichnung M. Sehlmeyer
22/23	S. 91	Münzen und Medaillen AG, Auktion Sammlung Niggeler, 3./4. Dezember 1965, Nr. 229 (Sammlung von Fotos, Negativen und Abgüssen antiker Münzen, Goethe-Universität Frankfurt)
24	S. 92	Nigel Spirey/Michael Squire, Classical Panorama, London 2004, S. 176
25	S. 96	Zeichnung M. Sehlmeyer
26	S. 100	Zeichnung M. Sehlmeyer
27	S. 102	Wikimedia
28	S. 110	Zeichnung M. Sehlmeyer
29	S. 112	R. Ross Holloway, The Archaeology of Early Rome and Latium, London/ New York 1994, S. 31
30	S. 118	Zeichnung M. Sehlmeyer
31	S. 131	Wikimedia.
32	S. 133	Zeichnung M. Sehlmeyer
33	S. 135	Werner Dahlheim, Die griechisch-römische Antike 2, Paderborn 1992, S. 87
34	S. 144	Münzen und Medaillen AG, Auktion Sammlung Niggeler, 21./22. Oktober 1966, Nr. 875 (Sammlung von Fotos, Negativen und Abgüssen antiker Münzen, Goethe-Universität Frankfurt)

35	S. 145	Spirey/Squire, S. 179 (wie Nr. 24)
36	S. 147	Münzen und Medaillen AG, Auktion Sammlung Niggeler, 21./22. Oktober 1966, Nr. 925 (Sammlung von Fotos, Negativen und Abgüssen antiker Münzen, Goethe-Universität Frankfurt)
37	S. 149	Wikimedia
38	S. 153	Zeichnung M. Sehlmeyer
39	S. 155	Auktion Sammlung Niggeler, 21./22. Oktober 1966, Nr. 1055 (Sammlung von Fotos, Negativen und Abgüssen antiker Münzen, Goethe-Universität Frankfurt)
40	S. 157	Zeichnung M. Sehlmeyer (nach M. Spannagel, Exemplaria Principis. Untersuchungen zu Entstehung und Ausstattung des Augustusforums, Heidelberg 1999, Tafel 1,2)
41	S. 168	Friedrich Lübkers Reallexikon des klassischen Altertums, 8. vollst. umgearb. Aufl. Leipzig 1914, S. 834
42	S. 169	Zeichnung M. Sehlmeyer
43	S. 171	Zeichnung M. Sehlmeyer
44	S. 177	Harald Strohm, Mithra oder: warum „Gott Vertrag" beim Aufgang der Sonne in Wehmut zurückblickte, München [u.a.] 2008, Tafel 3
45	S. 181	Werner Dahlheim, Die griechisch-römische Antike 2, Paderborn 1992, S. 232
46	S. 184	Zeichnung M. Sehlmeyer
47	S. 187	Walter Goetz (Hg.), Propyläen Weltgeschichte 2. Hellas und Rom. Die Entstehung des Christentums, Berlin 1931, zwischen S. 520 und 521
48	S. 191	Jochen Bleicken, Verfassungs- und Sozialgeschichte des Römischen Kaiserreiches, 3. Aufl. Paderborn 1994, S.8
49	S. 194	Zeichnung M. Sehlmeyer
50	S. 197	Zeichnung M. Sehlmeyer
51	S. 199	Werner Dahlheim, Die griechisch-römische Antike 2, Paderborn 1992, S. 311
52	S. 210	Abzeichnung M. Sehlmeyer
53	S. 214	J. Werner/ E. Ewig (Hgg.), Von der Spätantike zum frühen Mittelalter, Sigmaringen 1979, S. 97.
54	S. 215	A. Büsing-Kolbe/ H. Büsing, Stadt und Land in Oberitalien. Mainz 2002, S. S. 96.
55	S. 216	Zeichnung M. Sehlmeyer
56	S. 218	Zeichnung M. Sehlmeyer
57	S. 220	Zeichnung M. Sehlmeyer
58	S. 223	WernerDahlheim, Die griechisch-römische Antike 2.Paderborn 1992, S. 327
Karte 1		Werner Dahlheim, Die Antike, 6. Aufl. Paderborn 2002, vorderer Vorsatz
Karte 2		Ebd., hinterer Vorsatz

Allgemeine Literaturhinweise

Bereits oben genannte einführende Literatur wird hier im Allgemeinen nicht wiederholt.

Vollmer, Dankward u.a., *Alte Geschichte in Studium und Unterricht. Eine Einführung mit kommentiertem Literaturverzeichnis*, Stuttgart 1994 (eine Buchkunde des Faches Alte Geschichte, die sehr ausführlich ist und auch den Schulunterricht in Alter Geschichte behandelt; Aktualisierungen im Internet:
http://www.altertum.uni-rostock.de/fileadmin/dateien/alte-geschichte/vollmer.Teil_A.pdf
http://www.altertum.uni-rostock.de/fileadmin/dateien/alte-geschichte/vollmer.Teil_B.pdf
http://www.uni-bielefeld.de/geschichte/_alte_homepage/altegeschichte/AG-Bibl-ges.pdf).

1. Methodische Einführungen

Blum, Hartmut/ Wolters, Reinhard, *Alte Geschichte studieren*, Konstanz 2006 (Einführung in die Disziplin, ihre Quellen und Arbeitstechniken).
e-learning Materialien von Beat Näf u.a.: http://www.hist.uzh.ch/lehre/altegeschichte/naef/e-learning.html.
Günther, Rosmarie, *Einführung in das Studium der Alten Geschichte*, 2. Aufl. Paderborn 2004 (zum Fach, seinen Quellen und einzelnen Teilaspekten; auch praktische Hinweise zum Studium).
Approaching the Ancient World, hg. von Richard Stonemann, London 1992 ff. (Reihe mit Einführung in die Benutzung verschiedenster Quellen).
Die Antike (Oldenbourg Geschichte Lehrbuch), hg. von Eckart Wirbelauer, 2. Aufl. München 2007 (über Epochen, Quellen, Zugänge zur Alten Geschichte; ausführlichste Darstellung der Forschungsfelder und –methoden).

Abkürzungen von Zeitschriften, Reihen
Abkürzungen Theologie und Religionswissenschaften nach RGG 4, Tübingen 2007 (separater Abdruck des Abkürzungsverzeichnisses in der 4. Auflage des Lexikon „Religion in Geschichte und Gegenwart").

de Simone, Girolamo, *Aristarchos 1.01* (Datenbank der Abkürzungen in gängigen philologischen und archäologischen Bibliographien, freier Download unter: http://www.archeolinks.com/aristarchos.htm).

Wellington, Jean Susorney, *Dictionary of bibliographic abbreviations found in the scholarship of classical studies and related disciplines*, 2. Aufl. Westport, Conn. u.a. 2003 (wenn die Abkürzungsverzeichnisse in den Nachschlagewerken DNP, KlP, LAW nicht genügen).

Historiographie der Antike

Mehl, Andreas, *Römische Geschichtsschreibung. Grundlagen und Entwicklungen. Eine Einführung*, Stuttgart u.a. 2001 (gut lesbar).

Meister, Klaus, *Die griechische Geschichtsschreibung von den Anfängen bis zum Ende des Hellenismus*, Stuttgart u.a. 1990 (materialreicher Überblick).

A companion to Greek and Roman historiography, hg. von John Marincola, Malden, Mass. u.a. 2007.

Völkel, Markus, *Geschichtsschreibung. Eine Einführung in globaler Perspektive*, Köln u.a. 2006 (von der Antike über Asien bis ins 19. Jhd.).

Literatur zu den Grundwissenschaften s. Kapitel 1.2

2. Ausführliche Darstellungen und Handbücher

Blackwell Companions to the Ancient World, Malden u.a. 2003ff. (Reihe mit umfangreichen Sammlungen von Essays zu Spezialthemen).

Oldenbourg Grundriss der Geschichte, hg. von Jochen Bleicken, Bände 1-4 und 25, München 1979ff. (auf die Darstellung der Epoche folgt jeweils ein sehr ausführlicher Forschungsbericht mit umfangreichem Literaturverzeichnis).

Cambridge Ancient History (**CAH**), 14 Bände, 2.-3. Aufl., Cambridge u.a 1971-2000.

Dahlheim, Werner, *Die Antike. Griechenland und Rom von den Anfängen bis zur Expansion des Islam*, 4. erw. und überarb. Aufl. Paderborn 1995 (gut lesbar).

Geschichte der Antike. Ein Studienbuch, hg. von Hans Joachim Gehrke/Helmuth Schneider, 2. Aufl. Stuttgart 2006 (gründliche Darstellung der Epochen und ihrer Strukturen, 590 S.).

Propyläen Weltgeschichte, hg. von Golo Mann/Alfred Heuß, Bände 1-4, Berlin 1960-1963 (Vorgeschichte und Altertum im weitesten Sinn, Asien, Griechenland, Rom).

Routledge History of the Ancient World, hg. von Fergus Millar, 7 Bde., London 1996 ff. (anspruchsvolle Reihe mit breiter Einbeziehung von Bildquellen; der noch fehlende Band zur hohen und späten Republik soll 2009 erscheinen).

Handbuch der Altertumswissenschaften (**HdA**), hg. von Iwan von Müller u.a., Nördlingen [jetzt München] 1886 ff. (die dritte Abteilung umfasst mehrere Bände zur Geschichte der Völker des Altertums; jetzt von Bernhard Zimmermann und Hans-Joachim Gehrke herausgegeben).

Problemorientierte Darstellungen einzelner Epochen bzw. Sachgebiete

Late Antiquity. A Guide to the Postclassical World, hg. von Glen W. Bowersock/Peter Brown/Oleg Grabar, Cambridge, Massachusetts 1999 (Essays und lexikalischer Teil).

Finley, Moses, *Die antike Wirtschaft*, 3. Aufl. München 1993.

Flaig, Egon, *Weltgeschichte der Sklaverei*, München 2009.

Jacques, Francois/ Scheid, John, *Rom und das Reich in der Hohen Kaiserzeit. 44 v. Chr. – 260 n. Chr. Band 1: Die Struktur des Reiches*, Stuttgart/Leipzig 1998 (Sonderausgabe 2008).

Krenkel, Werner, *Naturalia non turpia. Schriften zur antiken Kultur- und Sexualwissenschaft*, Hildesheim u.a. 2006.

Lepelley, Claude, *Rom und das Reich in der Hohen Kaiserzeit. 44 v. Chr. – 260 n. Chr. Band 2: Die Regionen des Reiches*, München/ Leipzig 2001 (Sonderausgabe 2007).

Krieg in der Antiken Welt, hg. von Gerfried Mandl/Ilja Steffelbauer, Essen 2007.

Olshausen, Eckart, *Einführung in die Historische Geographie der Alten Welt*, Darmstadt 1991.

Geschichte der Frauen 1: Antike, hg. von Pauline Schmitt Pantel, Frankfurt 1993.

3. Nachschlagewerke

Metzler Lexikon Antike, hg. von Kai Brodersen/Bernhard Zimmermann, 2. Aufl. Stuttgart [u.a.] 2006.

Lexikon der Alten Welt (**LAW**), hg. von Carl Andresen u.a., Zürich/ München 1965 (Sonderausgabe 1990).

Der Neue Pauly (**DNP**), hg. von Hubert Cancik/Helmuth Schneider, Bd. 1-12/2, Stuttgart-Weimar 1996-2003.

Oxford Classical Dictionary (**OCD**³), hg. von Simon Homblower/ Antony Spawforth, 3. Aufl. Oxford 1996 (korrigierter Nachdruck 2003; bestes einbändiges Lexikon zur Antike).

Der Neue Pauly. Rezeptions- und Wissenschaftsgeschichte, hg. von Manfred Landfester u.a., Bd. 13-15/3, Stuttgart 1999-2003 (5 Bände zur Rezeption antiken Wissens, der Entwicklung in einzelnen Ländern und der Institutionalisierung der Altertumswissenschaften).

Link, Stefan, *Wörterbuch der Antike*, Stuttgart 2002.

Realencyclopädie der classischen Altertumswissenschaft (**RE**), hg. von August Pauly/Georg Wissowa u.a., Stuttgart 1893-1980 (monumentale 83-bändige Enzyklopädie der Realien, d.h. der Personen und Sachen der Antike).

Der Kleine Pauly (**KlP**), hg. von Konrat Ziegler/Walther Sontheimer, Lexikon der Antike, 5 Bde., Stuttgart 1964-1975 (Taschenbuchausgabe 1979 u.ö.).

Germanien; Mittelalter

Reallexikon der Germanischen Altertumskunde (**RGA**²), hg. von Heinrich Beck u.a., 37 Bde. 2. Aufl. Berlin 1973-2008 (als Studienausgabe gibt es den nützlichen Überblicksartikel „Germanen, Germania, Germanische Altertumskunde", Berlin 1998).

Lexikon des Mittelalters (**LexMA, LMA**), 9 Bde., Zürich/ München 1980-1998 (Taschenbuchausgabe 2002; wichtig für die Spätantike).

The Oxford Dictionary of Byzantium (**ODB**), hg. von Alexander P. Kazhdan, 3 Bde., Oxford 1991.

Theologisch bzw. religionswissenschaftlich ausgerichtete Lexika

Lexikon der christlichen Antike, hg. von Johannes B. Bauer/Manfred Hutter, Stuttgart 1999.

Religion in Geschichte und Gegenwart (**RGG4**), hg. von Hans Dieter Betz, u.a., 8 Bände und Registerband. 4. Aufl. Tübingen 1998-2007 (kartonierte Ausg. 2008).

Handbuch religionswissenschaftlicher Grundbegriffe., hg. von Hubert Cancik u.a., 5 Bde., Stuttgart 1988-2001.

Reallexikon für Antike und Christentum (**RAC**), hg. von Franz J. Dölger u.a., derzeit 21 Bde., Stuttgart 1950ff. (Geplant sind insgesamt 40 Bände, inklusive Supplementen und Register; die Lieferungen zu Band 23 des RAC sind momentan beim Stichwort „Löwe" angelangt).

Theologische Realenzyklopädie (**TRE**), 36 Bde. und Register, Berlin 1976-2008.

Lexikon für Theologie und Kirche (**LThK**), 3. Aufl. Freiburg 1993-2000 (Sonderausgabe 2006).

Prosopographie
Berve, Helmut, *Das Alexanderreich auf prosopographischer Grundlage*, 2 Bde., München 1926 (ND Hildesheim 1999).
Broughton, T.R.S., *The Magistrates of the Roman Republic* (**MRR**), 2 Bde. und Supplement, New York 1951-1968 (Verzeichnis der Magistraten in den Amtsjahren nach römischer Tradition).
Mandouze, André, *Prosopographie de l'Afrique chrétienne* (303-533), Paris 1982 (weitere Bände der *Prosopographie chrétienne du Bas-Empire* zu Italien und der Diözese Asien sind erschienen).
Jones, Arnold H.M./ Martindale, John R./Morris, J., *The Prosopography of the Later Roman Empire* (**PLRE**), 3 Bde. in 4 (AD 260-395; 395-527; 527-641), Cambridge 1970-1992.
Lexicon of Greek Personal Names (**LGPN**), mehrere Bände; Oxford 1990ff. (genaue Verzeichnung auch der nur in Inschriften genannten Personen).
The Prosopography of the Byzantine Empire (**PBE I**), hg. von John R. Martindale, AD 641-867, Aldershot 2001 (CD-ROM).
Prosopographia Imperii Romani (**PIR**), bislang 7 Bde. (A-T), 2. Aufl. Berlin 1933 ff. (über 15000 Amtsträger der Prinzipatszeit, kurz beschrieben in lateinischer Sprache).

Archäologie und Topographie
Antike Stätten am Mittelmeer, hg. von Kai Brodersen, Stuttgart/Weimar 1999 (gut bebildert, kompakte Informationen zu den einzelnen Stätten).
Lexicon topographicum urbis Romae: Suburbium (**LTUR Suburbium**), hg. von Adriano La Regina, 4 Bde. (A-T), Rom 2001ff. (für die archäologische Stätten Roms außerhalb der aurelianischen Stadtmauer, z.B. Mausoleen, Kirchen, römische Fernstraßen).
Lexicon Iconographicum Mythologiae Classicae (**LIMC**), Zürich/München 1984-97 (Artemis), 8 Bd. (16 Teilbände), (möglichst vollständige Verzeichnung aller Abbildungen jeder mythologischen Gestalt).
The Oxford Encyclopedia of Archeology in the Near East, hg. von Eric M. Meyers, 5 Bde., Oxford 1997 (auch für historische Fragen des Nahen Osten, die östlichen Provinzen, biblische Archäologie).
Müller, Dietram, *Topographischer Bildkommentar zu den Historien Herodots,* 2 Bde., Tübingen 1987 und 1997.
Mensch und Landschaft in der Antike. Lexikon der Historischen Geographie, hg. von Holger Sonnabend, Stuttgart u.a. 1999.

Lexicon topographicum urbis Romae (**LTUR**), hg. von Eva Margareta Steinby, 5 Bde. und Register, Rom 1993-2000 (ausführlichstes Lexikon zu den Bauten Roms, überwiegend italienische Artikel).

Strasburger, Gisela, *Lexikon zur frühgriechischen Geschichte auf der Grundlage von Herodots Werk verfasst*, Zürich u.a. 1984.

Travlos, John, *Bildlexikon zur Topographie des antiken Athen*, Tübingen 1971.

Literatur

Buchwald, Wolfgang u.a., *Tusculum-Lexikon griechischer und lateinischer Autoren des Altertums und des Mittelalters*, 3. Aufl. München / Zürich 1982 (kompaktes Nachschlagewerk, das einer Neuauflage würdig wäre).

Lexikon der antiken christlichen Literatur (**LACL**), hg. von Siegmar Döpp/Wilhelm Geerlings, 3. Aufl. Freiburg 2002 (gute erste Orientierung im Dschungel der Patristik).

Kindlers neues Literaturlexikon, hg. von Walter Jens/Rudolf Radler, 20 Bde., München 1988-1992 (Sonderausgabe 1996; CD-ROM 2. Auflage 2000; ausführliche Artikel zu antiken Werken und Klassikern wie Burckhardt, Gibbon oder Mommsen).

Hauptwerke der Geschichtsschreibung, hg. von Volker Reinhardt, Stuttgart 1997 (vorzügliche Artikel über 228 Geschichtswerke von der Antike bis ins 20. Jhd.).

4. Quellensammlungen

Geschichte in Quellen Bd. I: Altertum. Alter Orient – Hellas – Rom, hg. von Walter Arend, 3. Aufl. München 1978 (umfangreiche Sammlung nicht nur für Schulzwecke).

The Hellenistic World from Alexander to the Roman Conquest. A Selection of Ancient Sources in Translation, hg. von Michel Austin, 2. Aufl. Cambridge 2008.

Greek Historical Documents: The Hellenistic Period, hg. von Roger S. Bagnall / Peter Derow, Chico/California 1981 (ND 2000).

Archaic and Classical Greece. A Selection of Ancient Sources in Translation, hg. von Michael Crawford/ David Whitehead, Cambridge 1983.

Rome. The Augustan Age, hg. von Kitty Chisholm/ John Ferguson, Oxford 1981.

Ancient Greece. Social and Historical Documents from Archaic Times to the Death of Socrates, hg. von Matthew Dillon/ Lynda Garland, 2. Aufl. London/New York 2000.

Roman civilization. Selected readings, 2 Bde., hg. von Naphtali Lewis/ Meyer Reinhold, 3. Aufl. New York u.a. 1990.
From Constantine to Julian: Pagan and Byzantine Views, A Source History, hg. von Samuel Lieu/ Dominic Montserrat, London 1996.
Readings in late antiquity. A sourcebook, hg. von Michael Maas, London u.a. 1999.
Meister, Klaus, *Einführung in die Interpretation historischer Quellen*, 2 Bde., Paderborn 1997-1999 (pro Band werden rund 20 aussagekräftige Quellen ausführlich interpretiert; sehr nützlich !).
Rom und die griechische Welt, von der Frühzeit bis 133 v.Chr. Antike Quellen in Übersetzung, hg. von Hatto H. Schmitt, München 1992.
Studienbücher Geschichte und Kultur der Alten Welt, 8 Bde., Berlin 1998-2003 (Reihe des Akademie-Verlages mit nützlichen Studienbüchern überwiegend zur römischen und spätantiken Geschichte, die jeweils einen ausführlichen Anhang mit Quellen haben).
Translated Documents of Greece and Rome, 5 Bde., Cambridge 1977-1988 (Reihe der Cambridge University Press mit Schwerpunkten in griechischer Geschichte und Kaiserzeit bis Hadrian).
Translated Texts for Historians (TTH), Liverpool 1994ff. (spätantike Autoren bzw. thematische Quellensammlungen in englischer Übersetzung mit oftmals weiterführenden Anmerkungen).

Thematische Quellensammlungen
Gesellschaft und Wirtschaft im alten Griechenland, hg. von Michel Austin/ Pierre Vidal-Naquet, München 1984.
Roman Statutes, hg. von Michael Crawford, 2 Bde., London 1996 (Sammlung aller wörtlich überlieferten Auszüge aus römischen Gesetzen unter Einbeziehung des Zwölftafelgesetzes).
Die Germanen in der Völkerwanderung: Auszüge aus den antiken Quellen über die Germanen von der Mitte des 3. Jahrhunderts bis zum Jahre 453 n.Chr., 2 Bde., hg. von Hans-Werner Goetz u.a., Darmstadt 2007
Sklaven und Freigelassene in der Gesellschaft der römischen Kaiserzeit, hg. von Werner Eck/ Johannes Heinrichs, Darmstadt 1993.
Die Gesetze der mittleren römischen Republik: Text und Kommentar, hg. von Marianne Elster, Darmstadt 2003.
Die Gesetze der frühen römischen Republik: Text und Kommentar, hg. von Dieter Flach, Darmstadt 1994.
Altes Germanien. Auszüge aus den antiken Quellen über die Germanen und ihre Beziehungen zum Römischen Reich (bis 238 n. Chr.),

2 Bde., hg. von Hans-Werner Goetz/ Karl-Wilhelm Welwei, Darmstadt 1995.

Das frühe Christentum bis zum Ende der Verfolgungen. Eine Dokumentation, hg. von Peter Guyot/ Richard Klein, Darmstadt 1997.

Griechische und lateinische Frühgeschichte Mitteleuropas, hg. von Joachim Hermann, 4 Bde., Berlin 1988-1992 (zweisprachige, nach Autoren gegliederte Quellensammlung; Band 2 ist eine von Gerhard Perl kommentierte Ausgabe der *Germania* des Tacitus).

Pagans and Christians in late antiquity. A sourcebook, hg. von A.D. Lee, London u.a. 2000.

Roman Italy, 338 BC – AD 200. A Sourcebook, hg. von Kathryn Lomas, London 1996.

Quellen zur Geschichte der Frauen 1: Antike, hg. von Barbara Patzek, Stuttgart 2000.

As the Romans did. A sourcebook in Roman social history, hg. von Jo-Ann Shelton, 2. Aufl. New York [u.a.] 1998.

Athenian Politics, c. 800-500 B.C. A sourcebook, hg. von Greg R. Stanton, London/New York 1990.

Historikerfragmente

Die frühen römischen Historiker (**FRH**), hg. von Hans Beck/ Uwe Walter, 2 Bde., Darmstadt 2. Aufl. 2005 und 1. Aufl. 2004 (Fragmente der republikanischen Historiker von Fabius Pictor bis Atticus, übersetzt und kommentiert).

The Fragmentary Classicising Historians of the Later Roman Empire (Eunapius, Olympiodorus, Priscus and Malchus), hg. von Roger C. Blockley, 2 Bde., Liverpool 1982-1983 (griechische Historiker des 4. und 5. Jhds.).

Fragmente der griechischen Historiker (**FGrHist**), hg. von Felix Jacoby, Leiden 1923ff. (umfassende Zusammenstellung der Fragmente im Originaltext mit Kommentar; eine Neubearbeitung unter dem Titel *Brill's New Jacoby* wird sukzessiv online erscheinen: http://www.brillsnewjacoby.com/).

Historicorum Romanorum Reliquiae (**HRR**), hg. von Hermann Peter, Band 2, Leipzig 1906 (ND 1993; Fragmente von Cicero bis Symmachus, mit lateinischsprachiger Einleitung).

5. Topographie und Atlanten

Barrington Atlas of the Greek and Roman World, hg. von Richard J. Talbert, Princeton 2000.

Historischer Atlas der antiken Welt, hg. von Eckart Olshausen u.a., Stuttgart u.a. 2007 (DNP Supplement 3).
Bengtson, Hermann u.a., *Großer Historischer Weltaltas I. Teil: Vorgeschichte und Altertum*, 5. Aufl. München 1972.
Westermann. Großer Atlas der Weltgeschichte, 2. Aufl. Braunschweig 2001.

6. Chronologie

Der Große Ploetz, 35. Aufl. Göttingen 2008 (monumentale Darstellung, die im chronologischen und systematischen Teil sehr übersichtlich ist und in der Neuauflage zudem viele Schaubilder und farbige Karten hat).
Kienast, Dietmar, *Römische Kaisertabelle. Grundzüge einer römischen Kaiserchronologie*, 2. Aufl. Darmstadt 1996 (wichtige Grundinformationen zu Namen, Lebenslauf und Familie der Kaiser).
Kinder, Hermann u.a., *dtv-Atlas Weltgeschichte von den Anfängen bis zur Gegenwart*, München 2006 (Wissenstand der 1960er Jahre; die Schaubilder sind illustrativ, fordern aber auch zur kritischen Auseinandersetzung auf).
Lauffer, Siegfried, *Daten der griechischen und römischen Geschichte*, München 1987 (reine Zeitleiste, solider erarbeitet als der *dtv-Atlas Weltgeschichte*).

7. Bibliographien und Literaturdatenbanken

Zur ersten Orientierung können die Literaturverzeichnisse in den Bänden der Reihe „Oldenbourg Grundriss der Geschichte" dienen. Zu spezielleren Themen:
L'Année Philologique. Bibliographie critique et analytique de l'antiquité grécolatine fondée par J. Marouzeau (APh), Paris 1928ff. (verzeichnet die altertumswissenschaftlichen Publikationen eines Jahres, inzwischen weit über 10.000; deshalb auch als kommerzielle Datenbank mit 600.000 Einträgen: http://www.annee-philologique.com/aph/).
Gnōmon. Zeitschrift und Datenbank; kostenloser Download ist unter http://www.gnomon.ku-eichstaett.de/Gnomon/gnomon-download.html möglich.
Inzwischen sind an mehreren Stellen im Internet umfangreichere Rezensionen (Buchkritiken) zu finden, die zur Literaturrecherche nützlich sind:

H-Soz-u-Kult	http://hsozkult.geschichte.hu-berlin.de/
Sehepunkte	http://www.sehepunkte.de/
Bryn Mawr Classical Review	http://ccat.sas.upenn.edu/bmcr/
Göttinger Forum für Awi.	http://gfa.gbv.de/z/
Plekos (Spätantike)	http://www.plekos.uni-muenchen.de

8. Wissenschaftsgeschichte

Bichler, Reinhold, Neuorientierung in der Alten Geschichte?, in: *Deutsche Geschichtswissenschaft nach dem zweiten Weltkrieg: 1945-1965*, hg. von Ernst Schulin/Elisabeth Müller-Luckner, München 1989, S.63-86.

Classical Scholarship. A biographical Encyclopedia, hg. von Ward W. Briggs/William M. Calder III, New York/London 1990 (als DNP Suppl. 6 wird demnächst ein biographisches Lexikon zur Geschichte der Altertumswissenschaften erscheinen).

Christ, Karl, *Römische Geschichte und deutsche Geschichtswissenschaft,* München 1982.

Christ, Karl, *Hellas. Griechische Geschichte und deutsche Geschichtswissenschaft,* München 1999.

Christ, Karl, *Klios Wandlungen. Die deutsche Althistorie vom Neuhumanismus bis zur Gegenwart,* München 2006.

Holl, Karl/ Kloft, Hans/ Fesser, Gerd, *Caligula – Wilhelm II. und der Caesarenwahnsinn. Antikenrezeption und wilhelminische Politik am Beispiel des „Caligula" von Ludwig Quidde,* Bremen 2001.

Losemann, Volker, *Nationalsozialismus und Antike,* Hamburg 1977 (Neuauflage geplant).

Lund, Allan, *Germanenideologie im Nationalsozialismus. Zur Rezeption der Germania des Tacitus im „Dritten Reich",* Heidelberg 1995.

Näf, Beat, *Von Perikles zu Hitler? Die athenische Demokratie und die deutsche Althistorie bis 1946,* Frankfurt/Bern 1986.

Antike und Altertumswissenschaft in der Zeit von Faschismus und Nationalsozialismus, hg. von Beat Näf, Mandelbachtal u.a. 2001.

Über das Studium der Alten Geschichte, hg. von Wilfried Nippel, München 1993 (Programmatische Äußerungen zur Alten Geschichte aus dem 19. und 20. Jhd.; Humboldt, Droysen, Ranke, Heuß usw.).

Rebenich, Stefan, *Theodor Mommsen. Eine Biographie,* München 2002.

Danksagung

Am Ende dieses Buches ist es mir eine angenehme Pflicht, Studierenden, Kolleginnen und Kollegen für vielfältige Unterstützung und Rat dankzusagen. Größere Teile des Manuskriptes haben Gabriele Bockisch, Brigitte Müller und Uwe Walter gelesen und sachkundig kommentiert. Durch ihre Hinweise habe ich manches dazugelernt. Frank Görne hat den ganzen Text aus der Warte eines fortgeschrittenen Studenten durchgesehen und zahlreiche Anmerkungen gegeben. Für verbliebene Fehler trage selbstverständlich ich allein die Verantwortung und Hinweise auf solche nehme ich dankbar entgegen.

Die von mir gezeichneten Karten gehen teilweise auf Vorarbeiten von Sven Bogenschneider und Sebastian Lidzba zurück, die mich in der Notebook University Rostock unterstützt haben.

Nicht zuletzt danke ich den Teilnehmerinnen und Teilnehmern meiner Grundkurse, die im Laufe der Jahre verschiedene Verbesserungen angeregt haben.

Einige Unterrichtsmaterialien werde ich zeitgleich mit dem Erscheinen des Buches online zur Verfügung stellen (http://www.UTB-mehr-Wissen.de), v.a. farbige Fassungen der Karten.

Die Zusammenarbeit mit dem Herausgeber Achim Landwehr und dem Lektor Diethard Sawicki war ausgezeichnet, die technische Unterstützung seitens des Schöningh-Verlages ebenso wie die Hilfe bei der Bildbeschaffung.

Markus Sehlmeyer   im März 2009
Markus.Sehlmeyer@Uni-Rostock.de
Sehlmeyer@t-online.de

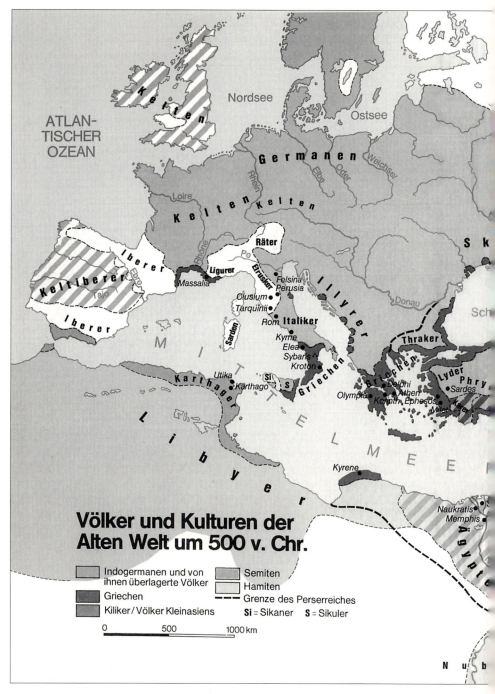

Karte 1: Völker und Kulturen der alten Welt

Völker und Kulturen der alten Welt

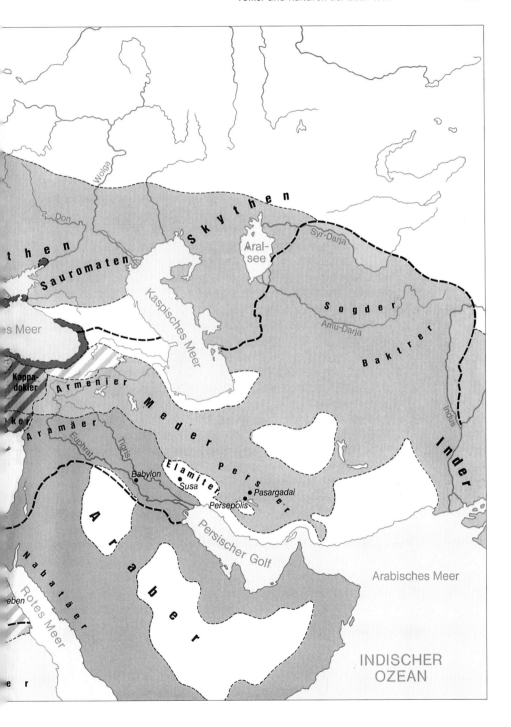

Karte 2: Das Imperium unter Augustus

Das Imperium unter Augustus

Register

Fett hervorgehoben sind Seiten mit Definitionskästen.

A

Abendland 13
Abydos 80
Achaia 40, 70
Achäischer Bund 102f., 107, 135
Adel , s. Aristokratie
Ädile 127f.
Adoption 116, 120, 129
Adoptivkaiser 173
Aelius Aristides 173
Aemilius Lepidus 152
Aeneas 121, 176
Aequer 11
Aëtius 208
Afghanistan 93, 97, 101
Agäische Koine 26f., 41
Agathokles 132
Ager publicus (Romanus) 136, 142
Agēsílaos 48, 85
Agōgē s. Erziehung, Griechenland
Agōn **52**, 76
Agorá (Platz) 38f., 47, 97
Agrippa, M. 90f.
Agrippina d.Ä. 162
Agrippina d.J. 162
Ägypten (s. Ptolemäerreich) 26f., 46, 72, 98-101
Aigospotamoi 80
Aischylos 76
Aitolia/ Atölischer Bund 70, 012f., 134
Akkulturation (s. Kulturkontakte) 98, 216
Aktium (Seeschlacht) 22, 152
Akzeptanz 56, 154
Alalia 113
Alamannen 190, 196, 215
Alanen 205, 207
Alarich I. 207f.
Alba Longa 111, 119
Alexander 11, 60, 92-97, 99

Alexandria/Ägypten 99f., 106f., 200
Alkaios (Dichter) 55
Alkibiades 67, 78, 82
Alpen 133f., 156, 213
Alphabet s. Schrift
Alte Geschichte (Disziplin) 14-19
Altertum 9f.
Alt-Smyrna 31, 37f.
Ambrosius 202, 204
Ammianus Marcellinus 203, 205f.
Amphiktyonie 41, **87**
Amphitheater 139, 163, 178, 185
Amyklai 47, 49
Andokides (Redner) 82
Annalen 123
Annuität 128
Antalkidas 84
Anthropologie 19, 78, 117, 175, 215
Antigonos I. Monphtalmos 95
Antigonos II. Gonatas 103
Antijudaismus **181**
Antike 9-14, 222
Antiochia am Orontes 180
Antiochos I. 103
Antiochos III. 134f.
Antiochos IV. Epiphanes 107
Antipatros 92, 95
Antiquarische Literatur 106, 148
Antonius, M. 148, 152
Apameia (Friede, 188) 135
Apoikia s. Kolonie, griechische
Apollonios Rhodios 101
Appuleius Saturninus, L. 143
Aquileia 191
Arabia 159, 224
Arat 102
Arbogast 204
Arcadius (Kaiser) 207
Archaische Zeit 22, 34-58, 200
Archäologie, Klassische 16, 22, 43, 59, 99, 109, 111, 172, 182

Archidamos 78
Archilochos (Dichter) 43, 55
Archonten 51, 63, 67, 87
Areopag 63, 69, 77
Arginusen 80
Argos 39, 70, 72, 84
Arianer 194, **197**
Aristagoras (v. Milet) 65
Aristobul 94
Aristogeiton 56
Aristokratie, griech. 39, 47, 50, 52-54, 67, 71, 85f.
Aristokratie, röm. 86, 115, 117-121, 160f. (vgl. Patrizier, Nobilität)
Aristophanes 69
Aristoteles 47, 51f., 86, 92, 104, 124
Arkadien/ Arkadischer Bund 40, 49
Arminius 172
Arrian (Historiker) 93f.
Asoka 98
Assyrer 9
Athen, Geschichte 22, 39, 49-52, 60ff., 87-89, 103-105
Athen, Verfassung 49-52, 60-63, 66-70, 80, 88
Athenaios 94
Attalos I. 101, 105
Attalos III. 144
Atticus 149
Attika 28, 38f., 78, 88f.
auctoritas 154
Augustinus 203, 208
Augustus 145, 148, 152-159
Aurelianische Mauer Roms 184, 190
Aurelianus (Kaiser) 190
Aurelius Victor, Sex. (Historiker) 163
Autonomie 31, 39, 78, 84f., 88 (s. Freiheit)

B

Babylon(ien) 9, 27, 64, 95, 98, 159, 174
Baktrien 93f.
Balkanraum 104, 156, 195, 206
Barbaren 54, 94, 170
Basileia s. Königtum, Griechisches
Bauern s. Landwirtschaft

Bauten, öffentliche 56, 76, 88, 97, 124, 128, 139, 158, 167, 178
Bauten, private s. Haus
Beamte (s. Ephoren, Archonten, Magistratur) 67, 130, 161, 167
Begriffsgeschichte 9, 39-42, 71, 118, 142, 146, 160, 181
Belgica 172
Bernsteinstr. 172
Bessos 93
Bevölkerung 63, 88f., 99, 142, 186
Bibliothek 99-101,
Biographie 163
Bischof 187, 195, 197-202, 206, 211
Bleicken, Jochen 159, 193
Bocchus v. Mauretanien 143
Boethius 218f.
Böotien 22, 30, 58, 84f., 101f.
Boulē (Rat der 500) 60-63
Brand Roms (64 n.Chr.) 183-186
Brennus (Kelte) 122
Breviarien (s. Aurelius Victor, Eutrop, Orosius) 179
Britannien 12, 159, 208
Bronzezeit 10, 23-29
Bruttier 132
Brutus s. Iunius Brutus
Bundesgenossen, röm. 124, 131f.
Bundesgenossenkrieg (der Römer) 143
Bundesstaat s. Koinon
Burckhardt, Jacob 32, 52
Bürgergebiet, röm. 116f., 136, 159, 166
Bürgerkrieg (s. Stásis) 143f., 147, 152, 155, 164, 193, 202
Bürgerliches Gesetzbuch 221
Bürgerrechtsgesetz (Athen) 69
Burgunder 207, 221

C

Caesar 145-148, 152, 167
Caligula (Kaiser) 160, 162, 192
Cannae 134
Capua 124
Carrhae (Schlacht, 53) 147, 156
Carthago Nova 133
Carthago s. Karthago

Cassiodor 218
Cassius (Caesarmörder) 152
Cassius Dio (Historiker) 163
Catilina 148
Cato s. Porcius
Catull 148
Caudium 131
Censor/Censur s. Zensor
centuria **117**
Chaironeia (Schlacht) 60, 88
Chalkis (Euböa) 44, 103
Cherusker 171f.
Chlodwig 217
Chodschent 96f.
Chōra 39f., 49
Christen 165, 173, 192-200, 202f., 206f., 222f.
Christenverfolgung 187, 192f., 201f.
Christogramm 193
Chronik s. Annales, Historiographie
Chronologie (Methodik) 18, 26
Cicero, M. Tullius 118, 148-150, 180
CIL (Corpus Inscriptionum Latinarum) 210
Cinna s. Cornelius
Circus 178, 184
classis (Vermögensklasse) 117
Claudius (Kaiser) 85, 159, 162
clementia Caesaris 147
clientela s. Klientel
Clodius Pulcher, P. 148
Codex Iustinianus **219**
Codex Theodosianus **209**
Colonia Augusta Treverorum s. Trier
Colonia Claudia Ara Agrippinensium s. Köln
colonia, Begriff **119**, 167
comitia s. Volksversammlung, röm.
Commodus 173
concilium plebis 126, 128f.
Constantius Chlorus 191f.
Constantius II. (Kaiser) 194-196, 207
Constitutio Antoniniana **174**
contio 129
Cornelius Cinna, L. 144
Cornelius Nepos (Biograph) 89
Cornelius Scipio Africanus Aemilianus, P. (cos. I 147, II 134) 149

Cornelius Scipio Africanus, P. (cos. I 205) 134, 138
Cornelius Sulla, L. s. Sulla
Corpus Iuris civilis **221**
Crassus s. Licinius
Cumae s. Kýmē
curia (Gruppe) **116**
curia (Rathaus) 127, 161
cursus honorum 121, 141, 154

D

Dakien 159
Dark Ages 22, 28-32, 53; 219
Decius (Kaiser) 186f.
Dekeleia 79
Dekurionen 161
Delos 71f.
Delphi 41, 43, 47, 52, 87f.
Demagogie 70, 77, 104f.
Demetrias (in Thessalien) 103
Demetrios (Makedone) 95
Demokratie (Athen) 63, 67ff., 88
Demokratie (Begriff) 59, 63, 85f.
Dēmos (Volk) 24, 50, 60ff.
Desintegration der Nobilität 141f.
Diadochenkriege 95
Dialekte, griechische 28f.
Dialekte, italische 111
Diäten 69, 86, 88f.
Digesten 221
dignitas 147
Diktator/Diktatur 128, 144, 147f.
Diodor (Historiker) 72
Diokletian (Kaiser) 187, 190f.
Dionysios I. von Syrakus 83, 96
Diptychon **209**
Divus Julius 156
Dokumente 123, 218
Dominat 192
Domitian (Kaiser) 159, 163
Donatismus **195**
Donau 45f., 156, 172, 190f., 196, 200, 207, 213, 221
Dopsch, Alfons 222
Dorer 28, 46, 61
Drakon s. Gesetze Drakons
Drittes Griechenland **70**
Droysen, Johann G. 90, 93f.

Drusus 170f.
Dualismus Athen-Sparta 70f., 81, 84

E

Ebro-Vertrag 133
Eisenzeit 30, 111
Ekklesia s. Volksversammlung, Athen
Elagabal (Kaiser) 177
Elbe 156, 170, 172
Elektron (Flussgold) 41
Eleúsis (Ägypten) 98, 107
Eleúsis (Attika) 39, 61, 178
Emporion (Ampurias) 44
Ennius 137
Entdeckungsfahrten 11f., 170
Ephebie 53, 105
Ephesos 28f.
Ephiáltēs 67, 69
Ephoren 47
Epigraphik (als Methode) 16f., 98
Epikur 104
Epirus 70
Epochen s. Periodisierung
Eratosthenes 101
Eretria 65
Erichthonios 74f.
Erinnerungsorte 65, 107, 122, 139, 157, 172
Erlöser 32, 178, 182
Erziehung, Griechenland 48, 105
Erziehung, Rom 179f.
Ethnogenese 23, 27, **112**, 115
Ethnologie 11f., 26, 54, 170, 176
Ethnos 29, 40f., 86f.
Etrusker 45, 109-113, 119, 131
Euböa 28, 30f.
Eubulos 88
Euergeten 105
Eugenius 204
Eugippius 214
Eumenes 94
Euripides 76
Europa 11-14
Eusebius v. Caesarea 193, 203
Eutrop (Historiker) 189f.
Evangelien 199
Evans, Arthur 26

exempla 138f., 201, 203

F

Fabius Maximus „Cunctator" 134
Fabius Pictor, Q. (Historiker) 123, 137f., 201
Fall Roms (410 n.Chr. ?) 10, 208
Familie, griech. 36, 48, 50, 56,
Familie, röm. 19, 115-117, 129, 149, 215
fasces 114
Fasti (Festkalender) s. Feste
Fehde 37
Feste der Römer 121f.
FGrHist (Fragmente der griechischen Historiker) 94, 234
Ficarolo 215
Flavische Dynastie 163f.
Florus (Historiker) 179
Flotte, griech. 65, 71, 78, 80, 82, 84
Flotte, röm. 132, 152
Föderalismus (s. Koinon) 41
Föderaten 196f.
Fragment **95**
Franken 196, 212f., 216-221
Frauen 31, 36, 48, 73, 74, 77f. , 89, 93f., 97, 117, 122, 155, 160, 175, 215
Freigelassene 160, 211
Freiheit, Begriff 50, 104, 134
Fremde (s. Barbaren, Metöken) 159
Friedländer, Ludwig 175
Fruchtbarer Halbmond 25f.
Furius Camillus, d.Ä. 123, 138

G

Gabinius 145
Galater (Kleinasien) 103
Galba (Kaiser) 163
Galerius (Kaiser) 187, 191
Gallien 136, 158, 167, 190, 192, 204, 207-209, 212, 214, 221, 223
Gallischer Krieg 146f., 167
Gandhara 98
Gaugamela 93
Geiserich 212
Gela/ Gelon 83

Gelasius I. (Papst) 199
Geldwirtschaft s. Münze
gens (röm. Adelsfamilie) **115f.**
Geographie s. Geopolitik, Raumvorstellungen
Geopolitik (geographische Bedingtheit politischer Entscheidungen) 25f., 31, 61f., 93, 103, 134f., 146, 180, 191, 196f., 205f.
Germanen 167-172, 195f. (s. auch Alamannen, Franken, Goten, Sueben, Vandalen)
Germanenreiche 189, 196-198, 205-209
Germanicus 162
Germanien 156, 159, 167
Geschichtsbewusstsein (s. exempla, Historizität, Kanonisierung)
Geschworenengerichte 69, 145
Gesellschaft, griech. 24, 31f., 35f., 47, 85
Gesellschaft, röm. 115-117, 120, 137, 160f.
Gesellschaft, spätantik 209-211
Gesetze Drakons 50f.
Gesetze Solons 50f.
Gesetze, römische, s. leges, lex
Gesetzgebungsverfahren s. Volksversammlungen
Getreide (annona) 157, 165
Gewalt (s. Stasis) 82, 143, 146, 148, 181
Gibbon, Edward 173
Gladiatur 139f.
Globalisierung 97
Gordischer Knoten **92**
Goten 196f., 203, 206-209
Götter s. Religion, Monotheismus, Polytheismus
Grabformen 23, 31f., 106
Gracchen s. Sempronius
Gratian 196, 202
Griechisch 15f., 28, 54
Griechische Geschichte (Begriff) 21 f.
Großgrundbesitz 48, 89, 120, 142, 164, 209, 211
Grundwissenschaften 16-18
Gymnasion **53**, 97, 105

H

Hadrian (Kaiser) 159
Häduer 170
Handel s. Wirtschaft
Handwerker 36, 129f., 210
Hannibal 104
Häresie 193, 197f.
Harmodios 56
Haruspizin 114, 122
Hasdrubal 133
Haus 37f., 49, 57, 112, 141, 178
Hedemünden 171
Heeresreform **143**, 146f.
Heermeister s. *magister militum*
Hegemonie 59f., 71, 80, 84f., 118, 124, 130f.
Heilige (der Christen) 183
Heiliger Krieg **87f.**
Hekataios v. Milet 55
Heldenlieder 201
Hellas 55
Hellenenbund 65
Hellenismus 22, 90f., 96-98
Hellespont 23, 65, 91, 135
Heloten 47-49
Helvetier 170
Herakles 121
Herculaneum 179
Hermokopidenfrevel **78f.**, 82
Herodes 181f.
Herodot 11, 46f., 54, 64-66, 92
Heroon, Heros **31f.**
Herrschaftssymbolik 96, 114, 156, 191f., 219
Herrscherkult 156, 176
Hesiod 33, 45, 55-58
Hetairie **80**, 82, 94
Hetäre **53**
Hethiter 26f.
Heuß, Alfred 10, 59, 142, 176
HGIÜ (Historische Griechische Inschriften in Übersetzung) 17, 98
Hieroglyphen 10, 100
Hieron II. von Syrakus 132
Hilfswissenschaften s. Grundwissenschaften
Himéra 83

Hipparchos (Tyrann) 56
Hippeis 51f.
Hippias (Tyrann) 56, 60
Hippolyt (Pseudo-) 164f.
Historiographie, griech. 80f., 94f.
Historiographie, röm. 120, 122-124, 137f., 148, 179
Historiographie, spätantike 179, 203
Historizität 123, 165
Hof (eines Herrschers) 96, 159-161, 165, 175, 192
Hollywood 157, 163
Homēr 22, 33-37, 45, 55, 92, 100, 137
homo novus 126
Honorius (Kaiser) 207
Hopliten 36, 67
hospitalitas 196, 218
Humanitäres Kaisertum 173
Hunnen 195, 205
Hygin (Literat) 106
Hypatios 220
Hyperbolos 67

I

Identität der Christen 201, 203
Identität der Griechen 29, 39, 41, 43, 52-55, 91
Identität der Römer 160, 176, 200
Illyricum/ Illyrer 87, 103, 134
imagines maiorum 139
Imperialismus, attischer 72
Imperialismus, röm. 131-137 (**136** Def.)
imperium (Kommandogewalt) 127, 137, 145, 147, 158
Imperium Romanum 11, 130-136, 158-160, 165, 172f., 175, 189-197, 212
Indo-Baktrische Reiche 98, 101
Indoeuropäisch 112
Indus 93
Initiationsriten 48, 73-75
Inschriften (Beispiele) 32, 98, 154, 210
Internet 20, 227, 235
Interpretatio Romana 160, **176f.**
Interzessionsrecht 128

Ioner 27f., 34, 61
Ionien 44f., 55f., 63-66, 79, 83f.
Ionischer Aufstand 29, 63-65
Ipsos 96
Isagoras 60
Isidor von Sevilla 219
Islam 90, 223f.
Isokrates 91
Isonomie 62, 86
Israel 26, 180
Issos 93
Italien, Begriff 109-111, 211f.
Italiker (s. auch Bundesgenossen) 111
Iulia (Tochter Caesars) 147
Iulius Caesar Octavianus, C. s. Augustus
Iulius Caesar, C. s. Caesar
Iunius Brutus 152

Jacoby, Felix 94, 234
Jerusalem 180-183
Jesus v. Nazareth 182
Juden/ Judäa (s. Religion, jüd.) 99, 180
Jüdisch-Röm. Krieg 181f.
Jugurtha 143
Julian (Kaiser) 195f.
Julian von Toledo 219
Julisch-Claudische Dynastie 162f.
Justinian (Kaiser) 220-222

K

Kaiserherrschaft s. Prinzipat, Dominat
Kaiserkult (s. Herrscherkult) 176
Kalefeld-Oldenrode 171
Kalender 16, 147
Kalenderreform 147
Kalliasfrieden 73
Kallimachos 101
Kallistus (Calixt I.) 164f.
Kalter Krieg 71f.
Kampanien 44, 113f.
Kandahar 96f.
Kanonisierung 100f., 106f., 115, 158

Kapitol 138, 141
Karien 96f.
Karpophorus 164f.
Karthager/Karthago 113f., 132
Kassander 95
Katalaunische Felder 208
Kaukasus 146, 208
Keilschrift 10
Kelten **103**, 105, 122, 131, 167f.
Kilikien 146
Kimbern und Teutonen 143, 170
Kimon 67, 69
Kinderkaiser 207-209, 212
Kirchenstaat 222
Klassik (griechische) 9, 22, 73
Klassische Philologie 15f., 57f., 149f.
Kleinasien 28, 38, 41, 45, 71, 91f., 102, 105, 135, 144
Kleisthenes 60-67, 85
Kleoménes 48
Kléōn 78
Kleopatra VII. 152
Klientelkönigtum **146**, 180
Klienten/Klientel (Rom) 120, **129f.**, 153
Kodifikation des Rechts s. Gesetze, Zwölf-Tafeln
Koinē Eirēne 84, 88
Koinon (Bundesstaat) 85, 101-103
Kolb, Frank 27
Kollegialität 48, 128
Köln 172, 196
Kolonat 211
Kolonie s. Kolonisation
Kolonisation, griech. 35, 42-45, 47f.
Kolonisation, latin. **119**, 124, 131, 166
Kolonisation, röm. **119**, 166f.
Königtum, griech. 24, 35f., 90, 96
Königtum, röm. 109, 113-116
Konsensorgane 126, 129
Konstantin I. 192
Konstantinopel 193-198, 200, 207, 220
Konsuln 117, 120, 126f., 141f., 153f., 160, 209
Kontinuation von Ämtern 142f., 147
Kontorniaten 17f.

Konzil 193, **198**, 200, 206f., 219
Korfmann, Manfred 27
Korinth 56, 60, 84, 103, 107
Korinthischer Bund 88
Korinthischer Krieg 84
Korkyra (Korfu) 77
Korsika 113, 132, 211
Kreta 22-29, 70
Kriegführung 34-36, 47f., 65, 82, 87, 91, 131-134, 147, 196f.
Ktesiphon 196
Kulturkontakte 10, 43-46, 90f., 93-95, 114, 121, 140, 166f., 177, 180, 208
Kunst, etrusk. 140
Kunst, griech. 16, 46, 73-76, 97, 105, 140
Kunst, röm. 16, 140, 148, 176, 178
Kurie s. *curia*
Kýmē 44, 114
Kynoskephalai 134
Kyros II. 64
Kyzikos 80

L

Lakedaimōn (S. Sparta) 39, 46
Lakonien 39, 47
Laktanz 193
Lamischer Krieg 60, 104
Landwirtschaft (Griechenland) 29, 36, 51, 56-58, 63
Landwirtschaft (Rom) 119f., 142, 195
Larissa 87
Lateinisch 15f., 115, 119, 167, 179
La-Tène-Kultur 103
Latifundien s. Großgrundbesitz
Latiner 47, 109, 119, 124
Latinerbund 119
Latinisches Bürgerrecht , s. Kolonisation, latin.
Latino-Falisker 111
laudatio funebris (Leichenrede) 139, 155
Laudatio Turiae 155
Lavinium 111
Lectio senatus 150, 152
Lefkandi 31f.

Leges Liciniae Sextiaeque (367 v.Chr.) 120f.
Legion 117, 144, 169
Legitimität **153f.**
Leonidas 65f.
Leovigild 219
Lepcis Magna 173
Lepidus s. Aemilius
Lesbos 55, 80
Levante 25, 27, 113, 173, 177, 200
Lex Gabinia (67 v. Chr.) 145
Lex Hortensia (287 v. Chr.) 120f.
Lex Manilia de imperio Cn. Pompei (66 v. Chr.) 146
libertas s. Freiheit
Licinius (Kaiser) 192
Licinius Crassus, M. 145f.
Liebesroman 97
Limes **172**, 190
Linear-B 22-24, 32, 35
Livia 162
Livius Andronicus, L. (Dramatiker und Epiker) 137
Livius Drusus, M. 143
Livius, T. (Historiker) 120, 122ff., 131
Losverfahren 67
Lukaner 131f.
Lupercalia 115, 122, 199
Luxus 29, 37, 45, 112, 119, 141, 166, 178f., 219
Lydien 56, 64
Lykischer Bund 85, 102
Lykurg (v. Athen) 88
Lykurg (v. Sparta) 47-49
Lysander 80, 84
Lysimachos 95

M

Magister equitum 128
Magister militum **196**
Magistratur 121, 127f., 154, 160, 209
Magna Graecia 140
Magna mater 177
Mailand 195, 202, 207
Mainz 170, 172, 196
Majestätsverbrechen 160, 164

Makedonien 40, 85-88, 91f., 103f.
Makedonische Kriege (der Römer) 104
Makkabäeraufstand 180
Manetho (Historiker) 101
Marathon 61, 65
Marius, C. 143f., 146
Mark Aurel (Kaiser) 173
Markomannenkriege 173
Marser 111
Märtyrer 169, **183**, 187
Massalia (Marseille) 44, 167
Maße der Antike (Metrologie) 18, 41f.
Mathematik 27f., 101
Mauretanien 159
Maussolos 96, 106
Maxentius 192
Maximianus 190-192
Maximinus Daia 192f.
Megalopolis 49
Megara 77
Melos, Melier-Dialog 78
memoria (s. *exempla*) 122f., 201
Mesopotamien, s. Babylonien
Messenien 47, 72
Metallverarbeitung 41, 89
Methodik der Alten Geschichte 14-19, 51f., 57f., 80-83, 93-95, 149f., 175, 179, 193, 213, 218
Metöken 68, 75, 89
Metrópolis (Mutterstadt) 43-45
Metus Punicus 141
Meyer, Eduard 26, 145
Migration 22f., 27, **30**, 35, 42, 45, 110, 196-198, 205-209, 213-216
Milet 28f., 45, 55, 65, 92
Militärklientel 144
Miltiades 65
Milvische Brücke 192
Minoische Zeit 23-25
Mischverfassung 86
Mithradates VI. 143-146
Mithras 178
Mittelalter 9, 185, 189, 200, 203, 217-224
Mittelmeer(raum) 9, 11, 21, 27, 43f., 105f., 130, 134-136, 166, 180f., 190, 200, 207, 222
Mommsen, Theodor 161

Register 251

Monarchie s. Königtum
Monotheismus 177, 180-183, 186, 224
Mos maiorum 127, 138f., 141, 150
Municipium 166, 178
Münzen (Beispiele) 41, 91, 144, 147, 155, 219, 221
Münzfuß 41f.
Mykene 22-25
Mysterien **177f.**
Mythos 32, 35, 41, 55, 76f., 105, 111, 115, 121f., 139, 201

N

Nacktheit 53f.,
Naevius (Dichter) 173
Namenssystem, röm. **18f.**
Naturwissenschaftliche Datierungsmethoden **24f.**
Naukratis 46, 99f.
Naulochos (Seeschlacht, 36 v.Chr.) 152
Neapolis (Neapel) 44, 114
Nearchos 93
Nero (Kaiser) 160
Nerva 173
Nestorbecher 45
Niebuhr, Barthold G. 201
Nika-Aufstand **220**
Nikías 67, 78f.
Nobilität 121, **126**, 131, 137-142
Nómos (Ordnung) 39
Nordafrika 11, 21, 113, 134, 141,143, 194f., 207f., 212, 221, 224
Nordsee 12f., 170
Noricum 170f., 208, 213f.
Numidien 143
Numismatik (Methode) 17f., 89, 156, 172

O

OCD (Oxford Classical Dictionary) 19, 230
Octavia (Schwester Octavians) 90f.
Octavian s. Augustus
Odoaker 212f., 218

Odysseus 35-37
Oikos **35f.**
Ōkeanos (Weltmeer) 12f., 93
Oligarchie (s. Aristokratie) 80, 86
Oliven 41, 57, 63
Olympia 52f.
Opfer s. Religion
Opposition 160, 218
Optimaten 143f., 147
Orient 9, 21, 25-28, 45, 90f., 93-98, 115, 152, 172, 174, 177
Orientalistik 9f., 26
Origo Gentis Romanae 115
Orosius 203
Osker 111, 132
Ostgoten (*Ostrogoti*) s. Goten
Ostia 119, 165, 185
Ostrakismos **66**
Oströmisches Reich 219-233
Ostsee 12f., 206
Otho (Kaiser) 163

P

Pacatus (Panegyriker) 204
pagan **198f.**
Paläographie 18
Palästina 98, 182
Palastkultur **24**
Palmyra 190
Panathenäen 73-75
Panhellenischer Gedanke 43, 52, 91
Papst 211, 223
Papyri (Beispiele) 51, 179, 187
Papyrologie (als Methode) 18, 99f.
Parther 101, 147, 156
Partizipation 39, 69, 116, 128f.
Patricius (Titel) **212**
Patrizier (s. Aristokratie, röm.) 115-121
Pauci potentes 145
Paulus 183
Pax Romana 155f.
Peisistratos 56, 60
Peloponnes 22, 39f., 102
Peloponnesischer Bund 49, 71ff.
Peloponnesischer Krieg 77-80
Peloponnesischer Krieg, sog. erster 72f.
Pentakosiomedimnoi 51f.

Pentekontaëtie 67f.
Perdikkas 95
Pergamon 95, 101f., 104-107, 134f., 140, 144
Perikles 54, 69-77
Periodisierung 10f., 21f., 59, 109, 118, 152, 189
Periöken 47f.
Periplous **105f.**
Perser 9, 11f., 46, 55, 63f.
Perserkriege 65f.
Perseus (Makedonenkönig) 135f.
Persischer Golf 93
Pest (in Athen= Typhus) 78
Phalanx 36f.,
Pharisäer **182**
Pharos 99
Pharsalos (Schlacht, 48)
Phidias 73
Philipp II. 86f.
Philipp III. 95
Philipp V. 103f., 134
Philippi (Schlacht, 42) 152
Philopoimen 102
Philosophie 55, 104f., 149, 173, 195
Phokaia 44, 113
Phokis, Phoker 41, 85
Phöniker (s. auch Karthager) 42, 113
Phyle **61**-67, 117
Piraterie 26f., 37, 99, 113, 145f.
Piräus 72
Pithekusai (Ischia) 44f., 110
Plataiai 66, 77f.
Plebiscitum (röm. Volksbeschluss) 120
Plebs urbana (Plebejer) 116, 120, 128, 142f.
Plinius d.Ä. 185
Plutarch (Literat) 47, 69, 72, 77, 124
Polis **38-40**, 50, 54, 59, 61, 77-80, 97, 173
Politeia (Verfassungsordnung) 40, 85f.
Politische Kultur 85f., 114, 137-140, 153-155
Polybios 86, 130, 139f.
Polykrates 83
Polyperchon 95
Polytheismus 121, 159, 176, 196, 198, 202

Pompa funebris 138f.
Pompeius Magnus, Cn. 145-147
Pompeius, Sex. (Sohn) 147
Pompeji 163, 168, 178f.
Pontifex maximus 152f., 194
Popillius Laenas, C. 107
Popularen 143, 146
Porcius Cato Censorius, M. 112f., 137, 140f.
Porcius Cato, M. (Uticensis) 147
Poros 93
Port of Trade 46
Positivismus 175
Potideia 77
Praeneste 118
Prähistorie 16, 26, 111, 206, 214f., 219
Prätor 117, 126f., 141
Prätorianerpräfekt 162, 191
Priester s. Religion
Princeps senatus 126
Prinzipat 145, 152-156
Priskos (Historiker) 208
Prokop (Historiker) 221
Promagistratur 127, 136, 144, 154
Proskriptionen 144, 152
Prosopographie 18, 231
Provincia 127, 130, **136**, 154, 158f., 174, 191f.
Prytanie 63
Ptolemäerreich 98-101, 134
Ptolemaios I. 94
Ptolemaios IV. Philopator 134
Pufferstaaten s. Geopolitik
Punische Kriege (der Römer) 130-134
Pydna (Schlacht, 168) 135
Pyrrhus 130-132
Pytheas v. Massalia 12f., 106

Quellenarbeit s. Methodik der Alten Geschichte
Quinctius Flamininus, T. 134f.

R

Ramses III. 26
Rätien 170f.

Raumvorstellungen 11-13, 105f.
Ravenna 218, 220
RE (Realencyclopädie) 19, 230
Reccopolis 219
Recht 50, 52, 62, 119, 128f., 149, 161, 166, 174, 208f., 211, 221
Religion, (alt)römisch 121f.
Religion, griech. 32f., 87, 90f.
Religion, hellenistisch 98
Religion, jüdisch 180-182
Religionen, kaiserzeitlich 175-178
Republik (röm.) **118**
Restauration 143
Revolution 142
Rex s. Königtum
Rezeption der Antike 13, 85, 103
RGDA (Res Gestae Divi Augusti) 154
Rhegion 44
Rhein 169-171, 208
Rhetorik 88, 104f., 139, 141, 173, 179f., 202
Rhodos 101, 134f.
Ritter/Ritterstand 143, 145, 160f.
Rom (Stadt) 112, 114-116, 121-124, 134, 144, 157-159, 165, 178, 183-185, 195, 208
Rom, Geschichte 109ff.
Rom, Verfassung 125-130 u.ö.
Romania 216
Romanisierung (s. Kulturkontakte) **159**
Römische Geschichte (Begriff) 11, 109
Romulus 113
Romulus „Augustulus" (Kaiser) 212, 222
Romulus und Remus (Sage) 115, 121f.
Rosetta 100
Roxane 95
Rubikon 147
Rufius Probianus 210

S

Sabiner 111
Sagunt 133f.

Salamis 60
Salinen 119
Sallust (Historiker) 145
Samniten 111, 131
Samnitenkriege 131f.
Sappho 55
Sardeis 65, 92
Sardinien 113
Sassaniden 190, 196, 220
Satrapie 65
Schliemann, Heinrich 23, 27
Schrift (s. Hieroglyphen, Linear-B, Keilschrift) 28, 45
Schuldknechtschaft 50, 121
Schwarzes Meer 45f., 65, 101, 105, 206
Scipio s. Cornelius Scipio
Seebünde Athens 66, 71-73, 77-80, 84
Seefahrt (zivil) 27f., 35, 43, 75, 99, 105f., 113f., 164
Seeräuber s. Piraterie
Seevölker 26f.
Seisáchtheia (Entschuldung) 50
Seleukidenreich 101, 107, 134, 146
Seleukos I. 94f.
sella curulis 114
Sempronius Gracchus, C. 142f.
Sempronius Gracchus, Ti. 142f.
Senat 115, 120, 126f., 137, 141, 150, 152, 160f., 192, 195, 210f.
Senatus consultum ultimum 143
Seneca 162
Septimius Severus (Kaiser) 173f.
Sergius Catilina, L. s. Catilina
Sertorius 145
Servianische Mauer Roms 159, 184
Servius Tullius (röm. König) 117
Severin von Noricum 213f.
Severische Dynastie 173f.
Severus Alexander (Kaiser) 174
Sidus Iulium **156**
Silber 89, 114, 137, 140
Sizilien 44, 83, 113, 132, 136, 147
Sizilische Expedition 70, 78
Sklavenaufstände 145
Sklaverei/Sklaven 36, 47, 50, 57f., 89, 120, 139, 161, 165, 211
Skythen 11, 46, 206

Smyrna s. Alt-Smyrna
Snell, Bruno 55
Sokrates 83
Soldaten s. Krieg
Soldatenkaiser 164, 189f.
Söldner 46, 83, 87, 97, 132, 212
Solōn 50f., 54, 120
Sophokles 76
Soziologie 10, 36, 116f., 129f.
Spanien 134, 136, 140, 145, 147, 156, 207, 217
Sparta 36, 39f., 46-49, 60, 63, 65f., 70, 77ff.
Spartacus 145
Spätantike (Begriff) 189, 222
Sphaktēría 78
Sport (s. Gymnasion, Olympia) 139
Stadt (als soziolog. Begriff) 31, 39f.
Stadtkultur 49, 73-77, 96-98, 166-169, 194, 219
Stamm s. Phyle, Ethnos
Ständekämpfe 120f.
Stasis 50, 55, 82
Statuen 33, 46, 54, 69, 73f., 105f., 139, 148, 155-158, 201
Steuerpacht 144, 146
Stoá 104
Straßen der Römer 119, 149, 166, 215
Strategen 61-63, 67, 70
Sueben 207
Suetōn (Biograph) 163
Sulla 143-145, 150
Susa 93
Syagrius 212
Symbiose Griechen-Römer 10, 176
Symmachien (s.a. Seebünde Athens) 49, 124
Symmachus 202
Symmachus (Historiker) 219
Symposion 38, 43, 53
Synoden 193, 195
Synoikismos 49
Syrakus 78, 96, 140
Syrien 93, 98, 147
Syrische Kriege (der Ptolemäer) 98, 107
Syssítiën 48

T

Tabula Peutingeriana **215**
Tacitus 163, 183-185
Taras (Tarent) 131
Tarquinia 115
Tegéa 49
Terentius Varro, M. (Antiquar) 112, 146
Tetrarchie (Spätantike) 190-192
Teutoburger Wald 172
Teutonen s. Kimbern
Thalassokratie 113
Theater 76f.
Theben 21, 60, 85
Themistokles 65
Theoderich 212, 216, 218f.
Theodosius (Kaiser) 195-200, 203f.
Theognis 54
Theologie 9, 26, 101
Thera (Santorin) 24
Thermopylen 65f.
Thessalien 40, 55, 65, 87, 102f., 134, 147
Theten 51f., 67
Thrakien 87
Thukydides 47, 71-83
Tiber 115, 166
Tiberius (Kaiser) 157-159, 162, 171
Timokratie 51f., 54, 62
Titus (Kaiser) 163
Toga 114, 138f.
Toletanisches Reich 217f.
Tolosanisches Reich 208, 217
Topik **170**, 206
Trajan (Kaiser) 11, 159
Transformation 142, 164, 187, 190, 224
Tribus **116**, 129, 149
Trier 172, 191
Triumph **138**, 145
Triumvirat, sogenanntes Erstes 146
Triumvirat, Zweites 152
Troja 23f., 27, 77, 111, 131, 176
Tullius Cicero s. Cicero
Tyrannenmörder 56
Tyrannis 50, 56, 67, 83, 86
Tyros 93, 113
Tyrsener/Tyrrhener s. Etrusker
Tyrtaios 47, 55

U

Umbrer 111, 131
Umbro-Sabeller 111
Unterwasserarchäologie **99**
Usurpation 163, 190, 192, 196, 204

V

Valens (Kaiser) 196
Valentinian II. (Kaiser) 196, 202
Valentinian III. 208
Vandalen 207, 210, 220
Varro s. Terentius
Varus 156, 171f.
Veji 114, 119
Velleius Paterculus (Historiker) 179
Venusia 131
Vereinigte Staaten von Amerika 85, 103
Verfassungsdenken 86, 125-130
Verwandtschaftsverhältnisse s. Familie
Vespasian (Kaiser) 163
Vesuvausbruch 163
Veteranen 96, 119, 143, 146, 161, 167, 169, 211
Victoria 202
Vierkaiserjahr 163
Villa rustica 209
Villanova-Kultur 111
Vitellius (Kaiser) 163
Völkerwanderung, s. Migration, Germanenreiche
Volkstribunat 142f., 145, 155
Volksversammlung (Athen) 52, 69f., 77, 104f.
Volksversammlung (Rom) 116f., 129

Volsker 111, 119
Vouillé 217

W

Wahlwerbung 139
Waldgirmes 171
Weber, Max 31
Wein 32, 57, 170
Weltherrschaftsgedanke 64, 92f.
Weltwunder 99, 106
Westgoten (*Visigoti*) s. Goten
Winckelmann, Johann Joachim 178
Wirtschaft 24, 29, 31, 41f., 44-46, 56, 89, 97, 99, 119, 137, 163-166, 190, 222
Wissenschaft, Griechen 55, 97, 100f., 105f.
Wissenschaft, Orient 27, 101
Wissenschaft, Römer 148, 203
Wulfila 206f.

X

Xanten 169
Xenophon (Historiker) 47
Xerxes 65f.

Z

Zama (Schlacht, 202 v.Chr.) 134
Zenon (Kaiser) 212, 218
Zensor/Zensur 127, 149f.
Zenturien s. *centuria*
Zeugiten 51f., 69
Zwölf Tafeln (Gesetz) 119, 200f.
Zypern 84, 98